소상공인 마케팅 실전 노하우

(사)한국소상공인마케팅협회 지음

황문진 감수

가림출판사

홍용웅(소상공인진흥원장)

(사)한국소상공인마케팅협회에서 발간한 『소상공인 마케팅 실전 노하우』는 매우 의미 있는 책이라고 생각합니다. 무엇보다도 소상공인들이 자칫 놓치기 쉬운 문제들을 매우 흥미진진하게 다루었다는 것이 큰 강점입니다.

21세기를 살고 있는 우리는 명함, 전단지, 홈페이지, 휴대전화 같은 다양한 매체들의 홍수 속에 빠져 있습니다. 이것들을 피하고 싶어도 도저히 피할 수 없는 것이 현실입니다. 이러한 문명사회의 도구들을 어떻게 마케팅에 잘 활용할 것인가 하는 것은 참으로 독창적이면서 중요한 문제입니다.

이 책은 다행히 우리의 기대를 저버리지 않고 소기업 소상공인의 피부에 와 닿는 실질적인 해법을 구체적으로 제시하고 있습니다. 풍부한 실무경험을 갖춘 1급 마케팅지도사가 집필에 대거 참여하여 내용의 신뢰성을 더하고 있는 점도 높이 살만합니다. 아무쪼록 모처럼 경기가 기지개를 켜고 있는 이때, 소상공인들이 이 책을 통해 마케팅에 눈뜨고 경쟁력을 높여 모두 성공에 이를 수 있기를 간절히 기원합니다.

원희룡(국회의원)

사업 아이템이 아무리 좋아도, 상권이 아무리 좋아도 마케팅이 되지 않으면 성공하기 어려운 것이 사업입니다.

주로 대기업이나 중견 기업에서 다루어 왔던 마케팅의 개념이 소상공인에게도 확산되고 있다는 점이 고무적입니다.

자본과 시설이 넉넉한 대기업과 달리 경제 여건이 여의치 않는 소상공인에게 적합한 저비용 마케팅 방법에 관한 내용이라 신선했습니다.

이 책이 나오기까지 일선에서 소상공인의 성공을 위해 마케팅지도로 땀방울을 흘리신 마케팅지도사 여러분의 노고에 감사를 드립니다. 시행착오를 극복하고 성공 사례를 일구어낸 실제 사례를 통해 어려운 경제 여건 속에서 분발하고 있을 소상공인 여러분과 공유하고자 하는 따뜻한 마음을 느낄 수 있었습니다.

이러한 성공사례가 270만 소상공인의 경제 활동에 활기를 불어 넣을 수 있는 계기가 되길 바랍니다.

박영선(국회의원)

지금까지 마케팅은 대기업이나 어느 정도 규모가 있는 중소기업 등에서 많은 비용을 들여 시장을 분석하고 이를 토대로 판매 전략 활성화를 위한 전략적 기법으로 사용되는 개념으로 이해되어 왔던 것이 사실입니다. 그러나 정작 마케팅이 절실히 필요한 소기업 소상공인들에게는 어렵고 낯설게만 느껴져 온 분야입니다.

갈수록 치열한 경쟁과 어려운 경제 여건 속에서 소기업 소상공인들에게도 남들보다 독특한 마케팅 기법이 절실히 필요한 시점이 되었습니다. 그러나 대기업 등에서 하는 마케팅을 따라 하기에는 자금이나 규모 등 현실적으로 맞지가 않은 상황이라 적합한 길라잡이가 필요한 시점이 되었다고 생각합니다. 가장 절실하지만 누구나 쉽게 접근할 수 없었던 마케팅 방법을 제시해 주는 이 책이 소기업 소상공인들에게 많은 도움이 될 것으로 기대합니다.

이 책의 발간을 위해 노력하신 모든 분들에게 감사의 말씀을 드리며 앞으로 (사)한국소상공인마케팅협회의 활발한 활동을 기대해봅니다.

대기업에 비해 자본과 인력이 부족한 소기업 소상공인의 경영이 대단히 어려운 실정이다.

2008년 9월 국정감사자료에 의하면 2003년~2006년 4년간 창업한 사람의 숫자가 350만여 명이고, 그 기간 중에 폐업한 사람의 숫자가 300만여 명이라고 한다. 보다 구체적인 숫자로 말하면 이 기간 중 한 해 평균 88만 2천여 명이 창업하고 75만 6천여 명이 폐업하고 있다는 설명이다. 이와 같은 국정감사자료를 통해 알 수 있는 것은 소상공인, 자영업자들이 사업에 안착하지 못하고 1년 만에 85% 이상의 숫자가 폐업하고 있다는 것이다. 창업 정착률이 고작 15%에도 미치지 못하는 안타까운 현실이다. 소상공인 및 자영업의 근본적인 문제는 이처럼 과다한 창업과 폐업의 반복으로 인한 비효율성을 들 수 있다. 과당경쟁으로 수익성이 저하되어 열심히 일을 해도 적자를 면키 어려운 업종도 있다. 소상공인을 위한 적절한 경영 전략과 저비용 마케팅 노하우가 필요한 이유다.

75만 명이라는 숫자를 생각해 보자.

가족의 생계를 책임지기 위한 생계형 창업이 주류인 소상공인이 매년 75만 명 이상 폐업한다면 3인 가족으로 추산하면 225만여 명이 매년 경제적인 고통에 신음하고 있다는 결론이다. 우리 주변의 많은 소상공인, 자영업자들이 이처럼 경제 활동 실패의 위험을 안고 살고 있다고 할 수 있다.

사업을 시작하는 사람이 장난삼아 심심해서 창업하는 사람이 누가 있을까?

매년 폐업하는 75만여 명의 사람들이 시간이 남아 장난삼아 창업한 사람들은 아닐 것이다. 돈이 될 만한 아이템은 없는지 나름대로 면밀히 조사하여 있는 돈, 없는 돈 끌어 모아 창업을 한 사람들이다.

생명과도 같은 알토란같은 창업 자금을 투자하여 시작한 사업인 만큼 무슨 일이 있어도 사업을 성공시키고자 애쓰는 사람이 대부분이다. 이처럼 생계가 걸려 있고 생명이 걸려 있는 창업자들인 만큼 반드시 성공해야만 한다. 소기업 소상공인, 자영업자들은 우리 경제의 실핏줄이고 그들이 건강해야 우리 경제 전체가 건강해질 수 있다.

이 책은 이와 같은 소상공인, 자영업자의 사업 개선에 도움이 되고자 하는 문제의식에서 쓰게 되었다. 소상공인, 자영업자의 사업 현실에 실제로 적용 가능한 실전 위주의 내용만을 담았다. 사업 현장에 실제 적용 가능한 마케팅 서적을 찾는 분에게는 더없이 적합한 책이라고 할 수 있다. 반대로, 거창한 경제 이론이나 학문적인 지식이 필요하신 분에게는 적합하지 않은 책이기도 하다.

저자로 참여하고 있는 (사)한국소상공인마케팅협회의 마케팅지도사들은 소상공인, 자영업자를 상대로 현장에서 오랜 기간 마케팅지도를 해오고 있는 실전가들이다. 이와 같은 마케팅지도의 풍부한 현장경험을 토대로 이 책의 집필에 동참하고 있는 것이다.

자본과 인재 부족, 마케팅 방안 부재 등 소기업 소상공인이 처한 열악한 경영 환경을 지켜보며 소상공인, 자영업자에게 적합한 마케팅 방법의 보급을 절감하게 되었다.

이러한 이유로 이 책에서는 실전 위주의 경영 전략과 저비용 마케팅 노하우를 제시하고자 한다.

일반 서점의 경제 코너에 가보면 대기업 위주의 거시적인 경제 이론 서적은 넘쳐 나고 있지만 소기업 소상공인, 자영업자를 위한 서적은 턱없이 부족함을 느낀다.

그나마 출간되어 있는 서적의 대부분도 상권 분석이나 사업계획서 작성과 같은 사업 준비 단계의 일부분만을 다룬 책들이 대부분이다. 소상공인, 자영업자의 마케팅을 다룬 책은 더할 나위 없이 부족한 것이 현실이다.

소기업 소상공인은 국가경제의 실핏줄과 같은 존재이다.

소기업 소상공인이 튼튼하고 건실하게 성장하는 것이 산업 발전의 요체이며, 소상공인이 살아야 대기업은 물론 국가의 경쟁력도 강화된다.

이 책이 소상공인의 사업 현장에 매출을 올려주고 고객을 모아주는 역할을 한다면 더없이 큰 보람이 될 것이다. 또한 그 결과 매년 폐업하고 망하는 소상공인, 자영업자의 숫자가 크게 줄어 국가경제의 실핏줄이 건강하게 작동하여 국가 경쟁력도 강화되는 효과가 있다면 이보다 더한 보람은 없을 것이다.

이 책은 이런 분들이 읽기 바란다.

◎ 소기업 경영자, 소상공인, 자영업자
◎ 예비 창업자 또는 창업한 지 3년 이내의 비즈니스 약자

◎ 비즈니스 경쟁 속에서 성공하고자 애쓰고 있는 분
◎ 지금 비록 작은 회사를 운영하고 있지만 조그만 성공으로 만족할 수 없고 번듯한 회사로
   키우겠다는 의지가 강한 분
◎ 경쟁사에 지지 않겠다는 투지가 강하고 내 분야에서 최고가 되겠다는 야망에 불타 있는 분

이렇게 비즈니스 성공에 목말라 있는 소상공인, 자영업자를 위해서 이 책을 쓰게 되었다. 따라서 비즈니스 성공에 대한 열정이 없는 분에게는 필요 없는 책이다. 그런 분은 그냥 책꽂이에 꽂아 주기 바란다.

성공에 대한 열정이 강하다는 것은 지금의 상황에 만족하고 있지 않다는 것이다.

부디 이 책을 통하여 성공에 대한 열정이 가득하신 소상공인, 자영업자 여러분 중에서 성공의 달콤한 열매를 맛보시는 분들이 많이 탄생하기를 기원한다.

현장에서 마케팅지도와 강의로 바쁜 와중에도 불구하고 아낌없이 자신의 노하우를 공유하며 글을 써주신 마케팅지도사 여러분께 감사드린다.

또한 함께 공동 저자로 참여하신 마케팅지도사 여러분들에게 출간의 영광을 돌리고 싶다. 아울러 소상공인의 자립과 성공을 위해 기꺼이 출판에 응해 주신 가림출판사에도 진심으로 감사드린다.

(사)한국소상공인마케팅협회 회장 황문진

003

전단지 마케팅

● 박용찬 / 1급 마케팅지도사, 강사

004

POP 마케팅

● 허성용 / 1급 마케팅지도사, 강사

005

홈페이지 마케팅

● 김기수 / 1급 마케팅지도사, 강사

006

온라인 마케팅

● 신성호 / 1급 마케팅지도사, 강사

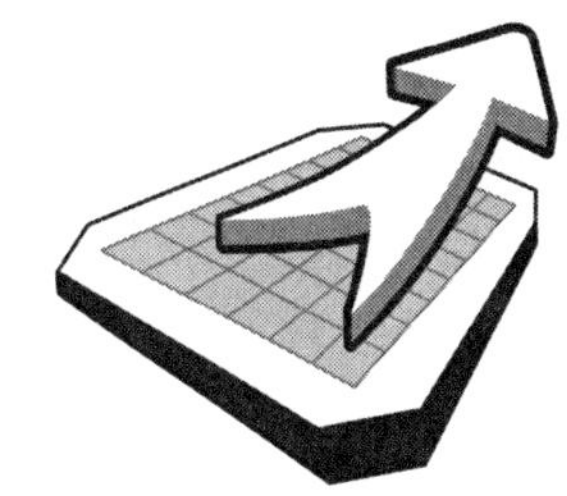

소상공인 마케팅 전략

"작은 회사도 1등 할 수 있다"

황문진
소상공인마케팅전략가

경희대학교, 와세다대학교 졸업
소기업 소상공인 경영전략, 명함 마케팅 전문강사
現 비즈노컨설팅 대표이사,
　　사단법인 한국소상공인마케팅협회 초대 회장
저서 『작은 회사는 전략이 달라야 산다』, 『저비용으로 고객을 확보하는 노하우』
홈페이지 www.bizknow.co.kr
전자우편 hmj0423@naver.com
블로그 blog.naver.com/hmj0423
네이버카페 『성공실천회』 운영자

경영의 목적은 이익의 근원이 되는 고객의 수를 늘리는 것이다

승부의 세계는 큰(大) 것이 이기는 것이 아니라 강(强)한 것이 이긴다.

　이순신 장군은 전체 병력 수에서 30배가 넘는 왜적을 23전 23승 승률 100%로 이겼다. 전체 병력 수가 많다고 모든 전투에서 이기는 것은 아니다. 무기가 많다고 이기는 것도 아니다. 전체적으로는 열세로 보이지만, 싸움이 벌어지는 각개전투에서 힘의 우위를 차지하면 병력 수가 적은 곳도 이길 수가 있다는 것을 이순신 장군은 싸움의 법칙을 통해 우리에게 알려 주고 있다.

　각박한 현대를 살아가며 어려운 상황 속에서 사업을 하는 사람들에게 이순신 장군은 좋은 본보기가 되고 있다. 자본이 적고 우수 인재가 부족한 소기업 소상공인, 자영업자도 전략만 잘 수립하면 치열한 비즈니스 무대에서 100% 이길 수 있다는 것을 알려 주고 있는 것이다. 자본이 많고 규모가 큰 회사만이 항상 1등을 하는 것이 아니라 규모가 작더라도 압도적인 차별화로 소기업도 1등을 할 수가 있다.

　수백 배나 덩치가 큰 무시무시한 상어가 독으로 가득 찬 복어를 해치지 못하는 것처럼 비록 규모는 작더라도 압도적인 차별화를 꾀한다면 작은 회사도 1등할 수가 있는 것이다.

싸움의 원칙은 큰(大) 것이 이기는 것이 아니라 강(强)한 것이 이긴다는 것이다.

그러나 우리의 현실은 어떠한가!
2008년 9월 세계적인 금융위기로 도산, 폐업하는 업체가 늘었다.
그 대부분은 자본이 부족하고 우수 인재가 부족한 소기업이다.
2009년 1월과 2월, 불과 두 달 만에 42만여 자영업자가 폐업하고 사라졌다.
하루에 7,000여 개의 자영업자가 폐업한 꼴이다.
대체 비즈니스가 무엇인가?
어떤 기업이 살아남고 어떤 기업이 사라지는 것인가?

1. 비즈니스의 세계

비즈니스란 무엇인가? 비즈니스라는 무대, 비즈니스 세계에 대한 인식이 명확해야 한다. 필자가 소상공인 대상 경영전략 강의에서 항상 묻는 질문이다.

'비즈니스가 무엇인가?' 에 대해서 권투와 바둑을 비유하여 어느 쪽에 더 가까운지를 물어 보면 대다수의 사람이 비즈니스는 바둑에 가깝다고 답을 한다.

과연 그럴까? 비즈니스가 바둑에 가깝다고 생각하는 사람들의 이유를 들어 보면 바둑을 둘 때 '어떻게 하면 이길 수 있나?' 라는 전략적인 생각만 하므로 비즈니스는 바둑에 가깝다라고 한다. 물론 틀린 말은 아니다.

비즈니스를 하는 사장은 비즈니스 무대에서 살아남기 위해 전략적인 생각을 해야 한다. 하지만 일상적으로 바둑을 둘 때를 생각해 보자. 국내 바둑의 세계에서 최강이라고 하는 이세돌 9단과 같은 입신

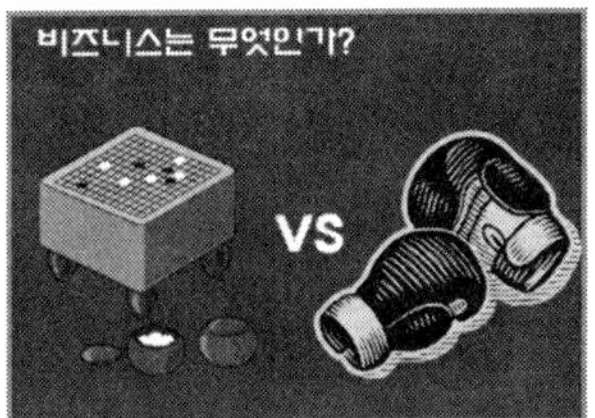

의 경지에 오른 고수와 만일 내가 바둑을 둔다면 상대가 되지 않을 것이다. 상대가 되지 않기에 고수들은 바둑돌을 몇 수 접어줄 것이다.

아마도 바둑에 대해 초보인 나에게 이세돌 9단과 같은 고수라면 10돌 이상 깔아줄 것이다. 아니 20돌 이상 깔아주어도 나는 이세돌 9단을 이길 수 없을 것이다.

바둑을 둘 때 흔히 실력 차이가 나는 고수와 하수의 게임에서는 바둑돌을 깔아주어 대등한 시합을 하고자 할 것이다. 장기도 마찬가지로 장기의 고수는 하수에게 차(車)나 포(包)를 떼어주고 시합을 할 것이다. 그러나 비즈니스 세계에서도 과연 이렇게 대등한 조건에서 경쟁을 할까?

자본과 시설, 인재가 풍부한 동업종의 1위 경쟁사가 이제 막 창업을 하는 신규 업체에게 대등한 경기를 하기 위해 자본이나 시설, 인재를 빌려주는 것을 본 적이 있는가? 결론부터 말하면, 실제 비즈니스 세계에서는 이러한 일이 벌어지지 않는다. 동업종에서 잘나가는 업체가 신규 업자와 대등한 경쟁을 하자고 자본을 빌려주고 영업사원을 빌려주는 일은 절대 없을 뿐만 아니라 오히려 신규 경쟁 상대를 견제하고 공격을 가하는 것이 현실이다. 한마디로 권투처럼 치열하게 치고 박고 하다가 승패가 갈린다. 이긴 자가 길길이 날뛰며 승리의 세레모니를 펼칠 때 그 옆에는 피 흘리며 쓰러져 있는 패자가 있을 뿐이다.

비즈니스 경쟁에서 패배한 사람들이 서울역에 노숙자로 합류하는 경우가 많다.

한 때는 잘나가던 사업가도 비즈니스 경쟁에서 고배를 마시고 노숙자로 전락하는 사례도 적지 않다. 이처럼 비즈니스의 내면을 들춰보면 비즈니스가 철저한 경쟁의 원칙에 의해 움직이고 있다는 사실을 알게 된다. 이러한 경쟁의 무대에서 비즈니스의 원리를 모르고 사업을 하게 되면 도산하고 폐업하게 될 공산이 크다.

경쟁의 원리를 모르고 사업하다가 말없이 사라지는 조그만 사업체가 최근 5년간의 통계에 의하면 매년 평균 75만여 개나 된다.

비즈니스의 세계는 철저한 실력위주의 무대이다.

경영능력이 부족한 사장이 경영능력이 뛰어난 사장을 이길 수 없다.

따라서 사장은 경영능력을 키워야 한다.

회사의 규모와 상관없이 경영능력이 없는 회사가 철저한 경쟁의 무대인 비즈니스의 세계에서 살아남을 수 있는 방법이 없기 때문이다.

 **Point : 비즈니스의 세계는 철저한 경쟁의 무대이다.**

2. 비즈니스는 고객 확보 쟁탈전

대기업처럼 자본이 넉넉하고 우수 인재가 많은 곳도 불경기로 힘든 시기이다.

더구나 자본이 부족하고 우수 인재가 부족한 소기업은 마치 폭풍우 속에 방패막 하나 없는 촛불처럼 언제 꺼질지 모를 위태로운 상황에 놓여 있다. 왜 소기업에는 자본이 부족한가?

자본이 부족한 이유는 상품이 팔리지 않기 때문이다.

그렇다면 왜 상품이 팔리지 않는가?

상품이 팔리지 않는 이유는 고객을 확보하지 못하였기 때문이다.

결국은 고객이다.

고객을 확보하는 곳은 생존할 수 있고, 고객을 확보하지 못하는 기업은 사라질 수밖에 없는 것이 바로 비즈니스의 세계이다.

'사업하기가 얼마나 힘든지 알기나 하느냐?' 라고 절규하는 것은 이처럼 고객 확보 경쟁에서 지고 있기 때문이다. 어쩌면, 경쟁사 이전에 당신이 무슨 사업을 하는지 고객이 모르고 있을 확률이 크다.

무릇 비즈니스의 근본은 '경쟁사와의 고객 확보 전쟁' 이다.

"비즈니스 = 고객 확보 쟁탈전"

즉, 고객 확보 쟁탈전이 비즈니스라 할 수 있다. 고객은 경쟁사와 당신의 회사를 비교해서 선택하고 있다. 목이 말라 편의점에 들렀다고 할 때, 당신의 눈앞에 진열된 수많은 음료수를 보라. 제각기 당신에게 선택받고자 얼마나 필사적으로 어필하고 있는가? 눈에 띄려고 디자인부터 메시지까지 필사적이다. 당신은 의식적이든 아니든 여러 선택의 기회 중 하나를 선택할 것이다. 음료수 생산업체는 당신에게 선택받으려고 필사적이다. 이것이 비즈니스의 세계이다. 당신 회사도 경쟁사와의 고객 쟁탈전을 벌이고 있지 않은가? 고객 쟁탈전은 경쟁사와의 치열한 전쟁이다. 승부의 세계인 것이다. 승부의 세계에서는 실력이 모든 것을 말한다.

비즈니스의 세계가 승부의 무대인 이상, 이기는 수밖에는 없다. 패하면 비즈니스 무대에서 사라질 뿐이다. 자기 자본을 가지고 시작한 사업이 망하면 그나마 괜찮지만, 대출을 받아 빚을 진 상황에서 망하면 엄청나게 비참해지는 것이 비즈니스인 것이다. 어찌 됐건 이 싸움은 자신과 자사의 생존권을 걸고 싸우는 것이므로 이기는 수밖에는 없다.

 **Point** : 비즈니스는 경쟁사와의 고객 확보 쟁탈전이다.

3. 비즈니스 경쟁에서 이기는 원칙

그러면 어떻게 하면 이길 수 있겠는가?

이것이 이 책의 주제이다.

자본과 인재가 부족한 소기업 소상공인도 전략만 잘 세우면 덩치가 큰 경쟁회사를 이길 수 있다. 작은 회사도 1등 할 수 있다. 전체 병력 수에서 30배가 넘는 거대한 적과 싸워 23전 23승의 승률 100%의 싸움을 한 이순신 장군처럼 전략적인 승리를 거둘 수 있다.

이순신 장군의 예처럼 비즈니스 세계에서도 마찬가지이다.

큰 회사가 작은 회사를 이기는 것이 아니다. 승부의 세계는 큰 것이 작은 것을 이기는 것이 아니라 강한 것이 약한 것을 이기는 것이다.

"큰 것이 이기는 것이 아니라 강한 것이 이긴다"

다시 한번 말하지만 강한 것이 약한 것을 이기는 것이다. 크기는 상관이 없다.

작더라도 큰 것보다 강하면 이길 수 있다. 아무리 덩치 큰 포악한 상어도 크기가 백분지 일도 안 되는 독성이 강한 복어를 건드리지 못한다. 작아도 강하면 큰 것을 이길 수가 있다. 약육강식은 자연계의 섭리이다.

싸움의 원리 – '경합 국면에서 적과 아군의 힘의 우열로 승패가 정해진다.'

싸움이라는 것에는 근본적인 법칙, 즉 원리가 있다. 이것만 알아 두면, 어떻게 하면 이길 수 있는지 알 수 있다. 싸움에서 유일한 절대 원리는 '경합 국면에서 적과 아군의 힘의 우열로 승패가 정해진다' 라는 것이다.

바로 이것이 비즈니스 경쟁에서 이기는 원칙이다. 강한 것이 이기는 것이다.

'뭐야. 그런 당연한 걸 뭐가 대단하다고' 라고 생각할 수도 있다. 하지만 그렇게 생각하는 것은 문장의 이해가 부족한 것이다. 중요한 것은 언제나 간단하다. 그러나 엄청나게 심오한 깊이가 있다. 다시 한번 이 말의 의미를 곱씹어 보자.

우선은 '경합 국면에서' 라는 부분이 핵심이다. 다음으로, 힘의 우열의 '힘' 이 두 가지에 비즈니스 약자에게 역전의 힌트가 숨어 있다.

'경합 국면에서 적과 아군의 힘의 우열'이란, 전체 힘의 우열이 아니라는 것이다. 싸움이 벌어지는 장면의 힘의 역학 관계로 성패가 정해진다. 전체로서는 크더라도 그 싸움의 국면에서의 힘이 뒤쳐지면 질 수 있는 것이다. 반대로 전체로서는 작아도 그 국면에서의 힘이 우월하면 이길 수 있다. 약자 역전이 가능한 것이다. 이 싸움의 원리에서 약자 역전의 법칙을 끄집어 낼 수가 있다. 이해를 돕기 위해서 약자 역전의 사례를 들어 보자.

임진왜란 당시 이순신 장군은 조선 수군 전함이 전멸한 시점에서 백의종군 중에 삼도수군통제사로 봉직 받아 명량해전에서 고작 12척의 배로 333척의 왜선에 맞서 싸워 그들을 물리친다. 명량이라는 좁은 해협을 장악하고 있었기에 가능한 싸움이었다.

또한 영화 '300'에서는 스파르타의 용사 300명과 페르시아의 100만 대군과의 싸움을 그리고 있다. 고작 300명과 100만 대군의 대결은 싱겁게 끝날 것 같지만 300의 숫자로 장렬히 싸운다. 100만의 대군과 장렬히 싸울 수 있었던 것은 테르모필레 협곡이라는 요충지를 점하고 있었기 때문에 가능한 것이다.

아프가니스탄의 탈레반이 소련군을 물리친 것도 마찬가지로 산악지대를 장악하고 있었기에 가능한 것이다. 이처럼 전체 병력 수에서는 뒤지지만 싸움이 벌어지는 장면에서 힘의 우위를 차지한다면 그 싸움에서 이길 수 있다.

이것이 약자 역전의 비즈니스 경쟁의 원칙이다.

적은 자본과 조직력으로도 경쟁의 원칙이 소용돌이치는 비즈니스 현장에서 힘을 집중해 싸움이 벌어지는 국면에서 힘의 우위를 차지하면 이길 수 있다.

 **Point : 경쟁은 큰 것이 이기는 것이 아니라 강한 것이 이기는 것이다.**

4. 비즈니스 강자의 전략 3가지

기업의 규모나 자본으로 강자와 약자를 나누는 것이 아니라 고객 점유율 1위냐 아니냐로 강자와 약자를 나눈다. 사장이 팔씨름 잘한다고 강자 회사가 아니며, 자본이 많다고 강자 회사라 불리는 것이 아니다. 오직 강자와 약자를 나누는 기준은 고객 점유율 1위냐 아니냐로 구분된다. 비즈니스 세계에서는 고객 점유율 2위 이하의 기업을 모두 비즈니스 약자라고 부른다.

비즈니스 강자의 기준은 다음의 3가지 요건을 갖추어야 한다.

① 고객 점유율 1위이어야 한다.
② 고객 점유율 25% 이상으로 4명 중 1명이 자사의 고객이어야 한다.
③ 2위와의 점유율 격차가 2배가량 되어야 한다.

이상과 같은 조건을 갖춘 비즈니스 강자의 전략은 크게 나누면 다음의 3가지 이다.

① 동질화　　② 복합화　　③ 간접화

① 동질화에 대하여

고객 점유율이 높은 비즈니스 강자의 기본 전략은 약자와 싸움의 방식을 똑같이 하는 것이다. 즉 동질화 전략이다. 품질이 똑같으면 수량이 많은 쪽이 이긴다. 싸움의 방식이 똑같으면 숫자가 많고 덩치가 큰 쪽이 이긴다. 똑같은 무기 성능을 갖춘 총을 가지고 싸운다면 병사 숫자가 많은 쪽이 이긴다. 똑같은 영업 방법을 구사하는 업종이라면 영업사원의 숫자가 많은 쪽이 이긴다.

② 복합화에 대하여

비즈니스 강자는 약자가 틈새를 노리고 들어올 구멍을 미리 막아두는 전략을 편다. 국내 자동차업계 1위인 현대자동차는 승용차를 만든다. 승용차도 소형, 중형, 대형으로 복합적으로 만든다. 만일 대형 승용차 하나만을 만든다면 약자 기업이 소형차나 중형차로 차별화하여 치고 올라올 구멍을 만들어 주기 때문에 복합적으로 전개해 나간다. 또한 현대자동차가 승용차만 만들게 되면 약자 기업이 다른 차종 즉, RV차량이나 버스, 트럭 시장을 차별화하여 치고 올라올 수도 있다. 따라서 현대자동차는 승용차뿐만 아니라 RV차량과 상용차까지 생산하고 있다. 이것이 강자의 복합화 전략이다.

③ 간접화에 대하여

강자의 전략 중 하나가 소비자와 직접 거래를 하기보다는 도매상이나 대리점, 딜러를 중간에 끼고 판매를 하는 것이다. 삼성전자의 벽걸이 TV를 사기 위해 삼성전자 본사를 찾아가거나 삼성전자 공장을 찾아가서 사는 것이 아니라 삼성디지털플라자나 하이마트 등 대리판매점을 찾아가서 사는 것이다. 현대자동차의 신차를 구입할 경우도 울산 현대자동차 공장을 찾아가서 사는 것이 아니라 현대자동차 영업점을 찾아가서 사는 것이다. 이처럼 강자들은 직접 판매를 하는 것보다는 간접

영업을 하는 것이 더 효과적이다. 이러한 강자의 전략이 많이 공개 되어 있다 보니 약자 기업에도 올바른 전략이다 싶어서 흉내를 내는 약자 기업이 있다.

약자 기업은 강자를 흉내 내어서는 안 된다. 강자를 흉내 내면 강자의 시장만 더 키워주고 정작 약자 자신은 더 약해지기만 할 뿐이다. 따라서 약자들은 강자와는 달리 간접 영업이 아니라 소비자와 직접 거래하는 방문 판매나 직판을 하여야 한다. 온라인 쇼핑몰을 만들어서 소비자와 직접 거래하는 방법이 약자의 전략이라면 강자는 간접 판매를 하는 것이 효과적이다.

5. 비즈니스 약자의 전략 3가지

비즈니스 약자의 기준은 사장의 팔씨름 능력이 떨어진다거나 자본이 적고 시설이 부족한 회사를 말하는 것이 아니다. 비즈니스의 약자의 기준은 다음과 같다.

① 고객 점유율 2위 이하의 모든 기업
② 예비창업자 내지는 창업한 지 3년 이내의 기업
③ 상품이나 영업지역, 판매루트나 고객층 중 1위가 하나도 없는 기업

이상과 같은 비즈니스 약자의 전략은 다음의 3가지로 크게 나뉜다.

① 차별화   ② 세분화   ③ 집중화

① 차별화에 대하여
고객 점유율에서 2위 이하의 기업은 1위와는 다른 방식으로 경쟁하여야 한다.

1위 기업이 잘 버니까 우리도 흉내를 내보자 하는 것은 전략이 없는 사장이나 하는 짓이다. 1위를 흉내 내면 1위 기업의 시장만 키워주고 자신의 이익은 줄어든다.

짝퉁 전략, 미투 전략으로는 1위를 차지할 수가 없다. 1위와는 다른 전략으로 싸우는 것이 바로 약자의 기본 전략이다. 품질이 똑같으면 생산 시설이나 자본, 영업사원이 많은 쪽이 이기는 것은 당연하다. 강자와 똑같은 싸움의 방식으로는 약자가 이길 수 없다. 따라서 약자는 강자와는 다른 방식으로 싸워야 한다.

② 세분화에 대하여

동물의 왕국에서 사자는 생쥐를 잡기 위해 혼신의 힘을 다하지 않는다.

왜냐하면 간식거리도 되지 않는 생쥐를 잡아 봐야 배고픔을 해소할 수가 없기 때문이다. 고객 점유율 1위를 하고 있는 강자들은 1위의 규모에 맞는 많은 고객을 상대하여야 한다. 특정 부분 고객만을 상대로 해서는 타산이 맞지 않는다. 따라서 규모가 작은 특정한 부분에 대해 관심을 두지 않는다. 이 점을 비즈니스 약자는 노려야 한다. 즉, 강자가 노리지 않는 틈새를 노려서 작은 분야에서 우선 1위를 차지하는 것이다.

③ 집중화에 대하여

약자 기업은 대부분 자본이나 시설, 영업사원의 한계를 갖고 있다. 이러한 한정된 경영 자원을 분산시키면 경영력이 약화되어 성과를 올리기가 쉽지 않다. 한정된 자본을 집중하지 않고 분산시키면 그 성과는 분산된 만큼밖에 나오지 않는다.

100만 원을 1등할 수 있는 아이템에 집중 투입하면 100의 제곱(10,000만 원)의 성과가 나오지만 100만 원을 50만 원씩 2개의 아이템으로 나누어 투입하면 50의 제곱(2,500만 원) + 50의 제곱(2,500만 원) = 5,000만 원의 성과밖에 나오지 않는 것이다.

영업사원의 경우도 마찬가지이다. 8명의 영업사원을 서울, 부산, 대구, 광주, 울산, 인천… 등 8곳으로 나누어 영업을 시키는 것보다 1곳에 8명을 집중시키는 것이 성과가 더 좋게 나온다. 군대로 치면 8명의 분대원을 거느린 분대장이 병사들을 서울, 부산, 대구, 광주, 울산, 인천전투에 1명씩 파견시킨 것과 같다. 이처럼 전투력이 분산되어서는 성과를 올리기 힘들다. 한정된 전투력을 분산시키는 것보다 이길 수 있는 싸움에 전투력을 집중하는 것이 현명한 전략이다.

 **Point : 이 책의 명함, 전단지, POP, 홈페이지, 온라인마케팅 등은 모두가 비즈니스 약자의 3가지 전략에 기초한 전술적인 부분이다. 소상공인 마케팅 성공 노하우의 큰 그림은 바로 이와 같은 약자의 전략에 기초한다.**

6. 약자의 전략 성공 사례 3가지

① 비타 500의 판매루트 차별화

예전 어르신들은 몸이 좀 피곤할 때면 아이들을 시켜서 약국에 가서 박카스 D를 사오도록 심부름을 시키곤 하셨다. 박카스 D는 1960년대부터 2010년 현재까지 166억만 병 이상 팔려 40년 이상을 의약품 매출 1위를 차지하고 있다. 이처럼 피로회복, 자양강장제로 오랫동안 사랑을 받아온 동아제약 박카스 D의 아성에 수많은 제약회사가 도전하였으나 성공하지 못하고 패퇴하고 말았다. 동아제약의 박카스 D는 선발주자로 피로회복, 자양강장제 시장에서 압도적인 1위를 하는 비즈니스 강자이다. 이러한 강자와의 싸움에 후발주자는 강자와는 다른 방식으로 접근해야만 한다.

광동제약의 비타 500은 박카스 D의 강점을 분석하고 강자의 강한 부분을 건드리지 않고 차별화한다. 박카스 D는 의약품으로 등록이 되어 약국에서만 판매가 허용되어 있다. 일반 슈퍼마켓이나 음료 할인매장에서 판매를 할 수가 없다. 즉 박카스 D는 의약품으로 등록이 되어 있어서 약국에서는 강점을 보이지만 슈퍼마켓이나 할인매장에서는 판매를 할 수 없다. 이 점에 착안하여 강자와는 판매 루트를 차별화하여 약국이 아닌 슈퍼마켓이나 편의점을 공략하여 성공한 것이 비타 500이다. 비타 500은 의약품이 아닌 음료로 등록을 하였기에 가능한 일이다. 후발주자는 강자의 강점을 뒤집어 보면 강자의 약점이 보이게 된다. 그곳을 노리는 것이 비즈니스 약자의 차별화 전략이다.

② 미앤미 케이크의 상품 세분화

안양 1번가에 있는 미앤미 케이크 전문점의 사례이다. 이곳은 그 전에 뉴욕제과점 자리를 인수하여 제과점을 시작한 곳이다. 매장 면적은 7평 정도로 테이블 1개도 놓을 수 없을 정도로 크기가 작은 매장이었다. 좁은 매장 안에서의 상품 구성에 고민하던 미앤미의 사장은 상품군을 한정하기로 한다. 제과점에서 취급하는 상품의 종류는 빵, 쿠키, 케이크, 아이스크림, 사탕, 커피, 샴페인, 생일 이벤트용품 등 다양하다. 이 많은 종류를 좁은 매장에서 모두 취급하기에는 진열 공간이 너무 좁다.

그래서 고민 끝에 케이크 하나로만 상품군을 세분화하였다. 케이크로만 상품을 한정하니 좁은 매장에 케이크의 종류를 다양하게 진열할 수가 있게 되었다. 크기별로는 대, 중, 소, 조각 케이크로 전개가 가능하였고, 가격대별로는 고가, 중가, 저가로 다양한 전개가 가능하게 되었다. 이 결과 매장 면적이 몇 배나 더 큰 인근의 대형 프랜차이즈 제과점보다 더 많은 종류와 다양한 가격대를 갖추게 되었다.

즉, 상품을 케이크로 세분화하여 케이크로는 강자가 된 것이다. 제과점에서 판매되는 상품 중에서 가장 비싼 것은 바로 케이크이다. 케이크에서 압도적인 강자가 되었기에 작은 매장인 미앤미 케이크 전문점이 인근의 대형 제과점보다 케이크로는 더 많은 판매가 이루어지고 있다. 약자는 모든 상품군에서 1등하기가 쉽지 않다. 상품을 세분화해야 하는 이유가 여기에 있다.

작은 규모의 분식점에 메뉴판을 보면 30여 가지의 음식을 판매하고 있다. 찌개는 물론이고 튀김, 떡볶이까지…. 이렇게 작은 매장에서 많은 종류의 메뉴를 만들면 이익은 감소하는 것이 일반적이다. 다양한 재료를 구매해야 하고, 다양한 요리법을 작은 주방에서 구사해야 하니 당연히 효율이 떨어진다. 차라리 라면 전문점이나 어묵 전문점으로 특화해서 같은 재료를 활용한 업무의 효율화가 이익을 더 가져다 준다.

1위 상품이 없는 한 몸은 바쁘고 돈은 되지 않는다.

1위 상품으로 세분화하는 것, 그것이 현명한 비즈니스 약자의 전략이다.

③ 네오누리콤의 고객층 집중화

경쟁이 치열한 업종에서 자본 규모나 영업사원 숫자에서 열세를 보이고 있는 비즈니스 약자 기업은 세분화된 고객층에 경영력을 집중해야만 성과를 올릴 수가 있다. 서대문구 연희동에서 판촉기념품을 판매하는 네오누리콤이라는 회사의 사례를 들어 보자.

이 회사는 사장을 포함해 영업사원 3명이 운영하는 조그만 규모의 판촉기념품 회사이다. 종래의 주 고객은 대기업 구매 부서였다. 대기업은 납품업체간 가격 비교로 입찰하는 방식이라 경쟁이 치열했다. 치열한 경쟁을 뚫고 수주를 하더라도 가격적인 메리트도 없고, 약간의 하자가 있을 경우 엄청난 손해를 감수해야 하는 위험이 도사리고 있었다. 네오누리콤은 이러한 대기업과의 거래를 계속해야 할지 고민하게 된다. 이런 고민을 하던 와중에 비즈노 성공실천회의 12주간 경영전략, 마케팅 학습을 통하여 이상적인 고객을 한정하게 된다.

이상적인 고객으로 한정한 것은 바로 1년에 3~4차례 판촉기념품을 구매하는 소기업이다. 대기업은 밤을 새워 브리핑 자료를 준비하고 제안을 하여도 납품업체로 선정될 가능성이 낮아 경영력의 낭비를 초래할 수 있어서 제외하기로 하였다. 또한 선정된다 하여도 갑과 을의 주종 관계로 항상 끌려 다니게 되어 업무에 대한 보람을 느낄 수가 없어 대기업은 이상 고객에서 제외시켰다. 그리고 개인 고객 또한 이상적인 고객에서 제외하였다. 구매 수량도 적고 가격에 너무 민감하여 상담 시간만 낭비하는 경우가 많기 때문이다.

그래서 선정한 것이 판촉기념품에 대한 수요는 있으나 행사에 딱 맞는 판촉기념품으로 어떤 것이 좋은지 전문 지식이 조금 필요한 소기업만을 이상적인 고객(타깃 고객)으로 한정하게 되었다. 판촉기념품을 필요로 하는 소기업을 대상으로 행사에 알맞은 판촉기념품 선정에 관한 소책자를 5권을 만들어 온라인에서 무료로 다운로드 받게 한 결과 이 업체가 온라인 키워드 검색에서 상위에 노출되는 효과를 거두게 된다. 고객을 소기업으로 한정하여 소기업 구매 담당자에게만 영업 경영력을 집중한 결과 이러한 성과를 올리게 된 것이다.

이처럼 고객을 한정하여 한정된 고객에게 경영력을 집중한 결과 매출이 늘어 3명이었던 영업사원이 3년 만에 11명까지 늘어나는 성장을 하게 된 것이다.

이와 같이 세분화한 고객층에 경영력을 집중하는 것은 비즈니스 약자의 중요한 전략 중의 하나이다.

7. 마케팅 전략의 의미

경제학 교수님께 '마케팅이 무엇인가요?' 라고 물으면 대부분의 교수님께서는 '생산자로부터 소비자나 사용자에게로 재화나 서비스가 유통되도록 하는 경영 활동과 판매 활동을…' 하며 거창하게 말씀하실 것이다. 이해가 쉽지 않은 학술적인 설명이다. 또한 시중에는 마케팅이라는 단어가 난무하여 시간마케팅, 농촌마케팅, 칼라마케팅, 체험마케팅… 등 무엇에나 마케팅을 갖다 붙여 설명한다.

마케팅이라는 단어를 좀 더 쉽게 접근해 보자.

소기업 소상공인, 자영업자에게 마케팅을 설명할 때 현실성이 떨어지는 설명이 무슨 소용이 있을까?

마케팅(Marketing) = 마켓(Market) + ing

즉, 시장(Market)을 만들어 가는 과정인 것이다.

시장(Market)이란 곧 내 상품이나 서비스를 이용해 줄 고객이 있는 곳이다.

즉, 고객을 만들어 나가는 것을 마케팅이라 할 수 있다.

마케팅 = 고객을 모으는 것

그렇다면 마케팅 전략은 무엇인가?

전략이라는 용어는 싸울 전(戰), 꾀 략(略) 즉 싸움에서 이기기 위한 지혜를 전략이라고 한다. 마케팅 전략이란 경쟁사와 고객 확보 쟁탈전에서 고객을 더 많이 모으기 위한 지혜가 바로 마케팅 전략인 것이다.

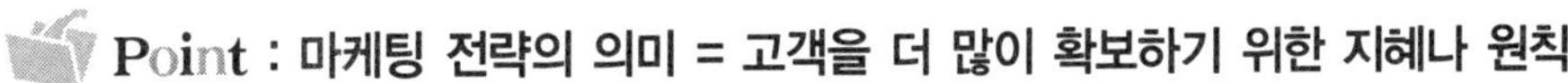 **Point : 마케팅 전략의 의미 = 고객을 더 많이 확보하기 위한 지혜나 원칙**

8. 마케팅의 중요도

경영을 구성하는 요소는 상품, 고객, 지역, 조직, 자본, 시간, 영업 등의 요소가 있다. 그 중 고객 확보 요소인 고객과 영업 지역, 영업을 하나로 묶어 마케팅이라고 했을 때 마케팅과 상품, 조직, 자금의 중요도를 생각해 보자.

중요도의 우선순위를 따지는 이유는 우선순위가 뒤틀리면 경영이 뒤틀리기 때문이다. 라면을 끓이는 것으로 설명해 보자.

라면을 끓일 때 우선순위가 어찌 되는가?
 1. 먼저 냄비에 적당량의 물을 넣고 끓인다.
 2. 팔팔 끓는 물에 라면과 스프를 넣는다.
 3. 계란을 곁들인다.

대략 이런 순서일 것이다. 이런 순서를 어기고 라면을 끓이면 어찌 될까?
 1. 냄비에 라면과 스프를 넣고 불을 붙인다.
 2. 라면이 불에 탄 뒤에 계란을 깨서 넣는다.
 3. 물을 부어 넣는다.

이렇게 순서를 바꾸면 라면이 정상적으로 될 리가 없다.
경영의 중요도에 따라 우선순위를 정하는 것도 마찬가지이다.
경영의 요소를 중요도에 따라 분류하면 다음과 같다.

 1. 마케팅(고객, 영업 지역, 영업) 53%

2. **상품** 27%

3. **조직** 13%

4. **자금** 7%

　경영을 구성하는 요소 중에서 절반 이상의 중요도를 차지하고 있는 것이 바로 마케팅이다. 아무리 상품이 좋아도 마케팅이 되지 않는다면 비즈니스 성공은 있을 수가 없다. 아무리 서비스가 친절하고 능력이 있는 종업원을 갖추고 있어도 고객이 없다면 아무 소용이 없다. 자금이 풍부해도 고객을 모으지 못한다면 자금이 고갈되고 말 것이다.

　소상공인 자영업자의 70% 정도가 손쉽게 창업하는 분야인 외식 분야를 예로 들어 보자.

　식당 성공 요소의 중요도는 다음과 같다.

1. **손님을 끌어 모으는 능력(마케팅)** 53%

2. **음식의 맛** 27%

3. **친절한 종업원** 13%

4. **식당 운영 자금** 7%

　이 또한 필자가 세미나 중에서 항상 묻는 질문 중의 하나이지만, 대부분 수강자들의 답은 식당이니까 음식 맛이 좋아야 대박집이 된다고 답을 한다.

　그러나 일상생활에서 한 번 생각해 보자. 맛이 좋은 식당이라면 어디나 대박집이 되어 있는가? 개인적으로 맛이 좋다고 여겨지는 식당인데 손님이 적어 힘들어하는 곳은 없는가? 대박집의 기준은 맛이 아니라 손님이 바글거리는가 아닌가에 달려 있다. 아무리 맛이 좋아도 손님이 없다면 대박집이 될 수 없다. 음식은 먹어

봐야 맛을 안다. 아무리 식당 주인이 맛있다고 우겨봐야 손님이 먹어 보기 전에는 알 수가 없다. 따라서 먹어 줄 손님을 만나지 못하는 음식은 음식쓰레기로 버려진다. 아무리 좋은 상품도 그 상품을 사용해 줄 손님을 만나지 못하면 아무 소용이 없다. 소용이 없는 정도가 아니라 생산자의 땀과 비용이 들어간 애물단지에 불과하다는 것이다.

실패의 쓴맛을 보는 대부분의 경영자들은 라면을 끓이는 순서를 뒤바꾸듯이 경영의 중요 순서를 뒤바꾸기에 실패하는 것이다. 경영에서 가장 중요한 것은 마케팅임에도 상품만 좋으면 성공할 것이라는 순진한 생각을 한다. 돈이 된다는 달콤한 유혹에 있는 돈, 없는 돈 끌어 모아 상품부터 확보하는 사람도 있다.

그러다가 정작 그 상품을 써줄 고객을 모으지 못하는 상황이 되자 헐값에 팔아 넘기고 돈만 낭비하는 사람도 생긴다.

돈 될만한 아이템 좀 없을까 하고 아이템만 찾아다니는 예비창업자도 허다하다. 하지만 그 전에 갖추어야 할 경영의 능력은 마케팅 능력임을 인식하여야 한다.

 **Point : 성공하기 위해 가장 중요한 경영의 요소는 마케팅이다.**

9. 소상공인의 성공 마인드 10계명

① 사장의 능력이 실적의 100%를 좌우한다

작은 회사 실적의 100%는 사장 한 사람의 능력으로 결정된다.

실적의 근본 원인은 사장의 전략 능력에 있으며, 전략 능력의 결과는 종업원 1인당 순이익으로 나타난다. 종업원 1인당 순이익을 높이기 위한 사장의 전략은 고객 점유율 1위 전략에 있다. 사장은 고객 점유율 1위를 차지하기 위한 전략 습득에 매진하여야 한다.

② 업계 상위 5등 이내에 들어야 한다

소상공인, 자영업자의 사업 현장은 치열한 경쟁의 무대이다.

자영업자 100명 중 95명은 적자 또는 수익을 올리지 못해 고전하고 있다. 팔레트의 법칙처럼 100명 중에 20등 이내에 들어야 실질적으로 이익을 만들어 낼 가망이 있다. 고객 점유율 1위를 하겠다는 사장의 전략 능력이 없는 한, 이익을 올릴 방법은 없다. 사장은 동업자 100명 중에서 5등 이내에 들도록 목숨을 걸어라.

③ 교육비를 아끼지 마라

100명 중 5등 이내에 들고자 한다면, 연봉의 5% 이상을 교육비에 투자하라.

교육비는 지하수를 끌어 올리는 한 바가지의 마중물과 같은 것이다.

한 바가지의 물을 투자해서 수십 통의 항아리를 채울 수 있다면 한 바가지의 물을 아낄 것인가. 연봉 1억 원 이상을 벌고 싶다면 연봉의 5%인 500만 원을 교육비에 투자하라. 현실에 도움이 되는 서적이나 CD, 동영상 교재를 구입해서 공부해야 한다.

④ 강자와 약자의 전략을 숙지하라

소상공인의 사업 현장은 치열한 경쟁의 무대이다.

소상공인, 자영업자의 실적 부진의 원인은 사장이 강자의 전략과 약자의 전략을 모르고 사업에 임하기 때문인 경우가 대부분이다. 경쟁의 무대에서 이기기 위한 강자의 전략과 약자의 전략을 시간을 들여 학습하는 것이 중요하다. 필자는 <소상공인 필승 전략>이라는 주제로 전국을 돌며 강연을 하고 있다. 지금 경영이 어렵다면 반드시 이 강연을 들어야 한다.

⑤ 고객 관련 요소에 집중하라

경영의 요소 중 가장 중요한 것은 상품과 영업이다.

고객과 접점을 이루는 상품과 영업의 요소가 실적의 80%를 좌우한다. 따라서 고객 관련 경영의 요소에 경영력을 집중하여야 한다.

상품 전략, 영업 지역 전략, 고객층을 결정하는 방법, 고객을 유지하는 고객 전략 등 고객과 직접 관계되는 요소에 집중하라.

⑥ 일정한 시간을 사내 전략 회의에 투자하라

싸움에서 이기기 위한 2가지 요소인 전략과 전술.

전술의 착오는 전략이 방어할 수 있지만, 전략의 착오는 전술이 방어할 수 없다.

따라서 직원들과 전략 회의를 통하여 조직원 모두가 전략적인 능력을 키워야 한다. 종업원 10인 미만의 소상공인, 자영업자라면 한 달에 2일을 전략 회의하는 날로 잡아야 한다. 전략 회의는 한 가지 테마를 정해서 6시간 이상 집중 토론하여야 한다.

⑦ 독창성을 키워라

사장이라면 아무런 비판 없이 새로운 정보를 접해서는 안 된다. 돈이 되는 아이템이라고 주변에서 권할 경우, 여러 경우의 수를 생각해서 신중하게 받아들여야 한다. '이런 경우에는 어떻게 되고, 저런 경우에는 또 어떻게 될 것이다' 하는 경우의 수를 생각하고, 필요에 따라서는 증거를 모아서 확인하도록 해야 한다. 이것이 바로 독창성을 키우는 근본이 된다.

⑧ 장시간 본업에 신경을 집중하라

시간은 누구에게나 공평하게 주어진 유일하게 평등한 경영 요소이다.

하루에 24시간 이상을 사는 사람도 없고, 24시간 미만으로 사는 사람도 없다.

부자나 가난한 자나 모두가 똑같이 누리는 경영의 요소이기에 소상공인, 자영업자는 시간을 낭비해서는 안 된다. 본업에 필요한 경영 전략을 연구하고 땀을 흘려야 한다. 골프를 치고, 불필요한 모임에 시간을 빼앗겨 정작 본업에 집중하지 못한다면 경쟁에서 낙오될 것이다.

소상공인, 자영업자라면 본업에 시간을 장시간 투자하여야 한다.

⑨ 회사의 축복은 사장의 겸손에서 시작된다

사장에 대해 심하게 질책하는 부하 직원은 없다. 자신의 목줄을 쥐고 있는 사장에게 쓴 소리를 하는 직원이 없다고 사장은 본인이 경영을 잘하고 있다고 착각해서는 안 된다. 사장의 능력을 테스트하는 일이 없다고 방심하면 스스로의 실력을 과대평가하여 자신의 본질을 잊을 수 있다. 사장은 업무를 통하여 인격을 닦는다는 겸손한 생각으로 사명감을 가지고 실적 향상에 진지해야 한다. 그것이 회사의 축복을 길게 유지하는 길이다.

⑩ 과다한 지출을 삼가라

회사의 실적은 좋을 때가 있고 나쁠 때가 있다. 즉, 굴곡이 있는 것이 경영이다.

잘 나갈 때 마냥 잘 될 거라는 희망만으로 지출을 과다하게 늘려 놓으면 경기 상황이 좋지 않게 되었을 때, 더욱 고전하게 되는 요인이 된다. 실적이 좋을 때는 반대의 상황을 대비하여 현금을 비축해 두어야 한다. 성공한 어떠한 경영자도 낭비를 통하여 성공한 사례는 없다. 과다한 지출을 삼가라.

제**2**장

명함 마케팅

66 **명함**은 잠재고객을 모으는
최초의 **마케팅 도구** 99

황문진
소상공인마케팅전략가

경희대학교, 와세다대학교 졸업
소기업 소상공인 경영전략, 명함 마케팅 전문강사
現 비즈노컨설팅 대표이사,
　　사단법인 한국소상공인마케팅협회 초대 회장
저서 「작은 회사는 전략이 달라야 산다」, 「저비용으로 고객을 확보하는 노하우」
홈페이지 www.bizknow.co.kr
전자우편 hmj0423@naver.com
블로그 blog.naver.com/hmj0423
네이버카페 「성공실천회」 운영자

작은 회사는 실적의 100%가
사장 한 사람의 능력으로 결정된다

사회생활 속에서 자신을 알리기 위해 자연스럽게 만들어 사용하는 것이 명함이다. 당연시 여기며 사용하고 있지만 마케팅 도구로서의 가치는 가장 폄하되어 있는 것 또한 명함이다. 마케팅 도구로서 가볍게 여기기 쉬운 명함이지만, 자본과 인재가 부족한 소기업 소상공인은 명함 하나도 소홀히 만들어서는 안 된다. 소상공인, 자영업자에게는 비용의 과다를 떠나 고객과 접점을 이루는 모든 면에서 마케팅적인 접근이 필요하기 때문이다.

명함은 처음 만나는 사람에게 자연스럽게 나를 알리고 내가 하는 일에 관심을 갖고 있는 고객에게 연락을 취하게 하는 최초의 마케팅 도구라고 할 수 있다. 즉, 명함은 잠재고객을 가려내는 훌륭한 마케팅 도구인 것이다.

명함을 통하여 잠재고객을 모으는 방법에 대해 생각해 보자

1. 명함의 3가지 목적

명함은 주로 처음 인사를 나누는 자리에서 교환하는 경우가 많다. 즉 처음 만나는 사람과 연결고리로서 사용되는 도구이다. 첫 만남에서 교환되는 명함을 보고

추후 교류를 지속할 필요가 있는 사람이라면 연락을 취하게 된다. 따라서 명함은 최초의 마케팅 도구라고도 할 수가 있다.

한편으로 명함의 소유권에 대해서 생각해 보자. 명함을 만들어서 소지하고 있는 순간까지 명함의 소유권은 내 것이다. 하지만 명함을 교환하며 상대에게 건네진 순간부터 명함의 소유권은 받은 사람에게 있는 것이다. 받은 사람이 명함을 소중히 다루건 거칠게 다루건 그것은 받은 사람의 자유이다. 손님을 끌어 모으기 위해 길거리에서 명함을 건네는 술집의 호객꾼 명함이 있다고 가정하자. 필요한 사람은 손에 쥐고 있을 것이고, 필요 없는 사람은 몇 걸음 가다가 길가의 쓰레기통에 버릴 것이다. 또 어떤 이는 찢어 버리는 사람도 있을 것이다. 이렇게 필요를 못 느끼고 찢어 버리는 사람이 생기자 찢어지지 않는 재질로 만든 명함도 생겨났다. 유포지나 비닐 코팅을 씌워 잘 찢어지지 않는 명함으로 만들기도 한다. 이처럼 명함은 받은 사람이 활용하는 것이다. 만드는 사람 위주로 만들어서는 안 된다.

명함은 받는 사람, 활용할 사람 위주로 만들어야 함에도 대부분이 자신의 기분 위주로 만들고 있다. 이래서는 명함이 마케팅의 도구로서 활용되지 못하고 종이 조각에 지나지 않을 수도 있다.

명함의 목적은 다음의 3가지라 할 수 있다.

① 나의 신상 정보, 하는 일 등 신상 정보를 알린다.
② 보관되고 간직할 수 있도록 한다.
③ 용무가 있는 사람이 연락을 할 수 있도록 연락처를 알려준다.

즉, 자신의 존재를 알리고 비즈니스상 자신을 필요로 하는 상대가 연락을 취하도록 하는 목적으로 명함을 만든다. 차별화된 명함 제작으로 잠재고객을 모아 사업에 활용하고 있는 사람이 많다. 이러한 잠재고객을 모집하는 도구로서 명함을 어떻게 만들어야 할지 알아보자.

2. 마케팅 요소가 부족한 명함의 특징 5가지

마케팅적인 요소가 없는 일반적인 명함의 특징은 다음과 같다.

① 명함 주인공의 얼굴 사진이 없다

명함의 주인공은 명함에 적힌 이름의 당사자이다. 당연히 명함을 보고 그 얼굴을 떠올리게 해야만 하는 것이 마케팅적인 효과일 것이다. 명함첩에 꽂혀 있는 수많은 명함 중에서 얼굴 사진이 없는 명함은 눈에 띄기 어렵고 간과되기도 쉽다. 필자와 같이 전국을 순회하며 강연을 하는 강사는 수강생들과 명함 교환하는 경우가 적지 않다. 한 달에 수백 장, 일 년에 수천 장의 명함을 교환한다. 그 중에 일 년이 지나 다시 강연의뢰를 하는 전화를 받는 경우 명함에 얼굴 사진이 없는 경우 도대체 어떻게 생긴 사람이었더라? 하며 생각에 잠기곤 한다. 명함은 받은 사람이 이용하기 편해야 한다. 제작자 위주가 아니라 사용자 위주로 만들어야 하는 것이다.

② 명함 주인공의 생각이나 철학, 경영 이념을 알 수가 없다.

세상에는 수많은 직종의 사람들이 있다. 사회생활을 하다 보면 수많은 직종의 수많은 사람과 만나 명함을 받게 되는데, 그 중에는 같은 직종의 사람들도 적지 않다. 필자는 소상공인 경영 전략 학습 프로그램인 비즈노 성공실천회를 운영하고 있다. 3개월 과정으로 진행하는 이 학습 프로그램은 현재 27기 성공실천회까지 운영되고 있다. 이 학습에 참여하고 있는 소상공인 사장님들은 1기 실천회부터 27기 실천회까지 다양한 분야의 다양한 직업군을 이루고 있다. 농사를 지으시는 농부,

기계를 만드시는 제조업체 사장님, 보험을 판매하는 분, 학원을 운영하시는 원장님, 병원을 운영하시는 원장님을 포함하여 참으로 다양한 업종의 회원이 있고, 그중에는 같은 업종의 회원들도 상당하다. 꽃집, 제과점, 음식점… 등.

당신의 명함첩에도 같은 업종의 일을 하는 분들의 명함이 있을 것이다. 그중 필요에 의해 연락을 해야 하는 경우 그 명함에 경영 이념이나 열정, 철학이 적혀 있는 명함과 그렇지 않은 명함이 있을 때 누구에게 연락을 할까?

당연히 일에 대한 열정, 철학, 경영이념이 확실히 표현되어 있는 명함에 연락을 할 것이다. 그러나 일반적인 명함에는 명함 주인공의 이러한 생각이나 철학, 경영 이념이 나타나 있지 않다.

③ 어떠한 일을 하는 어떤 사람인지에 대한 정보가 없다

명함만으로는 명함 주인공이 어떤 일을 하는 사람인지 알 수 없는 명함이 많다.

명함 주인공이 하는 일이 무엇인지 알아야 연락을 취할 수 있음에도 그 명함의 주인공이 무슨 일을 하는지 알 수 없게 되어 있는 명함은 마케팅적인 요소가 부족하다고 할 수 있다.

또한 취급하는 업무가 연관성이 별로 없어 보이는 몇 개의 업종을 함께 하는 사람도 있다. 건축업을 하면서 음식점도 운영하는 사장도 있다.

이런 경우, 명함 한 장에 앞면은 건축업을 표기하고 뒷면은 음식점 명함으로 되어 있는 명함도 있는데 각기 다른 업종을 하나에 표기하는 것은 효과적이지 않다.

④ 뒷면이 백지로 있거나 영어로 되어 있다

앞면만 인쇄가 되어 있고 뒷면은 백지인 명함이 적지 않다.

소상공인, 자영업자는 고객과 접점이 이루어지는 모든 매체를 활용해서 고객을 모아야 한다. 명함의 뒷면도 예외가 아니다. 활용해야 한다. 양면 인쇄를 하면 인쇄비가 단면 인쇄보다 30% 정도 추가되는 요인이 있다고 한다.

양면 인쇄물이 단면 인쇄물보다 고객 반응을 일으키는 효과는 183% 오른다는 연구 결과가 있다. 명함 마케팅 효과를 얻고자 한다면 양면 인쇄를 하는 것이 단면 인쇄보다는 훨씬 효과적이다.

또한 앞면은 한글, 뒷면은 영문으로 되어 있는 명함도 적지 않다. 이러한 명함은 총무과나 인사과가 있는 어느 정도 규모가 있는 회사에서 사원들의 명함을 일괄적으로 만들어 주는 경우에 흔히 볼 수 있다.

일반적인 관례인 뒷면을 영문으로 표기하고 있지만, 마케팅적인 효과는 기대하기 어렵다. 외국인을 상대로 하는 직업이라면 차라리 양면을 영문으로 표기하는 것이 더 좋다. 명함은 받아서 사용하는 사람 위주로 만드는 것이 원칙이기 때문이다.

⑤ 연락처 표기가 부실하다

명함의 최종적인 목적은 내가 어떤 사람인지, 어떤 일을 하는 사람인지를 알려 내게 연락하게 하거나 찾아오게 만드는 것이다. 이러한 기본적인 명함의 목적에 맞게 만든 명함이 얼마나 있을까? 명함첩의 명함을 자세히 들여다 보라. 연락을 취할 요소 중에 어딘가 결함이 있는 명함이 대부분일 것이다. 시외전화 국번이 빠져 있는 경우도 있고, 우편번호가 빠져 있는 경우도 있고, 찾아오게 할 주소가 불분명한 명함도 있을 것이다. 이메일 주소나 팩스번호 등 연락을 취하게 할 요소가 빠져 있는 명함도 적지 않다.

명함의 최종 목적은 다음 단계로 행동을 유발하게 하는 것이다.

3. 일반적인 명함 사례 분석

일반적인 명함은 어떻게 만들어져 있는지를 살펴보자.

① 인쇄문화 박용찬 대표의 개선하기 전의 명함 앞면

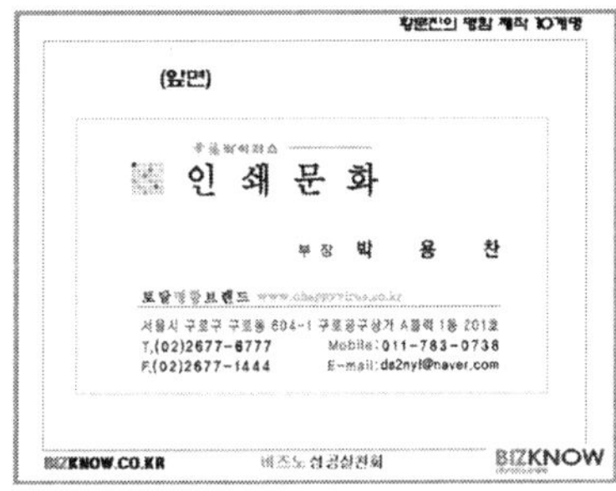

명함은 고객에게 나의 신상을 알려 연락을 취하게 하는 것이 목적이다. 그 목적을 달성하기 위해서는 명함첩 안의 수많은 명함 중에서 눈에 띄어야 하고, 쉽게 기억할 수 있게 구성되어 있어야 한다.

위의 인쇄문화사는 전단지, 명함, 현수막을 제작해 주는 작은 인쇄업체이다. 명함을 제작해 주는 업체 대표의 명함이지만, 이 명함을 사용할 당시만 해도 마케팅을 접목하지 못하고 있었다.

명함 앞면을 분석해 보자.

1. 명함의 주인공이 누구인지 얼굴을 쉽게 떠올릴 수 있도록 구성되어 있지 않다.
   - 명함 주인의 사진이나 일러스트가 있어야 한다.

2. 인쇄문화라는 회사명 하나만으로 이곳이 무엇을 잘하는지 알 수가 없다.

    – 수많은 인쇄업체 중에서 이곳을 이용해야 할 특별한 이유, 이곳만의 장점이
    명시되어 있지 않다.

3. 이 명함을 받은 고객에게 전해 주는 메시지가 없다. – 인쇄 문화라는 회사를
    이용해 주면 어떠한 이득이 있는지를 알려 주어야 한다.

② 인쇄문화 박용찬 대표의 개선하기 전의 명함 뒷면

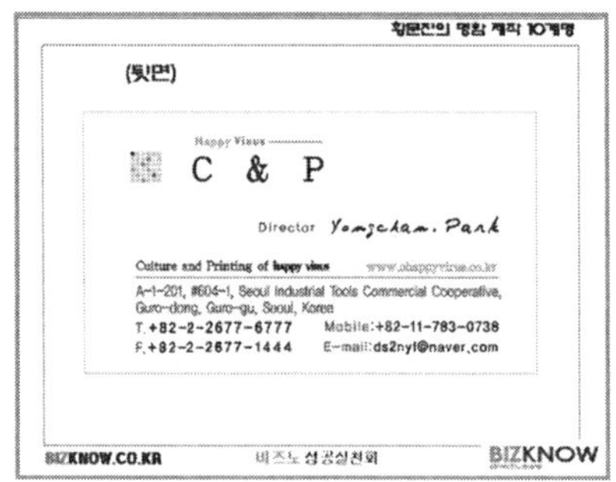

명함 뒷면을 분석해 보자.

1. 명함 뒷면을 영문으로 표기해야 할 이유는 무엇인가? 명함, 전단지, 현수막과
    같이 1회 거래 비용이 크지 않은 업종 – 자장면 배달업, 장난감 렌탈업, 방향
    제 리필업 등은 영업 지역을 멀리 넓히면 넓힐수록 수익성이 저하된다.

2. 해외 무역이 주 업무가 아니므로 영문을 사용할 이유가 없다.

3. 뒷면을 통해 정보 제공이나 다음 행동을 유도하는 것이 필요하다.

③ 레드펌킨 가도현 실장의 개선하기 전의 명함 앞면

   삼성전자나 LG, 현대자동차와 같은 한국을 대표하는 글로벌 그룹은 막대한 광
고비 집행으로 회사 로고만 보아도 신뢰가 가는 브랜드가 확립된 기업이다.

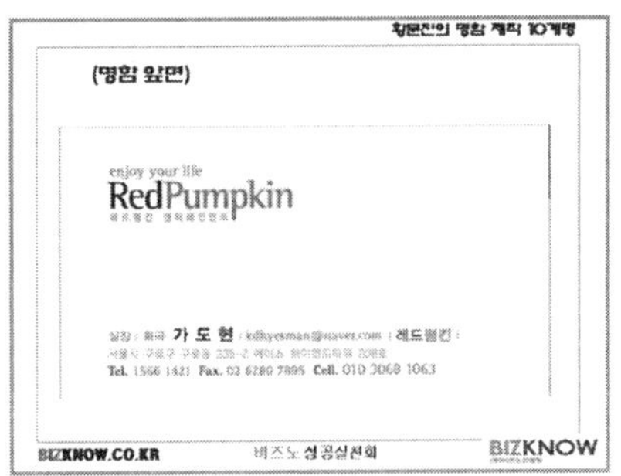

그러나 일반 소기업이 수천억 원의 비용을 써서 확립된 대기업의 흉내를 내서는 효과가 없다. 소기업은 대기업을 흉내 내봐야 대기업만큼 효과를 거두기 힘들다.

위의 레드펌킨 C.I는 고객에게 신뢰를 심어줄 수 없다. enjoy your life라는 메시지 또한 레드펌킨만의 차별화된 메시지라고 볼 수도 없다. 좀 더 레드펌킨만의 차별화된 메시지가 필요하며, 이 명함만으로 이곳을 이용해야 할 이유가 불분명하다.

④ 레드펌킨 가도현 실장의 개선하기 전의 명함 뒷면

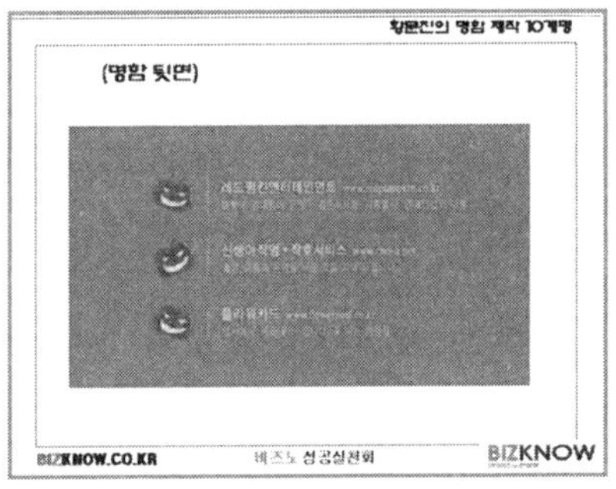

뒷면의 내용은 가도현 실장이 하고 있는 일 3가지를 설명하고 있다.

- 레드펌킨 - 연예인 섭외 대행 업무
- 초아컴 - 이름이나 호를 지어주는 업무

- 플라워카드 – 물을 주면 꽃이 피는 엽서 판매 업무

위의 3가지의 업무가 연관성이 있을까? 3가지의 업무가 상호 연관성이 부족하면 마이너스 효과로 인해 성과를 올리기 어렵다. 반대로 상호 연관성이 강하다면 시너지 효과로 인하여 성과가 오를 수 있다.

소상공인의 상품 전략은 다음과 같다.

- 경쟁력 1위 상품을 갖는 것이 목적이다.
- 상품의 종류를 줄인다.
- 연관성 있는 상품으로 상품의 폭을 넓힌다.
- 경쟁력 1위 상품이 아니면 상품군에서 제외시킨다.

이상과 같은 소상공인의 상품 전략과 다를 경우, 몸은 바쁜데 돈이 되지 않는 현상이 발생한다. 경쟁력 1위 상품을 가질 때 이익이 커지기 때문이다.

만일 3가지 업무를 전부 해야만 한다면, 명함 제작 시 개별적으로 3종류의 명함을 만드는 것이 현명하다. 명함을 받은 사람은 명함의 주인공이 무슨 일을 하는 사람인지 궁금해 한다. 하는 일이 많다면 무슨 일을 하는 사람인지 기억하기가 어려워진다. 따라서 위와 같이 여러 가지 일을 한다면 명함을 종류별로 만드는 것이 효과적이다.

⑤ 금강산업 황토구들장 김익수 대표의 개선하기 전의 명함
황토구들장을 제작 판매하는 금강산업의 김익수 대표의 개선하기 전 명함이다.
이 명함을 분석해 보자.

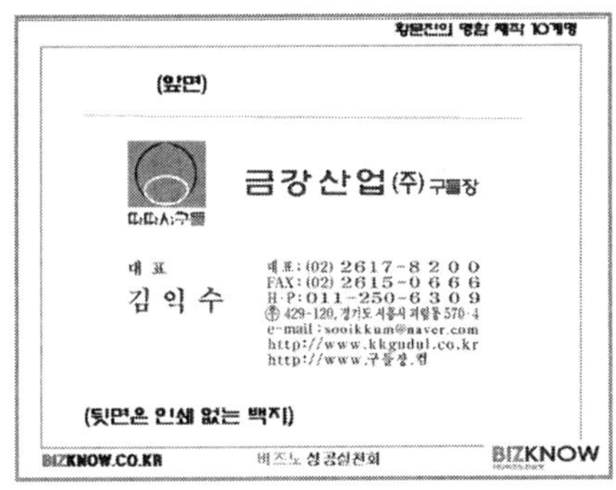

- 우선 따따시구들이라는 로고이다.

삼성전자나 LG처럼 대기업은 로고 자체가 신뢰를 심어 준다. 그러나 소기업의 로고는 어떠한가? 로고만으로 회사를 떠올릴 수 있거나 신뢰를 심어주는 효과는 기대하기 어렵다. 대기업은 수천억 원의 광고비를 집행해서 불특정 다수의 일반 소비자에게 회사의 로고를 각인시키고 있다. 월드컵이나 올림픽 등 세계적인 대회에도 광고비를 집행하는 등 막대한 비용을 들여 형성한 브랜드이다. 이러한 브랜드 이미지를 소기업이 흉내 낸다고 똑같은 효과가 있으리라고 생각하는 것은 욕심이다. 규모가 작은 회사의 최고의 브랜드는 바로 사장 자신이다. 소기업의 최고 상품은 사장 자신이라고 생각해야 한다. 다시 한번 강조한다.

소기업 최고 상품 = 사장 자신

따라서 따따시구들이라는 로고보다는 사장 자신의 얼굴 사진을 넣는 것이 더 낫다.

개선하기 전의 명함은 회사 이름과 사장 이름 외에 특별히 이 명함의 필요성을 느끼게 해주는 정보가 하나도 없다. 명함 주인공이 어떠한 일을 하고, 어떤 생각을 갖고 있는 사람인지 전혀 알 수 없다. 또한 뒷면을 인쇄가 없는 백지로 활용하고 있지 않다. 소기업은 명함 하나 만들더라도 이미지보다는 고객을 모집할 목적으로 마케팅을 접목해야 한다.

잠재고객 모집 도구로서의 명함은 어떤 요소가 들어가야 하는지 5년간의 소상공인 대상 명함 교육을 통해 만들어 낸 것이 바로 <황문진의 명함 제작 10계명>이다.

4. 황문진의 명함 제작 10계명

오랜 기간 자본과 인력에 한계를 갖고 있는 소상공인, 자영업자 대상 관련 교육을 해오며 고심했던 부분은 저비용 마케팅 노하우에 관한 것이었다. 자금에 여유가 없는 소상공인에게 TV 광고를 권할 수도 없고, 비용이 많이 드는 신문 전면 광고를 권할 수도 없으니 당연히 비용이 많이 들지 않는 저비용 마케팅 노하우에 주목하게 되었다. 저비용 마케팅 노하우만을 생각하다 보니, 고객과 접점이 벌어지는 모든 분야에서 가능하다는 사실을 깨닫게 되었다. 고객과 접점이 벌어지는 모든 매체가 마케팅 도구인 셈이다. 명함, 봉투, 영수증, 간판, 현수막, 상품 설명 POP, 블로그, 카페, 홈페이지 등 고객과 만남이 이루어지는 모든 매체가 소상공인에게는 그야말로 마케팅 도구인 것이다. 이러한 도구를 통하여 차별화, 세분화, 집중화의 비즈니스 약자의 전략을 바탕으로 고객의 반응을 끌어 올리는 감성 마케팅을 적용하는 학습이 바로 소상공인의 마케팅 성공실천회인 것이다.

저비용 마케팅 도구의 하나인 명함도 감성 마케팅을 접목하여 잠재고객의 DB를 모으는 마케팅 도구로 탈바꿈이 가능하게 되었다. 잠재고객의 DB를 모으는 명함 마케팅의 개념을 요약하여 황문진의 명함 제작 10계명이라 하였다.

황문진의 명함 제작 10계명

① 명함에 얼굴 사진을 넣어라

② 경영 이념이나 철학을 담아라

③ 전문가 직책을 표기하라

④ 공익 단체로 표기하라

⑤ 우편번호를 표기하라

⑥ 시외전화 국번을 표기하라

⑦ 주소 표기와 찾아오는 길을 표기하라

⑧ 연락처를 큰 글씨로 표기하라

⑨ 뒷면을 미니 이력서나 카탈로그로 활용하라

⑩ 블로그나 홈페이지로 유도하여 잠재고객을 모아라

5. 명함 제작 10계명을 활용한 명함 사례 분석

① 명함에 얼굴 사진을 넣어라

얼굴 사진을 넣는 이유는 교환되는 수많은 명함 중에서 나를 기억해내기 쉽게 하기 위함이다. 명함의 이름과 얼굴이 쉽게 결합이 되기 때문에 기억되기 쉬운 것이다. 이때 얼굴 사진은 딱딱하게 굳은 표정보다는 웃는 얼굴이 좋다. 쉽게 인간미가 전해지기 때문이다. 가급적 활짝 웃는 얼굴 사진을 활용해야 한다.

얼굴 사진을 바탕으로 캐리커처가 준비되어 있는 경우는 캐리커처를 활용하는 것도 좋은 방법이다.

② 경영 이념이나 철학을 담아라

명함 주인공이 어떠한 생각을 가지고 행동하는 사람인지를 알려라.

그래야 명함을 받은 사람이 명함 주인공을 이해하고 연락을 취하기 쉬워진다.

매장에서 물건을 하나 사더라도 이 물건이 어떤 기능을 하는지 또는 원산지는 어디인지 묻지 않는가? 물건에 대해서도 알아야 구매를 하든지 말든지 한다.

명함의 주인공이 어떤 생각을 갖고 있는지 알아야 연락을 하든지 말든지 할 것이 아닌가? 따라서 명함 주인공의 생각을 전해야 한다.

필자는 '작은 회사도 1등 할 수 있다!' 는 생각으로 소기업 소상공인에게 비즈니스 약자 필승의 전략과 명함, 전단지와 같은 저비용 마케팅 노하우를 전수하고 있다. 적은 병력 수로 임진왜란 당시 승률 100%로 싸움을 이끌었던 이순신 장군처럼 작은 회사도 전략만 잘 구사하면 비즈니스 전쟁에서 살아남을 수 있다는 생각을 전하고 있는 것이다.

③ 전문가 직책을 표기하라

명함의 주인공은 어떤 한 분야의 전문가이어야 한다. 명함을 받은 사람은 자신의 필요성에 의해 필요한 분야의 전문가를 찾는다. 따라서 회사 조직에서 정한 사장이나 부장, 과장이라는 직책도 필요하겠지만 명함 주인공만의 전문성을 표현한 직책을 표기하는 것이 좋다. 필자는 소기업 소상공인, 자영업 경영자를 대상으로 경영전략과 마케팅노하우를 전하는 일을 하기에 '소기업 마케팅 전략가' 라는 전문가 직책을 표기하고 있다. 전문가 직책을 지을 때 다음 사항을 고려해서 만드는 것이 좋다.

- <u>스스로 불러보아 우쭐할 수 있는 직책</u>
- 남이 나를 그렇게 불러 주었을 때 <u>스스로 만족스러운 직책</u>
- 발음하기 편하고 어떤 일을 하는 전문가인지를 쉽게 표현한 직책

가급적 많은 직책을 <u>스스로 만들어 보고</u> 이름 앞에 붙여 자신을 소개해 보라.

사람만 옷을 입는 것이 아니라 이름도 옷을 입는 것이다. 옷은 한 벌만 고집할 필요가 없다. 필자는 20여 가지의 전문가 직책을 만들어 놓고 때에 따라 골라서 쓰고 있다. 소상공인 관련 강의를 할 때는 '소상공인 경영전략가 황문진입니다.' 라고 표현하고 중소기업 관련 마케팅 강의 시에는 '중소기업 마케팅 전략가 황문

진입니다.' 라고 스스로를 표현한다. 사시사철 매번 똑같은 옷을 입지 않듯이 때와 장소에 따라 달리 한다고 이상할 것이 없다. 그 중 자신의 입맛(?)에 맞는 직책이 나올 것이다.

스스로 만족스러운 전문가 직책을 만들어 자연스럽게 나올 때까지 중얼거려 보라.

④ 공익 단체로 표기하라

영리를 추구하는 곳보다는 공익을 표방하는 곳이 경계심을 낮출 수가 있기 때문이다. 명함을 받은 사람에게 신뢰를 줄 수 있는 요소를 활용해야 할 필요가 있다. 명함 주인공이 하는 일이 사회에 공헌하는 요소가 있다면 신뢰감이 생기기 때문이다. 필자는 비즈노 컨설팅 주식회사를 운영하고 있지만, <비즈노 성공실천회>라는 학습 모임을 더 알리고 있다. 소기업 소상공인 경영자 분들이 모여서 성공을 실천하는 모임을 운영하고 있기 때문이다. 학술적인 부분이나 연구 모임은 영리 추구하는 주식회사보다는 경계심을 낮춰 주는 효과가 있다.

만일 다이어트 학원을 운영하고 있다면 <비만 퇴치 운동 본부>라고 표현할 수도 있을 것이다.

⑤ 우편번호를 표기하라

명함은 받은 사람이 활용하기 편해야 한다. 필자는 소기업 경영자 분들과 교류하는 몇 개의 커뮤니티를 운영하고 있다. 잠깐 소개하면 다음과 같다.

- 공부하고 실천하는 모임 <성공 실천회>
- 매월 2번째 화요일 저녁에 소기업 경영자끼리 생선회에 술 한잔 기울이며 허심탄회하게 대화하는 모임 <허심탄회>
- 매월 3번째 일요일 서울 근교의 산을 회원들과 등산하는 모임 <성공 산악회>

이와 같은 커뮤니티 활동 사항을 소식지로 만들어 발송하고 있다. 그동안 받은 명함을 정리하여 명함의 주소지로 발송을 하고 있는데 이때 명함에 우편번호가 적혀 있지 않은 명함은 제외한다. 수천 통이나 되는 발송지에 우편번호가 없는 것을 일일이 우편번호를 찾아서 기입하는 것은 대단히 번거로운 일이기 때문이다.

따라서 명함에 우편번호를 넣어 주는 것이 명함을 받은 사람을 배려하는 것이다.

⑥ 시외전화 국번을 표기하라

필자는 2008년 5월부터 7월경까지 대전에서 음식업 중앙회 주관의 위생 교육을 진행한 적이 있다. 식당 경영을 하시는 분들을 대상으로 하는 의무 교육이었다. 1회 참가 인원이 500여 명 되는데 13회를 진행하였다. 총 6,000여 명이 넘는 분을 상대로 '명함 강의'를 하며 강의 후 참가자들과 교환한 명함이 수백 장이 넘었다. 강의 후 질문을 하시는 분이 몇 분 계셔서 대화를 나누다가 다음 일정에 맞추어 놓은 KTX 시간에 쫓기어 나중에 연락을 하기로 하고 서울로 돌아온 적이 있다.

서울로 돌아와 전화를 걸고자 했는데 그 명함에는 대전 지역의 시외전화 국번이 없어서 다른 명함은 어떤가 하고 살펴본 적이 있었다. 그러자 절반 이상의 명함에 시외전화 국번이 표기되어 있지 않음을 알게 되었다. 명함은 받은 사람이 연락을 취하기 쉽게 구성되어야 한다. 식당이나 소매점포를 운영하더라도 다른 지방 사람이 중요한 고객으로 올 수도 있으므로 반드시 시외전화 국번을 표기해야만 한다.

⑦ 주소 표기와 찾아오는 길을 표기하라

경남 하동에서 대봉곶감, 매실, 밤을 재배·판매하는 회원의 명함이다.

농부도 농사만 잘 지으면 되는 시대가 아니다. 예전에 TV 뉴스를 통하여 열심히 재배해 놓은 배추나 양파를 갈아엎어 버리는 장면을 목격한 적이 있다. 팔아 봐야 비료 값도 나오지 않는다는 이유에서였다. 농산물을 잘 재배하는 것도 중요하지만

더 중요한 것은 잘 파는 것이다. 즉, 모든 비즈니스에서도 마찬가지이지만 제조 30%, 판매 70%의 비율로 경영력을 집중해야 올바른 전략이라고 할 수 있다.

경남 하동에서 서울 시청역 부근의 필자의 강의실까지 비즈니스 학습을 하러 왕래했던 열정을 보면 알 수 있겠지만, 방호정 사장은 벤처농업기술대학을 포함, 각종 마케팅 교육에 열심히 참여하고 있다. 그러면서 알게 된 인맥과 온라인 커뮤니티 활동을 통하여 모집된 고객들에게 농장 체험 행사를 진행하고 있다. 경남 하동까지 찾아오는 길을 명함에 표기하여 명함을 받아 본 고객에게 활용하도록 하고 있다. 이러한 노력의 결과, 방호정 사장은 어려운 농촌 현실 속에서 좋은 성과를 올리고 있다.

⑧ 연락처를 큰 글씨로 표기하라

명함 마케팅의 최종 목적은 명함 주인공에게 연락을 취하게 하는 것이다. 명함 주인공의 업무에 관심을 갖게 만들어서 취급하는 상품이나 서비스를 이용하게 하는 것이 명함 마케팅의 최종 목적 아니겠는가!

따라서 연락을 취할 수 있는 요소는 모두 크고 굵은 글씨로 표기를 하여야 한다. 연락할 사람이 글씨를 알아보기 위해 눈살을 찌푸리지 않도록 크고 굵은 글씨로 표기해야 한다. 그러나 기존의 명함 제작소에 명함을 의뢰하면 연락처를 크게 표기하면 디자인력이 떨어지는 양 좀처럼 큰 글씨로 변경하려고 하지 않는다.

의뢰하는 사람이 자신의 명함에 대한 개념을 확실히 갖고 주문하여야 한다.

전화번호, 이메일 주소, 핸드폰 번호, 홈페이지 주소 등 명함을 받은 사람이 연락을 취하기 위해 활용하는 연락처를 눈에 띄게 큰 글씨로 표기하라.

⑨ 뒷면을 미니 이력서, 카탈로그로 활용하라

경남 하동에서 농산물을 재배, 가공 판매하는 방호정 사장의 명함 뒷면이다.

세세한 개인 이력을 명함 뒷면에 설명하고 있다.

본인의 별명이나 출생지, 가족소개, 살아온 이야기 등 깨알같이 작은 글씨로 명함의 작은 지면을 빼곡히 채우고 있다. 이렇게 작은 글씨를 누가 읽겠는가? 의구심을 갖겠지만, 진정 잠재고객이라면 글이 많더라도 반드시 읽는다. 고객은 판매자의 정보를 더 많이 알고 싶어 하기 때문이다. 모르는 사람에게 연락을 취하는 것보다는 아는 사람에게 연락을 취하기가 부담이 없기 때문이다. 알고 있는 사람에게는 말을 꺼내기도 쉽다.

⑩ 블로그나 홈페이지로 유도하여 잠재고객을 모아라

명함을 교환하였으나 받은 사람으로부터 아무런 연락이 없다면 그 명함은 종잇

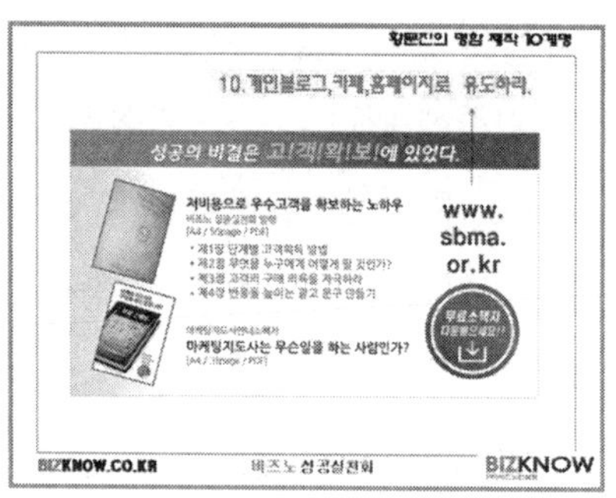

조각에 불과한 것이다. 아니면 명함을 받은 사람이 나의 업무와는 상관이 없는 사람인 것이다. 즉, 아무런 반응이 없는 사람은 잠재고객이 아니다.

버려졌을 수도 있고, 명함첩에 꽂혀 먼지만 쌓여가고 있을 수도 있다.

한편 명함 교환을 한 뒤로 받은 사람이 내가 하고 있는 일에 흥미나 관심을 가지고 반응을 할 수도 있다. 이런 고객은 잠재고객이라 할 수 있다. 명함은 이처럼 잠재고객을 추려내는 마케팅 도구인 것이다.

필자의 경우는 명함 뒷면을 활용하여 잠재고객을 모으고 있다. 그러기 위해서 매력적인 특전을 제공하고 그 특전에 관심을 갖는 사람을 잠재고객으로서 모은다.

필자는 「저비용으로 우수고객을 확보하는 노하우」라는 소책자를 만들어서 홈페이지에서 무료로 다운로드 받게 하고 있다. 명함을 교환하면서 '제 명함 뒷면에 「저비용으로 우수고객을 확보하는 노하우」라는 소책자를 홈페이지에서 무료로 다운로드 받게 하고 있으니 고객을 모으시는 일을 하신다면 한 번 방문해 보시기 바랍니다.' 라고 설명을 한다. 명함 교환 후 소책자를 다운받기 위해 홈페이지를 방문한 사람이 있다면 이 사람은 잠재고객이라고 할 수 있다.

6. 개선된 명함의 사례

앞의 명함 마케팅에 나오는 '일반적인 명함 사례 분석'에서 기존의 개선하기 전의 명함 사례가 어떻게 개선되었는지 살펴보자.

① 인쇄문화 박용찬 대표의 명함 변경(앞면)

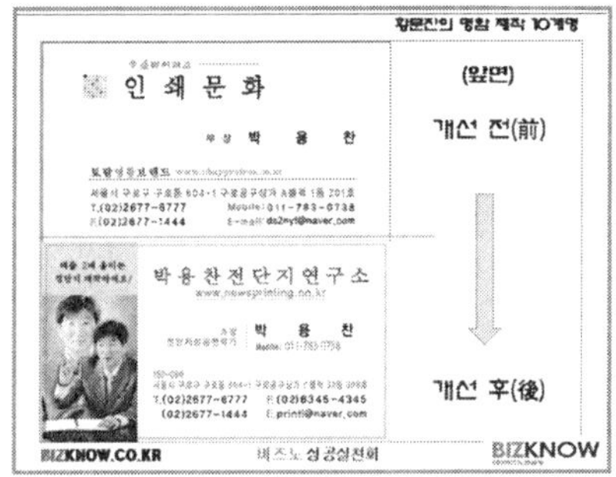

- 명함 주인공의 얼굴 사진을 활용했다.
- 인쇄문화라는 회사명보다 '박용찬전단지연구소'라는 연구단체를 강조했다.
- '매출 2배 올리는 전단지 제작하세요'라는 메시지를 전달했다.
- 수직적인 회사의 직책에서 '전단지성공전략가'라는 전문가 직책을 사용하여 전문가임을 강조했다.

② 인쇄문화 박용찬 대표의 명함 변경(뒷면)

- 무의미한 영어 표기를 한글로 변경했다.

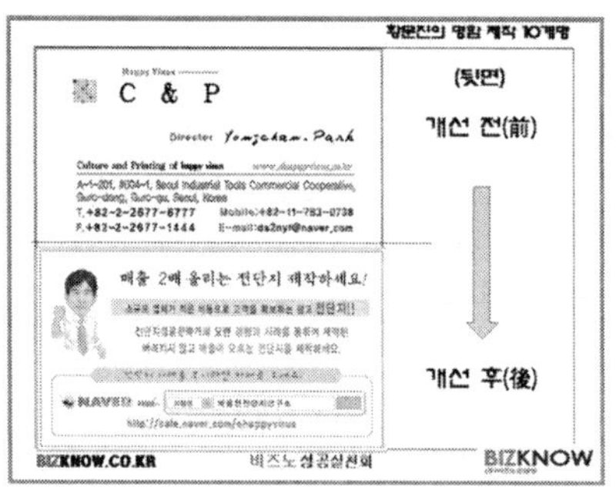

한국인에게 전달할 명함은 앞, 뒤를 전부 한글로, 외국인에게 전달할 명함은 앞, 뒤를 전부 외국어로 제작하는 것이 원칙이다.

- 메시지 전달 – 매출 2배 올리는 전단지를 강조했다.

  전문가인 본인에게 의뢰하면 매출 2배 올리는 전단지를 만들어 준다는 뜻을 전하고 있다.

- 특전 제공 – 전단지 사례를 게재했다.

  매출이 오르는 전단지 사례라는 특전을 제공하여 고객의 반응을 유도했다.

- 다음 행동으로 유도 – 카페 방문(잠재고객 선발)을 유도했다.

  명함을 받고 카페를 방문하는 고객은 전단지 제작에 관심이 있는 잠재고객이므로 잠재고객을 추려내기 위한 반응 유도이다.

③ 레드펌킨 가도현 실장의 명함 변경(앞면)

변경 사항

- 레드펌킨이라는 회사의 정체성을 명확히 표현했다.

  대기업의 광고 카피였던 'enjoy your life' 라는 정체 모를 메세지에서 '결혼식 사회 1위' 라는 구체적인 정체성을 표현하여 전문업체임을 강조했다.

- 명함 주인공이 하는 일이 무엇인지 알 수 없었던 명함에서 '연예인섭외전문

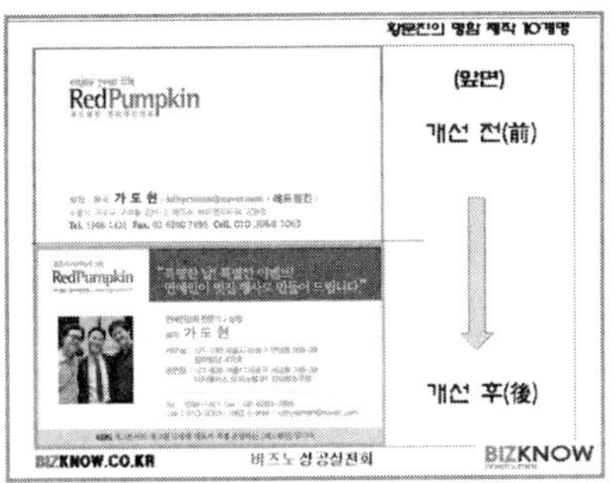

가' 라는 전문가 직책을 통하여 연예인을 섭외하는 일을 하는 사람이라는 사
실을 알게 되었다.

- 회사가 전하는 메시지가 있다.

  연예인이 특별한 날 멋진 행사를 해 준다.

- 연예인들과 함께 찍은 사진으로 신뢰를 주고 있다.

- KBS 개그콘서트에 출연하는 개그맨이 직접 운영하는 곳이라는 메시지로 신
  뢰를 주고 있다.

④ 레드펌킨 가도현 실장의 명함 변경(뒷면)

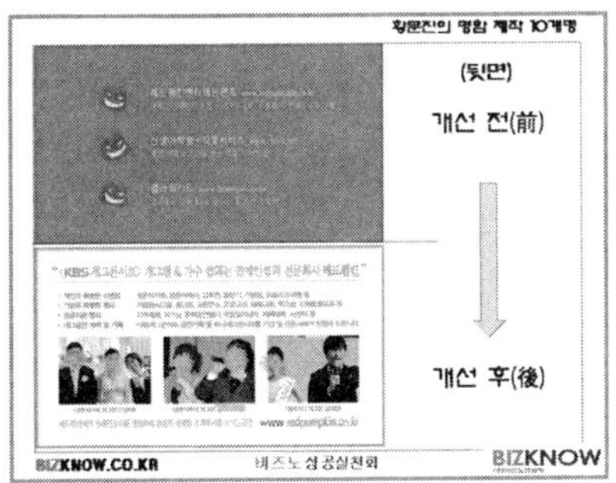

- 연관성이 없는 3가지 업무를 단순 나열하던 명함 뒷면을 연예인 섭외 업무 한가지만으로 세분화하였다. – 전문성 강조
- 실제 진행되고 있는 결혼식 사회 장면 사진을 실어 눈길을 끌게 하는 효과와 신뢰를 심어 주고 있다.
- 잠재고객들이 가장 궁금해 하는 기존 고객들의 만족도를 알 수 있는 '고객이용후기'를 홈페이지에 올려 놓아 홈페이지로 유도해서 잠재고객을 모으고 있다.

⑤ 금강산업 황토구들장 김익수 대표의 명함 변경(앞면)

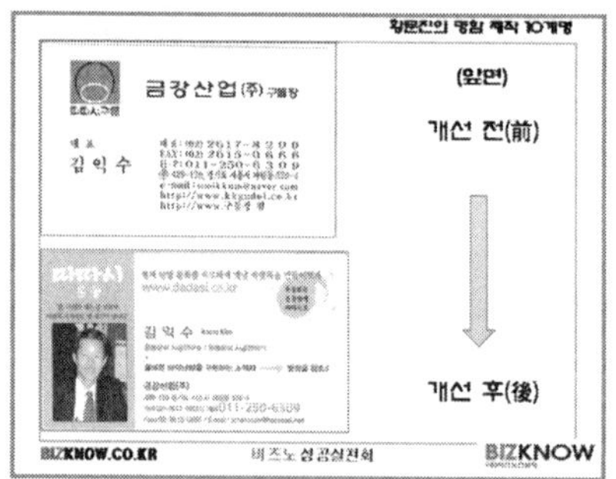

- 소기업의 회사 로고만으로는 신뢰를 심어줄 수 없다.

  명함 주인공의 사진이나 캐리커처가 오히려 효과적이다. 로고 대신 사장 자신의 사진으로 바꾸었다.
- 소기업은 회사 이름을 알리기보다 무엇을 하는 회사인지를 알리는 것이 더 중요하다.

  금강산업(주)이라는 회사 이름보다 무엇을 취급하는 회사인지를 알리는 명함

으로 변경되었다. 금강산업(주) → 따따시온돌

- 명함 주인공의 생각이나 경영이념이 표현되고 있다.

  옛 아랫목에 대한 따뜻한 추억 → 따뜻한 난방 문화 전수

- 전문 회사, 전문가임을 알 수 없었던 명함에서 전문 회사, 전문가라는 이미지
  가 풍기는 명함으로 변경됨

  온돌문화시공연구소. 온돌문화시공전문가

⑥ 금강 산업 황토구들장 김익수 대표의 명함 변경(뒷면)

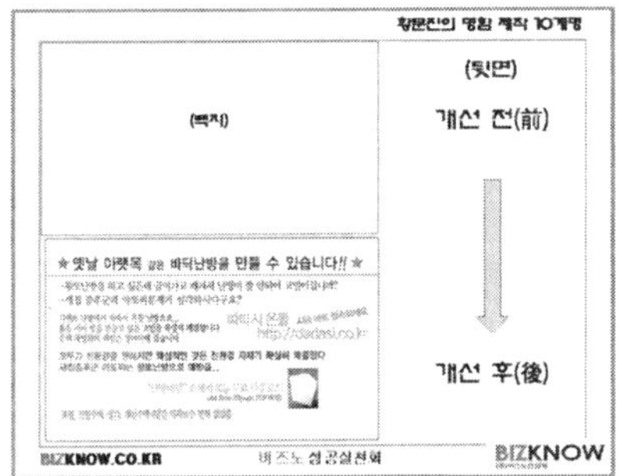

변경 사항

- 뒷면이 백지였던 명함에서 정보가 담긴 명함으로 바뀌었다.
- 고객의 반응을 점검하기 위해 특전을 제공하고 있다.
- 특전을 홈페이지에 올려놓아 홈페이지로 고객의 방문을 유도하고 있다.

이상과 같이 2장에서 언급하였던 일반적인 명함이 마케팅을 접목한 명함으로 변경된 사례를 살펴보았다.

소기업 소상공인, 자영업자는 마케팅 비용을 많이 지불하기 어렵다. 따라서 저비용 마케팅 방법을 강구하여야 한다. 명함은 누구나 비용 부담 없이 제작할 수 있

는 최초의 마케팅 도구이다. 하지만 마케팅 프로세스가 없이 명함을 만들면 종이 쓰레기만 양산할 뿐이다. 마케팅이 접목된 명함으로 성과를 올리는 소상공인, 자영업자가 한 명이라도 더 많이 나오기를 바란다.

6. 명함 교환 시 유의 사항

명함은 최초의 마케팅 도구다. 낯선 사람과의 첫 만남에서 교환되는 일상적인 종잇 조각 하나로 인해 낯선 사람에서 잠재고객이 되게 할 수도 있는 도구인 것이다. 처음 만난 사람과의 처음 나누는 20~30초간의 대화가 그래서 중요하다.

필자의 경우는 비즈노컨설팅(주)의 대표이사라는 직책과 (사)한국소상공인마케팅협회 회장이라는 두 가지의 일을 겸하고 있어 두 종류의 명함을 갖고 다닌다.

우선 비즈노컨설팅(주)의 명함을 교환할 때의 멘트는 다음과 같다.

"안녕하십니까! 반갑습니다. 황문진입니다.

저는 종업원 30인 이하의 소규모 기업의 경영자만을 대상으로 비즈니스 약자기업의 필승 전략을 컨설팅하는 소기업경영전략가 황문진이라고 합니다. 소기업에 맞는 저비용 마케팅 전략을 강의하고 있습니다. 명함 뒷면에 소기업 마케팅 전략의 성공사례 소책자를 무료로 다운로드 받을 수 있는 안내가 있으니 활용해 보시기 바랍니다."

다음은 사단법인 한국소상공인마케팅협회의 명함을 교환할 때의 멘트이다.

"안녕하십니까! 반갑습니다. 사단법인 한국소상공인마케팅협회 황문진입니다.

우리 협회는 국내 유일의 마케팅지도사 양성 기관으로서 좋은 상품이나 서비스를 갖고도 마케팅이 부족하여 경영상 어려움을 겪고 있는 소상공인, 자영업자를 돕는 일을 하고 있습니다. 명함 뒷면에 있는 사이트 주소에 마케팅에 관련된 좋은 자료를 무료로 제공하고 있습니다. 사이트를 방문하시어 자료를 활용해 보시기 바랍니다."

TV나 라디오, 신문 광고 등 비용이 많이 드는 광고를 통해 회원 모집을 할 정도로 자금 여유가 있는 상황이 아니어서 저비용 마케팅 도구를 사용해서 회원을 모집해 왔다. 명함, 블로그, 카페를 통하여 홈페이지로 유도하고 있다. 그 결과 14,000여 명의 온라인 회원을 보유하고 있다. 명함은 그런 의미에서 매우 유용한 잠재고객 모집 도구이다.

명함을 전달하며 20~30초간의 기억에 남는 멘트를 전하는 것도 중요하며 덧붙여서 명함을 전달하는 에티켓을 살펴보자.

- 명함을 건네줄 때 명함의 방향은 받는 사람이 바로 읽어볼 수 있는 방향으로 건넨다. 건네는 사람의 위치에서는 읽는 방향이 반대가 되는 것이 정상이다.

- 상대방의 가슴 높이 정도로 전하여, 상대가 읽기 쉬운 높이로 건넨다.

- 상대와 상호 동시에 교환할 때는 오른손으로 자신의 명함을 건네며 왼손으로 상대의 명함을 공손히 받는다.

- 상대가 보는 앞에서 상대의 명함에 날짜와 인상착의 등의 가필을 하지 않도록 한다.

이상과 같은 기본적인 명함 교환 상식을 무시하여 초면에 좋지 않은 인상을 심어주지 않도록 주의하도록 한다.

전단지 마케팅

박용찬
1급 마케팅지도사/강사

대구전문대학 졸업
現 박용찬 전단지연구소 소장, 사단법인
　　1급 마케팅지도사, 전단지 기획 · 제작 전문강사
저서 『전단지 제작기법』
홈페이지 www.newsprinting.co.kr
전자우편 printi@naver.com
블로그 blog.naver.com/printi
네이버 카페 『박용찬전단지연구소』 운영자

1. 전단지 제작 관행

소비자는 상품을 구매하거나 배고픔을 해결하기 위해서 인터넷을 검색, 가격을 비교하고 원산지를 확인하고 사용방법과 사용한 고객들의 후기 등을 꼼꼼히 살펴본다.

또한 상품을 이해하기 위해서는 발품을 팔아서라도 구매를 하는 것이 요즘 소비자의 심리이다. 이처럼 상품가치에 대한 조사 욕구는 지구를 해부할 만큼 집요하고, 상품 구매 결정은 구매한 상품으로부터 불편함은 해소되어야 하고 고통으로부터 벗어날 수 있어야 만족을 한다는 이야기이다.

하지만 소비자 심리는 이런데 상품을 팔고 있는 판매자는 자신이 개발한 상품에 도취되어 상품이 고객에게 어떤 욕구를 해결해 주는 지는 뒤로 하고 업주 스스로 맛이 뛰어나다고 하거나 마땅한 이유를 들지 못하면서 마냥 좋다고만 하는 기술적 우월성만 강조하고 있는 것이 현실 아닌가? 고객의 입장에서 고객을 배려하는 마음만이 판매 부진을 해결할 수 있을 것이다.

틀에 박힌 비슷한 전단지는 돈 낭비!

전단지도 이젠 맞춤시대, 내 상품과 가게에 맞는 맞춤 전단지를 만들어야 한다.

업주들의 큰 고민인 소비자의 욕구를 자극하여 상품에 관심을 갖도록 하는 전단을 기획을 하는데 도움이 되었으면 한다.

본문에 실린 전단은 현재 영업을 하고 있는 실제 사례이며 업주와 협의를 통해 사용 허락을 받은 것임을 밝혀 둔다.

내 상품과 가게를 알리는 전단

"눈에 확 띄는 전단지로 효과 좀 볼 수 있게 해주세요." 오시는 업주마다 한숨지으며 하는 말이다. 덧붙여 "효과가 없어 돈만 낭비하고 있다."라며 말을 잇는다.

통상 효과 없는 전단지를 보면 큰 상호가 맨 위에 있고 지면의 반 이상을 차지하는 상품 이미지, 전화번호, 약도가 전부인 전단이 대부분이다. 음식점 전단에 들어가는 이미지를 예로 보면 업주가 자신이 판매하고 있는 실제 상품을 촬영한 사진을 활용하는 것이 아니고 전단을 기획하는 업체에서 제공하는 이미지를 많이 선호한다. 기획사에서 제공하는 이미지는 이미지 회사에서 구매한 것으로 광고 기획사는 웬만하면 보유하고 있다. 기획업체는 서로 다르지만 기획된 전단지의 이미지가 같은 경우가 이런 경우이다. 경쟁업체 전단과 비교해 보면 상호와 전화번호 정도만 다른 것을 볼 수 있다.

그것은 기획사가 비슷한 전단 형식을 몇 개 잡아 놓고 상호와 전호번호만 바꾸고 베끼는 식으로 과다한 업무를 쉽게 해결하려는 상업주의가 맞물려 일어나는 현상이다. 고객이 좋아할만한 상품의 특징과 가치는 없고 화려한 이미지만 있는 전단지가 돈을 갉아 먹고 있는 것이다.

전단 기획자가 세상 모든 상품과 직종에 전문가는 아니다. 자신이 팔고 있는 상품의 전문가는 그 분야에 오랜 경험이 있는 사장들이다. 잘 알고 있는 상품의 특징과 가치를 기획자에게 전달하여 그것을 바탕으로 전단을 구성해야 고객의 눈에 띄고 효과 있는 전단지가 될 것이다.

빨 – 빨리 해주세요.

간 – 간단히 해주세요.

알 – 알아서 잘 해주세요.

'**빨, 간, 알**'로 기획하는 한 효과 있는 전단지가 나오길 기대할 수 없고 버려지는 전단지의 근본 원인이라고 할 수가 있다.

2. 전단지가 버려지는 이유 4가지

1) 업주와 기획사에 있다

소규모 업체가 적은 비용으로 고객을 불러 모으는 방법으로 전단을 많이 활용하고 있다. 하지만 대부분의 전단은 고객의 관심을 끌지 못해 반응을 못 일으키고 버려져서 비용만 낭비하고 있다며 업주들이 울상을 짓고 있는 현실이다.

전단이 버려지는 이유는 틀에 박힌 비슷비슷한 전단을 제작, 그것을 배포하고 있기 때문이다. 틀에 박힌 전단을 받은 고객은 쉽게 관심을 주지 않는다. 비슷한 전단을 하루에도 여러 장을 받기 때문이다.

틀에 박힌 비슷비슷한 전단을 보면 맨 위에 큰 상호, 그리고 지면의 반 이상을 차지하는 의미 없는 큰 이미지, 그리고 전화번호, 약도가 전부인 것을 상상할 수 있다.

자신이 판매하고 있는 상품과 서비스가 경쟁업체와 다르다는 것은 고객의 입장에서는 그

▲ 큰 상호, 이미지, 전화번호, 약도가 전부인 틀에 박힌 전단 사례

집에 가야 할 이유, 그 상품을 구매하는 이유이며 선택의 기준이다.

선택기준을 표현한 전단을 받아 든 고객은 전단에 관심을 보일 것이고 마침내 그 상품을 구매할 것이다.

한마디로 선택기준을 표현하면 반응을 일으킨다. 이렇게 고객의 반응을 일으키는 전단을 기획하기 위한 쉬운 방법에도 불구하고 차별된 내용은 알리지 않고 오로지 큰 이미지로 상품 자랑만 일관하는 것이 버려지는 이유이다.

▲ 상호, 전화번호, 약도 정도만 바뀐 틀에 박힌
'빨/간/알' 전단의 예

상품 자랑은 분명 해야 한다. 고객이 상품을 구매 했을 때 얻는 가치와 이득 그리고 상품으로 인해 불안이 해소 된다는 것 등 고객의 입장에서 알려야 한다.

하지만 중요하지도 않은 상품의 기술적인 원리와 개발기술에 도취되어 무조건 상품을 좋다고만 하는 것도 전단이 버려지는 이유이다.

전단이 버려지는 또 하나의 이유는 전단을 기획 의뢰할 때 '빨리', '간단히', '알아서', 즉 '빨/간/알' 론(論)으로 해달라고 한다. '빨/간/알' 은 전단이 버려지는 가장 근본 원인이라고 할 수 있다.

다시 정리를 하면 전단 기획을 십수 년 하면서 전단이 버려지는 가장 큰 근본 이유를 들라고 하면 두 가지 꼽을 수 있다.

업주에게 있다.

상품을 판매하고 있는 업주가 그 상품에 가장 전문가이며 어떻게 팔면 잘 팔리는지 판매 방법 또한 업주가 가장 잘 알 것이다. 차별화된 상품이 주는 가치, 고객응대서비스 그리고 고객관리 및 경영 방침 또한 잘 알고 있을 것이다. 업주가 알고 있는 차별화된 내용은 고객이 그 상품을 구매하거나 그 집에 가야 하는 이유이다. 그런 이유가 있음에도 불구하고 전단을 기획하는 기획사에 "빨리, 간단히, 알아서", 즉 '빨/간/알' 로 쉽게 주문을 하는 업주가 첫째 이유로 꼽을 수 있다.

기획사에 있다.

전단 기획사는 업주에게서 '빨/간/알' 로 전단 의뢰가 들어오면 기존에 했던 전단 폼에 의뢰사의 상호, 전화번호, 약도 정도를 바꾸는 것으로 마무리를 할 수밖에 없을 것이다. 의뢰하는 업주의 상품도 잘 모르고 상품의 특징도 모르는데 무엇으로 고객의 반응을 일으키는 기획을 할 수 있을까? 업주의 '빨/간/알' 주문과 기획사의 상호, 전화번호, 약도 변경 정도로 기획한 전단은 고객에게 관심을 끌지 못한다. 이유는 그런 비슷비슷한 전단을 하루에도 몇 장씩 받지만 마땅히 그 집에 가야 할 이유를 찾지 못하기 때문이다.

업주가 기획사를 선택할 때에는 단순히 가격이 싼 전단을 기획, 인쇄해 주는 곳이 아닌 고객들이 좋아하는 그 업체만의 독특한 판매 방법과 상품의 가치를 뽑아 낼 수 있어야 하고 뽑아낸 가치를 전단에 잘 표현할 수 있는 업체를 선택하기를 권한다. 더불어 전단지의 효과를 파악할 수 있는 노하우를 가진 기획사를 선택하면 금상첨화이다.

전단 기획을 '빨/간/알' 로 의뢰하는 업주와 그렇게 의뢰 받는 기획사의 기획 방식으로는 끝도 없이 제살을 깎아 먹는 가격경쟁은 피할 수가 없을 것이다.

기획사를 선정했다면 업주는 상품의 가치를 기획사에 정확하게 전달하고 전단 기획사는 전달 받은 상품의 특징을 고객의 입장에서 잘 표현을 한다면 업주는 돈 낭비의 악순환에서 벗어날 수 있을 것이며 또한 경쟁업체와의 경쟁에서도 벗어날 수 있을 것이다.

2) 상호를 중요시 한다

전단에 상호가 중요한가?

삼성 3억/일, SK 1억 7천/일, LG 1억 5천/일

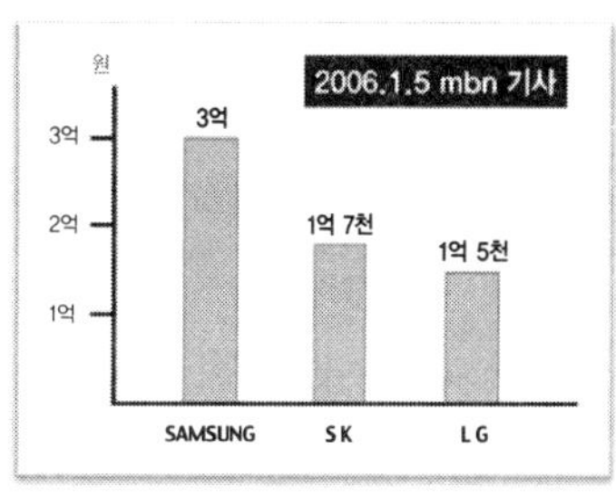

▲ 그림 2 대기업의 하루 광고 비용

그림 2의 그래프는 대기업의 하루 TV 광고비용이다(2006년 기준). 상품을 알리기보다는 기업의 브랜드(이미지) 홍보가 주를 이룬다. 고객들은 상호를 듣거나 보기만 해도 어떤 업체이며 어떤 상품을 판매하는 회사인지를 쉽게 알 수 있도록 하는 게 목적이다.

반면 소규모 업체는 상호 등 브랜드 인지도가 낮아 광고 및 홍보를 브랜드 인지도가 높은 대기업처럼 하다가는 소리 소문 없이 망하고 말 것이다.

▲ 그림 3 대기업의 광고에 익숙한 소규모 업체의 광고 견해

소규모 업체는 직설적인 내용으로 어떤 상품을 팔 것인가를 명확하게 하여야 한다. 사례로 스티커를 제작하면서 일어났던 일을 소개해 본다.

그림 3은 상호(브랜드)가 전면에 부각이 된 광고이며 강조를 한 것은 상호인 '부성산업' 이다. 고객은 부성산업이 무슨 상품, 어떤 서비스를 하는 회사인지 잘 알지 못한다. 물론 자세히 들여다보면 어떤 일을 하고 있는지를 알겠지만 지나가는 시선을 순간적으로 붙잡기 위해서는 고객이 기대하는 내용이 부각이 되어야 할 것이다.

그림 4는 인지도가 낮은 상호를 부각시키는 것보다는 고객에게 이득이 될 수 있는 '벽을 헐지 않고 공사' 를 더 부각하는 게 관심을 불러일으키기가 쉬울 것이다.

▲ 그림 4 고객의 이득부분과 상품을 알리는 것이 소규모 업체의 광고 방식이어야 적은 비용으로 고객을 모을 수 있다.

3) 글씨가 많으면 읽지 않는다는 편견

"바쁜 세상에 읽을 시간이 어디 있어! 그림만 보면 다 아는데 뭐!" 이미지 위주의 전단은 이미지 크기만큼 지면을 보상 받고 일의 양을 줄이려는 기획사의 얄팍한 상술이나 '빨/간/알' 이 맞물려 나온다. 그게 아니라면 의뢰한 업체가 전단에 담을 만한 내용이 없거나 둘 중 하나이다. 차별된 상품 가치, 정보나 전 후의 비교, 이미 구매한 고객의 사용 후기 등은 상품을 구매하려는 고객에게는 큰 정보가 된다.

전단은 업주를 대신하여 고객들에게 상품을 알리는 역할을 한다. 매장에 온 고객이 구매할 상품에 대해 문의를 해오면 사이즈나 양, 특성, 가치, 경쟁 상품과 차별된 점, 고객들의 사용 후기, 상품 활용 모습, 유명인이 사용하는 모습, 방송보도 내역, 수상이력 등을 들어가며 고객을 설득할 것이다. 그런 것들은 고객이 상품에 대해 신뢰를 하게 하는 아주 중요한 요소로 구매 결정에 큰 역할을 한다.

그런데 전단을 보면 큰 이미지만 있을 뿐 고객이 필요한 정보는 없다. 위의 신뢰요소를 전달하는 데는 직접 만나서 말로 전달을 하는 방법이 있다. 하지만 전달할 대상, 즉 고객은 좀처럼 영업사원의 말을 들어 주질 않을뿐더러 만나주지도 않는다. 영업사원이 직접 만나 말로 전달을

▲ 그림 5 경쟁이 치열한 상품인 뼈다귀감자탕. 전단 내용을 보면 큰 상호, 이미지뿐 상품의 가치는 찾기 어렵고 상품 이미지도 비슷해 경쟁업체와 차별이 없어 보인다.

하는 것 외에는 글로 전달하는 방법이 있는데 그것이 전단이다. 고객은 구매에 필

요한 정보를 찾아다니는데 고객과 상품을 이어 주는 전단은 정보가 없고 읽을 것이 없어서 버려지고 있다.

치열한 경쟁 상품인 감자탕, 한 집 건너 감자탕 집일 정도로 많다. 감자탕인 상품을 어떻게 차별을 할 수 있을까? 어렵다. 감자탕 맛을 차별하기가 결코 쉬운 일이 아니다. 차별을 했더라도 며칠 지나지 않아 옆집에서도 같은 맛의 감자탕이 나올 것이다.

경남 마산의 오가네감자탕(대표 오유림)은 감자탕 맛의 차별을 고민해 봤지만 역시 어렵다고 한다. 우거지를, 돼지 뼈를, 야채를, 육수를 차별

▲ 그림 6 전단을 보고 찾아 온 고객도 많았지만 기발한 전단지라며 지역 신문사에서 취재 요청까지 받았다.

하려 했지만 뾰족한 수를 내기가 어려웠다며 또한 차별을 했더라도 맛에는 별반 차이가 없었을 거라고 한다. 전단성공전략가와 논의 끝에 상품을 팔고 있는 판매자를 차별한 전단 사례이다(그림 6). 세 자매가 운영하는 뼈다귀감자탕집. 카운터, 주방, 홀 서비스로 각자 역할 분담해 재미있게 엮어가는 세 자매의 소개로 지면을 글로 채운 경우이다. 일반적인 이미지 전단과 비교해 보면 글이 많다.

배포된 전단을 읽어 보고 찾아온 고객도 많았다. 또한 기발하고 쇼킹한 전단지라며 지역 신문사에서 취재요청까지 받았다고 한다. 정보 전달은 말 또는 글이 아니고 다른 것이 있을까? 또한, 좁은 지면에 알아먹지도, 이해하지도 못하는 그리고 상품과 연관성 없는 이미지, 수수께끼도 아닌데 몇 마디 되지도 않는 문구로 이해를 시키려는 광고에 비해 '글씨가 많으면 안 읽어 하는 선입견'을 깨는 전단 사례(그림 7).

유명 연예인이나 화려한 이미지의 대명사인 대기업 광고에도 전달할 내용이 있

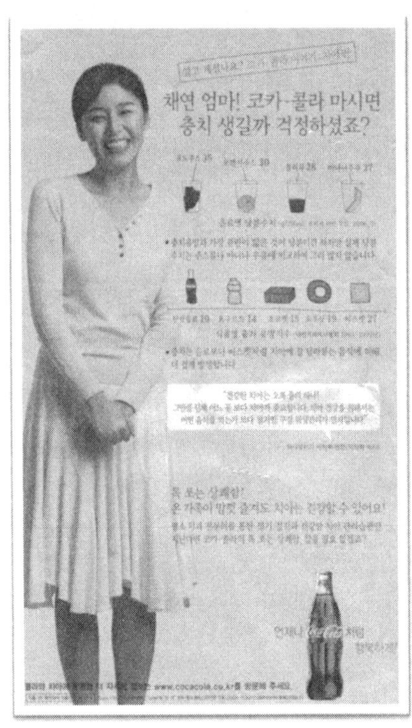

▲ **그림 7** 대기업의 정보의 전달 방법
출처 : 미닛메이드 홈페이지(1+1 판매 시 들어 있던 전단지 내용임)

다면 많은 글을 통해 전달을 한다. 전단 광고를 하고도 효과는 없고 돈만 낭비하는 꼴이 되어 버린 '빨리, 간단히, 알아서', 즉 '빨/간/알' 전단 광고 형태를 대기업의 사례를 통해 전달형태를 꼬집어본다.

콜라는 당분이 많아 칼로리가 높고 많이 마시면 살이 많이 찌고 탄산가스로 인해 치아가 약해지고(TV에 치아를 콜라에 담아 놓고 하루 저녁 지나면 녹아버리는) 짜릿한 맛 이외에는 몸에는 별로 득 되는 게 없는 것으로 매스컴에서 보도된 바가 있다.

콜라의 그런 부정적인 이미지를 해소시키기 위한 목적으로 제작한 전단이다.

전단을 들여다보면 비교를 통해 조목조목 이해를 시키려는 부분과 신뢰를 할 수 있는 전문가의 의견으로 콜라에 대한 오해를 해소할 수 있을 것 같다.

4) 브랜드 인지도가 높은 대기업의 광고를 모방

대기업은 하루에 수억 원의 돈을 들여 브랜드 인지도를 높이는 광고를 한다. 그리고 다방면으로 종합적인 광고를 하고 있기 때문에 큰 상호나 큰 이미지가 들어간 전단으로도 반응을 일으킬 수 있다.

하지만 소규모 업체의 전단광고 형태를 보면 대기업의 전단광고와 크게 차이가 나지 않는 것을 볼 수 있다. 상호가 앞장서고 큰 이미지가 뒤따른다. 또한 업체의 얼굴이라고 하면서 마크나 로고 부분에 비용을 많이 들여 제작을 하고 각종 광고

물에 그것을 크게 부각을 한다. 하루 수억씩 들여 광고를 꾸준히 하다가도 중단을 하면 바로 기억에서 사라지는 것이 요즘 소비자들의 광고 인지력이다. 지역적인 한계를 벗어나기 어려운 전단 광고에도 고객이 좋아하는 상품의 가치는 뒤로 하고 브랜드를 부각시키고 있다. 좋아하지 않는 것을 부각하기 때문에 고객은 관심을 두지 않는다. 고객이 좋아하는 차별화된 상품을 알려야 하고 가치를 알려야 하고 이미 구매한 고객들의 평을 알려야 한다. 그렇게 하지 않으면 고객은 관심을 주지 않을 것이고 그래서 돈 낭비가 되고 있다.

3. 경쟁에서 벗어나는 길 – 차별화

식당 사장들께 "손님들이 왜 사장님 가게에 오시냐?"고 질문을 해보면 십중팔구는 "맛이 좋아서"라고 답변을 한다. "어떻게 맛이 좋은데요"라고 재차 물으면 "한 번 드셔본 손님이 괜찮다고 하더라."라고 답을 한다.

전단을 기획하기 위해서는 의뢰업체의 상품과 상품의 특징, 상품의 가치, 차별화 된 서비스 등 고객에게 관심을 끌 수 있는 경쟁업체와 다른 차별점을 찾아내야 한다. 차별점을 찾아내기 위해 업주인 사장과 상담을 하는데 위의 대화는 상담을 1~2시간 정도하면서 나눴던 대화 중의 일부이다. 구체적으로 맛을 설명해보라고 하지만 답변을 잘 못하고 얼버무린다. 그것이 바로 남과 다른 그 식당만의 차별점 인데 대부분 그것을 잘 모르고 장사를 하고 있다. 알고 대응을 하면 대박집이 되는 것이다.

세상에 식당을 경영하는 사장이 자신의 음식이 맛없다고 하는 분을 봤던가? 음식의 맛은 극히 주관적이라서 짜거나 달거나 맵거나 등 다양한 사람의 입맛에 전부 맞춰내는 요리는 동서고금을 막론하고 없다고 해도 무방할 것이다. 다만 맛있다고 소문이 난 어떤 음식에 사람들이 입맛을 맞춰가는 것이다.

치킨을 예로 들면 M치킨이 있는 시장에 P치킨에서 양념 소스를 개발하였을 때 M치킨 맛에 길들여진 고객에게 P치킨의 양념 맛은 생소했기 때문에 기존의 M을 더 선호를 했다. 하지만 P치킨에서 갖가지 종류의 상품을 출시하여 선택의 폭을 넓히고 파격적인 마케팅으로 맛을 보게끔 한 후 서서히 P치킨의 맛에 길들여져 M의 맛은 기억 속에서 사라지게 되었다(필자 경험).

물론 음식점의 음식이 맛이 없다면 빨리 문을 닫아야 하겠지만 기본만 있으면 된다고 생각한다. 왜냐하면 요즘 요리 기술이 발달해서 이 집 저 집을 돌아다녀 봐도 특별히 맛이 좋다 할 정도로 맛의 차이를 못 느낀다. 그 대신에 고객들이 좋아할 만한 이벤트, 서비스, 체험 등으로 즐길 거리에서 특별함을 느꼈을 때 그 특별함을 남들에게 말할 때 식당이니까 그 집 음식 맛있다고 입 소문을 낸다는 것이다.

오리훈제와 통 삼겹살을 숯불에 구워 먹는 메뉴로 장사를 하는 집의 오리와 삼겹살이 다른 집과 맛에서 크게 차이 나지 않지만 고객들로 넘쳐나고 줄 서서 순서를 기다릴 정도로 문전성시를 이루고 있는 식당이 있다. 그 이유는 고객들이 번호표를 받고 기다리는 마당 군데군데에 모닥불을 피워 고구마를 지게에 담아 놓고 그 모닥불에 구워 먹을 수 있도록 함으로써 어른들에게는 향수(鄕愁)를 자극하고 아이들에게는 신나는 놀이 서비스를 제공한 것이다.

식당에서 아이들 걱정 없이 음식을 먹고 즐길 수 있었으면 하는 어른들의 마음을 헤아려 마련한 서비스로 아이들이 엄마 없이도 잘 놀고 하니까 어른들은 자연스레 그 집으로 갈 것이고 그래서 그 집의 오리훈제와 통 삼겹살이 세상에서 제일 맛있는 요리라고 소문으로 퍼지는 것이다.

위 구이집처럼 각각의 업체는 분명 경쟁업체와 다른 차별점이 있는데 단지 찾질 못하고 있다는 것이다. 대개 상품(맛)에만 그 초점을 맞추기 때문이다. 차별점을 찾아내고 그것을 전단에 잘 표현하여 고객들에게 알려야 고객은 그 집을 찾아 가게 될 것이다. 같은 가격에 오리훈제와 통 삼겹살을 먹으러 간다면 과연 어디로 갈까? 경영을 하는 업주는 차별화된 상품개발과 서비스개발에 끊임없이 연구, 노력을 해야 한다. 그리고 그것을 알려 상품을 구매할 고객을 확보해야 한다.

차별화된 상품의 개발은 막대한 부(富)와 생활을 윤택하게 해 준다. 반면 많은 자금과 시간을 들이는 노력투자는 감수를 해야 한다. 세상에 하나 밖에 없는 획기적인 상품개발은 긍정적인 면에서 보자면 고통이 따르더라도 막대한 부와 생활의 윤택을 생각하면 개발은 해볼 만할 것이다.

차별화된 상품을 개발하는 과정을 들여다보면 여간 어려운 것이 아니다. 많은 시간과 열정, 자금, 가족이나 주위의 곱지 않은 시선까지 받으면서도 오로지 개발 후의 밝은 미래를 생각하면서 외롭고 힘든 과정을 시작한다.

어렵고 힘든 것은 여기에서 그치지 않는다. 개발, 출시된 상품이 소비자의 다양한 기호나 선호도를 따라잡지 못하는, 소비자 구매의향에 맞지 않아 사장되거나 또한 독점적인 지위가 보호 되지 않아 경쟁업체에서 비슷한 상품을 출시 그 노력이 물거품 되는 등 개발 전후로 많은 어려움과 제약이 따른다.

식당의 예를 들어 보면 새로운 메뉴를 개발한 식당이 장사가 잘된다 싶으면 너도 나도 그 메뉴를 팔아보려고 할 것이다. 며칠 지나지 않아 먼저 개발한 식당의 메뉴가 옆집에서도 팔리고 있다. 상품 기술, 즉 비법은 모르지만 시식을 해보면 비슷하게 따라 할 수 있을 정도다. 상품개발은 힘들지만 개발된 상품을 모방하는 것은 그만큼 쉬워 개발자만 고생을 한다. 과연 나만의 영원한 비법은 있을까? 며느리에게도 안 가르쳐 줄 정도로 꼭꼭 숨길 수만 있다면야 가능할지도 모르겠다.

기술적인 비법개발은 모방하거나 따라 하기가 쉽다는 것이다. 그렇다면 상품개발보다는 이미 개발된 상품을 차별된 방법과 서비스로 판매를 잘하는 것도 새로운 상품을 개발하는 것에 못지않은 밝은 미래가 기다리고 있을 것이다.

자신만의 차별화된 판매 방법과 서비스는 남들이 쉽게 따라 하지 못하고 눈에도 보이지 않는다. 상품 외적으로 차별을 한 사례를 보자.

삼겹살을 판매하고 있는 고깃집, 손님의 심부름을 원숭이가 한다. 이색적이다.

상품인 삼겹살 자체를 차별할 수 있을까? 녹차 먹인 돼지, 한약 먹인 돼지, 흑돼지 등 산지에서는 차별을 하지만 도축된 고기를 가져다가 판매를 하는 식당으로선 돼지고기 자체를 옆 식당과 차별할 방법이 없다. 옆집에서도 그런 삼겹살을 산지에서 살 수 있기 때문이다.

고객이 삼겹살을 먹으려고 한다면 원숭이가 있는 그 집으로 갈 것이다. 원숭이를 구경하러 동물원에도 갈 판인데 삼겹살을 먹으면서 원숭이도 구경하고 심부름도 시킨다면 여러 가지 경험을 할 수 있고 아이들이 좋아하기 때문에 부모로서는 아이의 성화에 못 이겨서도 원숭이가 심부름을 하는 삼겹살집으로 갈 것이다. 상품을 차별하기보다는 판매 방법을 차별화한 사례이다.

또 다른 사례는 일본의 레스토랑 화장실 차별 사례이다.

젊은이들이 주로 이용하는 이 레스토랑은 화장실에서 귀신 체험을 할 수 있도록 하여서 인기를 끌고 있다. 화장실에서 볼일을 보다가 보면 극장 스크린처럼 된 벽에 귀신이 영사되고 귀신 음성 또한 음향으로 들려준다. 일본 각지에서 귀신 체험을 하기 위해 이 레스토랑으로 젊은이들이 모여 든다고 한다.

마지막으로 자장면을 파는 중국집의 사례이다.

이 집은 사장이 고객들에게 색소폰 공연을 하고 있다. 자장면 먹으면서 공연을 볼 수 있다면 그 집으로 가는 것은 어쩌면 당연한 것이 아닐까? 색소폰 공연하는 중국집이라고 불리면서 말이다.

대부분의 음식점이 맛으로만 승부를 하려고 한다. '국가대표 맛', '최고로 맛있는 동태탕', '이보다 더 맛있을 순 없다.' 등의 말들은 '원조'를 비웃는 '진짜 원조'라고 비유하는 것과 다를 것이 없다. 소비자는 과연 그 말에 귀를 기울일지 궁금하다.

앞의 세 가지 사례는 상품 외적으로 차별을 한 것이다. 그 차별의 순간순간을 전단에 표현을 한다면 어떨까? 고객은 상품(음식)을 구매하는 것도 중요하지만 색다른 경험을 하기 때문에 그 집을 기억할 것이고 상품(음식)도 신뢰를 할 것이다. 무한 경쟁 시대에 살아남으려면 현실에 안주하지 말고 문제점을 찾아내고 분석하여 새로운 차별화 방안을 끊임없이 내놓아야 한다.

4. 반응을 올리는 전단지 구성 연습하기

본격적으로 전단을 어떻게 구성을 해야할 지에 대해서 알아 보자. 차별화된 상품의 가치나 특징 그리고 차별화된 판매방법은 고객으로 하여금 그 상품을 구매하거나 그 집에 가야 할 이유가 된다. 그런 내용을 전단에 잘 표현을 해야 많은 호기심을 유발한다.

해물 재료로 찌개를 전문으로 하는 식당 안을 들여다보자. 고객이 어떤 메뉴를 선택해야 할지 몰라 주인에게 추천하라고 하는데 주인은 생태찌개를 추천한다. 고객이 주인에게 생태찌개를 추천하는 이유를 물어 보는데 주인은 "동해안에서 잡은 생태를 산지에서 직송하여 새벽에 도착한 것을 30년 요리 경력의 주방장이 요리를 하기 때문에 맛이 좋습니다."라며 식당 벽을 가리킨다.

식당 벽에는 식당 주인이 동해안의 고기잡이배에서 어부와 함께 촬영한 사진과 새벽에 도착한 재료를 하역하는 장면, 주방장의 각종 요리경연대회에 출전한 사진과 수상 내역이 붙어 있다. 그 고객이 당신이라면 선택은?

전단에도 마찬가지다. 매장에서 고객에게 설명을 하듯이 신뢰가 가는 사진과 설명이 있는 전단을 기획하면 전단을 본 고객은 그 집으로 향할 것이고 생태찌개를

▲ 그림 8 주인만 맛있다고 하는 전단

선택할 것이다.

반면에 버려지는 전단을 보면 큰 상호와 기획사에서 제공하는 상품 이미지 그리고 '최고로 맛있는 생태', '맛으로 승부를 하겠습니다.' 등의 문구, 전화번호, 약도가 전부이다. 어떻게 해서 최고로 맛있고, 어떤 맛으로 승부를 하겠단 말인가? 그 집과 그 메뉴를 선택해야 할 이유가 없는 전단인 것이다.

전단 구성 연습(그림 8, 9)은 주변에서 많이 접할 수 있는 중국집(자장면) 전단을 예로 들었다. 주변에 많이 접하는 중국집 전단지를 보면 상호, 전화번호와 메뉴, 가격이 지면의 대부분인 것을 볼 수 있다. 경쟁업체와 비교했을 때 싼 가격도 아니면서 품목마다 가격을 표기해 놓았다. 오히려 경쟁업체에 자신의 가격정보를 알려주는 격이다.

전단 또는 신문기사를 구성하는 3가지 요소는 헤드라인, 서브라인, 본론이다.

헤드라인은 지나가는 시선을 2~3초에 붙잡을 호기심 가득한 문구로 상품이 고객에게 주는 가치와 이득을 표현할 수 있어야 하고, 서브라인은 가치와 이득을 더 구체적으로 부연 설명하고 어떤 행동을 유발하도록 해야 하고 전달하고자 하는 내용을 담은 본론이 있다. 3가지 구성요소를 염두에 두고 중국집 전단을 구성해 보자.

먼저 헤드라인으로, '북경에서 만들어 오는 자장면'이라고 하고 서브라인에는 '정통 북경 맛이 아니면 돈을 받지 않겠습니다.'라고 하면 고객은 호기심이 발동할 것이고 밑의 내용이 궁금해질 것이다.

그리고 본론에는 헤드타이틀의 주장을 증명할 내용으로 채우는데 먼저 북경에서 요리 경력을 쌓은 주방장의 사진과 함께 '주방장의 최고 특별 요리', '북경식 자장면의 유래', '북경반점의 역사' 등 정통 북경 자장면이 어떤 것이고 어떤 과정을 거치는지를 설명하고 마지막엔 배달원의 다짐으로 "면발이 불으면 제 월급에서 까셔도 됩니다."라고 재치 있는 표현을 한다면 전단지를 받아든 고객의 표정은 쉽게 상상할 수 있을 것이다.

같은 중국집 전단이지만 고객의 고민을 해결해 주는 기능과 이벤트를 추가하였다. 자장면이 먹고 싶어 주문했지만 다른 사람이 짬뽕 먹는 것을 보면 그것 또한 먹고 싶어진다.

▲ 그림 9 전단 구성 연습

▲ 그림 10 전단 구성 연습

즉 자장면과 짬뽕, 두 가지를 한 번에 먹고 싶은 고객의 심리를 이해하고 고민을 해소하기 위해 개발한 패키지 상품이다.

헤드타이틀에 '두 가지를 한꺼번에 먹을 수는 없을까?'로 시선을 붙잡고 호기심을 유발시키고 '자장면과 짬뽕, 두 가지를 한 번에 먹자.' 라는 서브타이틀은 헤드타이틀을 부연 설명하고 있으며 구체적인 행동을 유도하고 있다.

용기 가운데를 반반씩 나눠 각각 다른 메뉴를 담아내는 두 가지 종류의 메뉴, 즉 짬짜면, 우짜면, 볶짜면, 볶짬면, 탕짜면 등의 이미지와 함께 나열, 소개하면 이해를 쉽게 할 것이고 메뉴 폭 또한 넓어진 것을 볼 수 있다.

지면의 반 이상을 차지하던 큰 이미지가 이 전단지에도 과연 필요할까? 이해를 돕기 위한 이미지 구성이어야지 의미 없이 지면을 채우기 위한 구성은 버려져서 돈 낭비로 이어진다. 의미 없는 이미지로 된 전단지를 지양해야 하는 이유가 여기에 있다.

이미지와 가격을 빼곡하게 표기한 메뉴판 같은 기존 전단지는 매장에 방문한 고객에게 전해주거나 배달 때 나눠주며 다른 메뉴를 소개하는 기능의 전단이라고 할 수 있다. 이미 북경반점의 가치를 알고 있는 고객들이기 때문에 자연스럽게 홍보가 가능하다.

다음으로 할인 등의 이벤트를 추가하여 바로 행동에 옮기도록 하는 구성으로 마무리를 한다.

간략하게 연습을 해 보았는데 실전에서도 가장 어려운 것이 헤드타이틀 설정인데 상품의 특징, 업체의 특징, 종업원들의 책임의식, 사장의 열정 등을 종합하여 그것이 고객들에게 어떻게 전달되어야 할지를 파악하여 설정을 하여야 한다.

5. 반응을 끌어 올리는 5가지 핵심 요소

전단 기획에 필요한 5가지 항목
전단 구성연습에 이어 전단을 기획할 때 꼭 필요한 5가지 항목에 대해 알아보자.

전단 기획 5가지 항목은 결과, 신뢰, 안심, 특전, 단일 목적이다. 5가지 항목은 고객이 전단을 받아 들었을 때 관심을 보이느냐 아니냐를 가름하는 판단요소들이다. 각각의 항목을 하나씩 살펴보자.

결과 항목 – 신문이나 전단의 헤드타이틀에 해당하는 것으로 상품이나 서비스가 고객에게 어떤 가치와 이득을 제공을 하는지를 간략하게 표현한 것으로 지나치는 고객의 시선을 2~3초 만에 붙잡아야 하는 가장 중요한 부분이다.

신뢰 항목 – 고객에게 전해지는 상품의 가치와 서비스를 업주 스스로 맛있고, 좋다고 하는 주관적인 것이 아니라 공인된 기관에서 인증하는 인증서 또는 수상경력, 방송보도, 전문가의 평 등 객관적인 자료를 통해 전달을 했을 때 고객은 쉽게 인정을 하게 된다. 그 외 상품을 활용하고 있는 고객의 사진, 상품을 제작하는 종업원의 즐거운 표정 사진, 정성스럽게 상품을 관리하고 있는 사장의 사진도 좋은 신뢰항목이다.

안심 항목 – 어떤 식으로 고민을 해결해 주는 상품인가, 즉 각종 인증과 방송보도에 큰 신뢰를 하였더라도 고객은 이미 구매를 했던 다른 고객들의 상품 사용후기, 전후 비교를 통해 구매의사를 타진하게 된다. 고객후기가 안심항목이며 자필로 쓴 후기, 제공자의 사진, 이름 등 구체적일수록 더 신뢰를 한다.

특전 항목 – 상품이 신뢰가 되고 좋은 평의 고객후기까지 보았더라도 구매에 이르는 행동을 하지 않으면 판매가 이루어지지 않는다. 구매행동을 하게 하는 마지막 항목은 바로 특전인데 보통 이벤트가 그것이다. 할인, ONE + ONE, 쿠폰 등 구매 행동을 하게 하는 가장 강력한 수단이다. 단, 특전은 신청하지 않으면 손해 볼 것 같은 강력한 것을 제공해야 한다.

특전의 또 다른 기능은 전단지 배포 후 고객의 반응을 체크할 수 있는 기능이 있다. 대개 전단지와 이벤트 경품을 교환하는데 그 수가 고객의 반응이다. 대부분의 전단지는 배포를 하지만 얼마만큼의 반응이 있는지를 확인하기가 어렵다. 또한 심도 있게 체크하다가 보면 반응이 있는 지역과 없는 지역을 알 수 있으며 그 반응 자료는 다음 광고 때 콘셉트와 타깃을 설정하는데 중요한 자료가 된다.

단일 목적 항목 – 전단지를 제작하는 목적이 하나로 한정되어 있어야 한다.

상품 판매, 자료 청구, 대리점 모집, 사원 모집 등 많은 목적을 좁은 전단지에 함께 넣으면 효과가 떨어지기 때문이다.

6. 전단지 광고 시 점검해야 할 체크리스트

그 외 전단지에 들어가야 할 내용과 구성 방법

전단지 광고는 자신의 가게와 상품을 영업권 내에 알리고 전단지가 의도한대로 행동을 하도록 하는 것이 목적이다. 다양한 고객들 중에서 내 상품을 필요로 하는 고객(타깃고객)은 어떤 성별, 어떤 직업, 어떤 연령대인지를 앎으로서 의도한 행동을 더 쉽게 끌어낼 수 있다. 의도된 행동을 하도록 하기 위해서는 자신을 신뢰하도록 하는 요소가 많아야 한다. 자신의 상품과 업체의 신뢰요소를 정리해 보자. 이것만 정리해도 어느 정도 경영전략이 서고 전단 기획 또한 쉬워질 것이다.

1. 목적을 하나로 한정하였는가?
 – 가격할인 또는 이벤트 행사를 하는 내용인가? 아니면 사은품을 지급하는 내용인가?

2. 명확한 콘셉트가 있는가? 영업상의 설계도가 쓰여 있는가?
 – 스토리가 있어야 한다. 스토리는 재미있고, 즐겁고, 스릴과 흥미를 유발해야

한다. 예) 사장의 일대 결심, 개업 OO주년 기념

3. 매번 돌리는 전단지에 지난번과 관련성이 있는가?

 - 일관성 있게 뉴스레터(시리즈) 식으로 전달한다. 정보의 시리즈화를 꾀한다.

4. 쿠폰, 회신엽서 등에 의한 효과를 측정할 수가 있는가?

 - 예약하신 분에 한하여 OO를 무료로 드립니다(고객 DB 구축).

5. 테두리를 효과적으로 활용하고 있나?

 - 자사의 영업지역, 영업방침, 고객 리스크 부분(배달비 무료, 설치비 무료 등)

6. 약도는 보기 쉬운가?

 - 주소와 전화번호 옆에

7. 전화번호는 크게 기재되어 있는가?

 - 크다고 생각이 들지만 더 크게

8. 전화번호 위에는 '지금 바로'라고 쓰여 있는가?

 - 긴급성을 알린다(지금 신청하지 않으면 ~), 수량과 기한 한정의 긴급성을 부각
   (선착순 OO명).

9. 전화번호는 여러 가지 기재 되어 있는가?

 - 고객을 기다리게 하지 마라. 팩스, 이메일, 홈페이지 등 모든 창구를 열어라.

10. 전화번호 밑에는 접수시간 및 담당자는 표기되어 있는가?

– 전화 받는 직원의 사진까지 등재를 하라(경계심과 불안심리가 낮아진다).

11. 상품 소개의 강약은 잡혀 있는가?

– 글자크기, 종류별로 3가지 이상, Z字 동선 기획을 하라(시선이 주로 움직이는).

12. 고객의 사용 후기는 많이 실려 있는가?

– 판매자의 백 마디 말보다 구매자의 한마디가 더 신뢰를 준다.

– 한 줄씩이라도 많이 넣어라.

– 후기 제공자의 이름 및 전화번호 등을 넣으면 더 신뢰를 한다.

13. 신뢰 요소는 어떤 것이 실려 있나?

– 방송에 보도된 것, 신문기사 등 각종 매체에 등재된 사실

14. 특전은 강력한가?

– 신청 또는 참여하지 않으면 후회하고 손해를 볼 정도로 강력해야 한다.

– 기일 한정, 제한수량 명확하게

15. 경계심을 낮추는 사진이 많이 실려 있는가?

– 고객, 직원, 사장의 순서로 즐겁게 웃는 모습으로, 종업원 전체 사진은 고객
불안을 해소하고 친밀감을 높인다.

16. 앞장에서 뒷장으로 넘기게 하는 연구가 되어 있나?

– 뒷면 참조, 단면보다 양면은 홍보효과가 1.8배 더 높다.

17. 쿠폰 등 절취선을 눈에 띄게 했는가?

 – 특전에 대한 안내는 더 특별하게

18. 중요한 포인트는 사진으로 보완되어 있는가?

 – 전후의 비교사진, 사진 밑의 설명(캡션)은 가장 많이 집중적으로 읽힌다.

19. 거짓은 없는가?

 – 진실과 사장의 열정을 보여야 한다.

 – 사장 자신의 경험을 실어라.

20. 결점을 인정하고 있나?

 – 고졸 사장이지만 대졸 직원 8명을 고용하고 있다.

21. 보증을 하고 있나?

 – 불안감 해소, 다음 행동을 일으키게 한다. A/S, 환불보장, 인증하는 허가 관청

7. 전단지 성공 사례 분석

1) 음식 이미지가 없는 음식 전단지가 히트를 친다. 돈가스 – 판매자 차별

음식점 전단에 음식 이미지가 없다면 어떨까? 그림 11은 돈가스 전단에 돈가스 이미지가 없다. 대부분의 음식점 전단은 이미지 큰 것 하나 넣고 OOO식당이 맨 위에 크게 들어가고 아래에 약도와 전화번호 그리고 '고객은 왕입니다요' 라는 문구로 마무리가 된다.

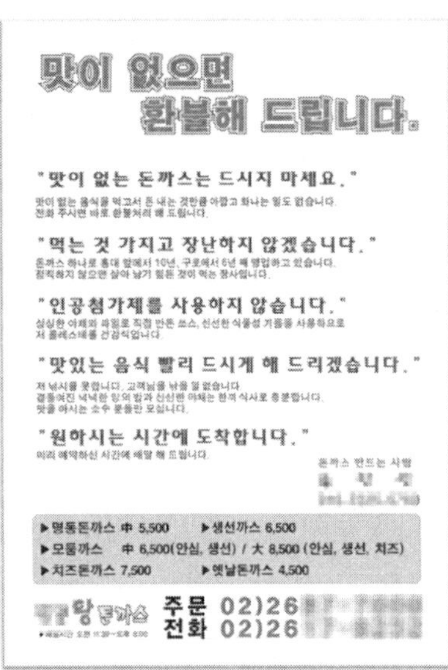

▲ 그림 11 음식 전단에 이미지가 없는 전단

혼히 볼 수 있는 전단지의 유형이다. 하지만 "맛이 없으면 환불해 드립니다." 가 전단의 헤드타이틀이다. 그리고 헤드타이틀 밑으로 업주의 경영 열정을 표현한 문장 4~5가지가 나열 된다. 그리고 업주의 이름과 휴대폰번호를 기입한다. 주문을 받기 위한 전화번호가 아니고 주문용 전화번호는 맨 아래 부분에 있지만 업주의 휴대폰번호는 환불의 담보가 된다. 휴대폰번호 바로 아래는 판매하고 있는 메뉴를 가격과 함께 나열을 하고 주문용 전화번호를 크게 넣고 마무리를 했다.

공구상가가 밀집해 있는 곳에서 돈가스를 판매하고 있는 배달전문 돈가스 집의 전단지를 기획한 내용이다.

고객의 반응은 배달을 가니까 전단지를 카운터 앞에 걸어 놓고 "진짜 환불해 줍니까?"라고 묻더란다. 많은 돈가스 집이 있지만 고객에게 확실하게 인지를 시키는 효과를 올렸으며 평소 90그릇 판매였던 것이 환불 전단지를 배포하는 날은 120그릇 정도 판매가 되고 있다.

고정관념을 깬 접근이었고 주인의 강한 자신감의 표현이 적중했던 것이다. 그것은 대성공이었다고 업주는 이야기 한다.

2) 실패를 딛고 일어선 성공 우리콩사랑 - 상품차별

그림 12는 인천 계양구에서 '두부마당' 이라는 상호로 두부전문점을 오픈할 당시에는 부푼 꿈을 품고 시작을 했다. 주변 계양산에 등산을 하는 고객을 유치하기

위해 즉석복권, 홍보쿠폰, 주민을 위한 전단, 차량광고 등을 실시했다. 하지만 생각만큼 오는 손님은 없었고 약 1년 만에 접고 부천 송내동에 새로이 매장을 얻어 ‘우리콩사랑’으로 다시 시작한 업체의 사례이다.

업주의 고향인 강원도 안흥에서 직접 재배한 국산 콩으로 날마다 12시간씩 불려 직접 쑨 두부와 한방 약재를 넣어 삶아낸 돼지고기를 함께 먹을 수 있는 ‘두부보쌈’을 대표메뉴로 두부김치, 두부황태찜, 두부불고기전골, 두부조림, 두부전, 비지전, 두부전골 등 퓨전음식이 주를 이루는 건강 식단이다.

▲ 그림 12 개업 1년 만에 접었던 두부마당 당시 전단

또한 매장 내부는 부부랑, 연인이랑 등 오붓하게 식사를 할 수 있도록 작은 방을 준비했고, 회식에도 활용할 수 있도록 큰 방도 여러 개 준비했다. 그 외 많은 손님을 받을 수 있게 넓은 홀도 준비했다. 주차장 구석에 가마솥을 걸어 두부를 직접 만든다는 인식을 심어 주었으며 비지는 무료로 가져갈 수 있게 매장 한편에 쌓아 두었는데 주부들에게 인기가 대단했다고 한다.

전단 앞면(그림 12)은 요즘 건강에 관심을 두는 고객이 많다는 점에서 대표 메뉴인 두부보쌈이 건강메뉴라는 것을 강조를 했는데 오랫동안 길들여져 온 고기류의 입맛을 갑자기 끊어 버릴 수 없다는 점 때문에 고기만으로 된 메뉴는 지양을 하고 퓨전요리라는 것을 최대한 부각을 시켰다. 거기에 두부의 장점, 두부 다이어트 날마다 국산 콩을 12시간 불려 두부를 직접 만든다는 것을 알리는데 중점을 두었다. 오픈 전 주변지역의 고객을 분석했는데 회사원과 대단위 아파트 주민을 주 고객으로 홍보의 초점을 맞췄다.

▲ 그림 13 대표 메뉴 한 가지를 강조

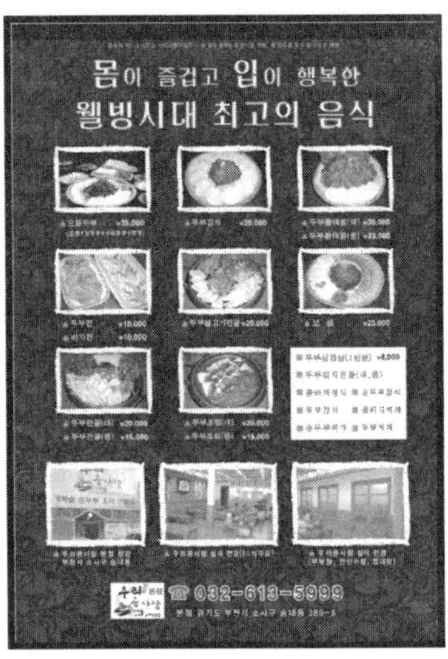

▲ 그림 14 실내가 낯설지 않고 친근감을 준다는 전단

특전으로 도자기 컵을 준비했는데 공짜로 증정하는 사은품이라고 하찮게 생각하여 전단 구석에 작게 표현하는 것을 보게 되는데 무료로 증정하는 사은품에도 가치를 붙여야 한다. 고객은 상품을 신뢰는 하지만 구매결정을 쉽게 내리지 못할 때가 있다. 이럴 때 특전이 구매를 앞당기는 역할을 한다.

사은품의 가치를 높이기 위해 도자기의 고장 경기도 이천에서 수작업으로 만든 세상에 하나뿐인 컵이라고 하고 실물 사진으로 표현을 했다. 300개 한정으로 준비를 했는데 개업 당일에 전부 소진되었다고 한다.

뒷면(그림 14)은 대표 메뉴 외에 다른 메뉴를 나열하여 상품 소개와 각각의 방 그리고 쉽게 찾아올 수 있도록 외부 전경 사진을 실어 소개를 했다.

전단지 8천 장 중 4천 장을 주변의 회사와 아파트에 개업 전 배포를 했는데 개업 당일부터 손님이 줄을 이어 찾아오고 있다고 한다. 아이템 자체가 건강음식이다 보니 다른 음식보다 선호도가 높아 소문이 이어져 점심시간부터 고객이 이어진다고 한다. 개업 전 전단 배포 외에 다른 매체의 광고는 없었으며 개업 당일 댄스 도우미 행사를 했다고 한다.

전단을 보고 온 고객들이 들어오면서 바로 '연인이랑' 방을 요구하는 고객도 있고 "전단에서 본 실내외 전경이 낯설지 않다."고 하여 자연스럽게 고객을 맞이한다고 업주는 말한다.

두부마당 당시 하루 매출 60여만 원 정도만 올라주면 그럭저럭 꾸려 나갈 수 있을 텐데 하고 걱정하곤 했었는데(실제 하루 매출 40여만 원). '우리콩사랑'은 회사원들이 많이 이용하는 점심시간에 매출 80여만 원을 돌파하고 야간 손님으로 하루 매출 200여만 원을 웃돈다고 한다.

두부는 하루에 두 번씩 만들었는데 큰 가마솥으로 바꾼 후에는 하루 한 번 정도만 만들어도 된단다. 오픈 후 며칠 동안 너무 바빠서 잠도 제대로 못 잤다는 귀띔과 함께 환하게 웃는 모습이 떠오른다. 시행착오를 걸쳐 이룬 성공, 실패가 없었다면 성공도 없었을 것이다.

3) 찾아가는 횟집 – 판매자 차별

활어회를 전문으로 배달하는 활어회 배달 전단제작 사례(그림 15)를 소개한다.

당시 미국산 쇠고기 여파에 이어 중국발 멜라민 파동으로 국민들이 음식에 대해 불안하고 예민했던 당시 음식세태를 등에 업고 시작한 사업이다.

활어도 국민의 불안한 마음을 해소시켜줄 수 있는 건 아니지만 육류만큼이나 선호하는 메뉴이고 5~6년 동안 일식집 주방장을 했던 경험이 있었기에 틈새시장을 노린 것이다.

그렇지만 활어도 중량 속임 또는 손질하면서 눈속임을 하는 업체들이 많다는 방송보도를 접하면서 소비자의 불신은 더 컸고 직접 눈으로 확인 후에야 구매를 하는 소비자들의 뿌리 깊은 습성 때문에 배달하는 활어회 상품을 위의 눈속임으로부터 신뢰를 하도록 하는 것이 첫째 관건이었고, 벗어나기 위해 어떤 신뢰 요소로 불신을 해소할 지가 둘째 관건이었다.

어떤 사람이, 어떤 재료로, 어떤 열정을 가지고, 어떤 상품을 만들어 내는지가

▲ 그림 15 찾아가는 횟집 전단

궁금한 것이 고객이다. 그것은 고객이 상품을 구매하면서 얻어야 할 가치라고 본다. 그 가치에 만족을 한다면 고객은 상품을 구매할 것이다. 가치는 경영하는 업주 자신이 만들어야 할 과제인 것이다. 명품은 가치가 고스란히 묻어나기 때문에 명품이 되는 것이다.

전단은 젊은 청년이 '먹는 것 가지고 장난하지 않고 정직하게 장사를 하겠다.'는 헤드타이틀로 자신의 사진과 이름, 나이, 휴대 전화번호 등을 알려 신뢰를 하도록 했다. 또한 믿고 먹을 수 있는 신선하고 깨끗한 활어를 정성스럽게 포장, 직접 배달까지 하겠다는 것을 알렸다.

젊은 사장과 전단 구성에 대해 2~3시간 이야기하면서 상충되는 생각의 차이는 먼저 전단지성공전략가는 신뢰를 얻을 수 있는 요소를 많이 부각을 해야 한다고 하는 반면 젊은 사장은 여러 가지 상품을 많이 알려야 한다는 것이었다. 중국집 전단 마냥 상품 나열식으로 말이다.

소비자에게 인지도를 높이는 데는 한 가지 주제로 꾸준히 홍보를 하는 것이 낫다고 어렵게 설득을 했다. 전단지 한두 번 배포로 고객이 업체와 상품을 이해한다면 그보다 더 좋을 순 없지만, 전단 홍수 속에 소비자들이 한 가지 상품을 주목해서 기억하기엔 한계가 분명 있기 때문에 반복적으로 다가가야 기억에 남게 된다.

고객들에게 큰 반응을 얻었던 전단이었다. 고객들은 '장난하지 않고'와 '정직'에 반응을 보였다. 배달을 가면 '장난 아니죠'라고 고객들이 말을 건넨다는 것이다. 그 반응을 그대로 이어나가는 것이 신뢰를 하게 하고, 기억을 하게 해서 인지도를 높이는데 수월했다.

소비자가 광고에 반응을 보였다면 의도했던 콘셉트는 맞은 것이다. 전단은 목·금·토요일에 집중 배포되었고 그 외 다른 광고는 하지 않았다고 하며 배포 후에는 주문이 꾸준히 이어졌다고 한다. 그래서 매주 월요일이면 전단지 발주를 했다.

개업한 지 약 1년 정도 후 아담한 매장을 차려 방문 손님도 받는다. 매출은 꾸준히 신장을 하고 있는 추세로 전단 효과를 제대로 보고 있다.

주문이 밀려들고 판매가 이어지자, 자신의 아이템인 '찾아가는 횟집'이라고 경쟁업체가 생기면 어떻게 하느냐고 고민을 전해왔는데 자신의 얼굴이 상표인데 뭘 걱정하냐고 안심을 시켰다. 소규모 업체는 자신의 얼굴과 이름을 앞세워 보호를 하는 게 돈 많이 안들이고 독자적인 브랜드를 가질 수 있다.

전단 기획 상담을 하다가 보면 "무슨, 전단지에 얼굴을 넣는다고 말도 안 돼", "장사 안 하면 안 했지 전단지에 얼굴을 내놓는 것은 싫어!!" 이런 말을 하는 업주들은 아직도 먹고 살만하거나 여유가 있는 업주들 아니겠는가? 젊은 사장이 상담에 임하는 자세나 전단에 들어갈 사진, 마음가짐, 남들이 안하는 것을 하려는 등 열정적인 모습에서 성공을 어느 정도 예감할 수 있었다.

4) 2등 전략, 맹가네 화로갈비(상품 및 판매자 차별)
 － 강자와는 정면 승부하지 않고, 2등 전략으로

주변에, 고객이 줄을 서야 먹을 수 있는 갈빗집 강자가 버티고 있고, 2~3개의 중소 갈빗집이 있는 지역에 기존 고깃집을 리모델링해서 다시 시작을 하려는 숯불갈빗집 식당 전단(그림 16, 17) 사례이다. 주변의 고깃집 중에서 매장 크기는 가장 큼에도 불구하고 개업한 지 2년 정도가 되었지만 매출은 하루 50~60여만 원에 그치고 있었다. 이 정도면 아주 나쁘다고 볼 수는 없지만 매장 넓이에 비해 크게 남는 것은 없어 더 많은 매출을 올리기 위해 상품과 서비스를 달리하여 새롭게 시작을

▲ 그림 16 맹가네화로갈비 전단 앞

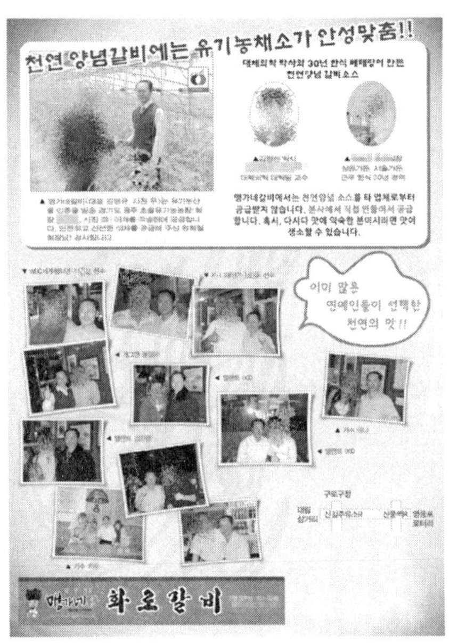

▲ 그림 17 맹가네화로갈비 전단 뒤

해야 했다.

식당 주변에 지하철역이 있지만 기본적으로 역세 상권은 아니며 주택가 상권으로 볼 수 있고 점포 위치는 역에서 3000세대 아파트 등으로 이동하는 통로에 있으며, 출퇴근 시 유동인구는 다른 이동 통로에 비해 상대적으로 높은 편인데 이면(소방)도로에 위치하고 있어 큰 도로에서 식별은 잘 안되는 편이다.

처음 시작하는 업소가 강자와 점유율 비교했을 때 2등 이하라면 강자와 절대로 정면 승부하지 않는 것이 철칙이다. 이유는 강자만 더 이롭게 할 뿐이기 때문이다. 2등 전략 즉, 강자를 인정하면서 자신만의 차별화로 공략을 하는 방법이다. 음식 맛의 평가는 지극히 주관적이어서 먹어보지 않으면 알 수 없듯이 시식행사라도 해서 알려야 한다. 또한 강자와 다른 고객 서비스도 함께 진행을 해야 한다.

'고기 드신 분에게 냉면을 무료'로 서비스 하는 것은 줄을 서야 먹을 수 있는 갈비집, 즉 강자의 전략이었는데 고객들에게 호응을 얻자 주변 식당들이 모두 수용을 했고 그것을 본 강자는 또 다른 차별을 위해 아이스크림을 무료로 제공하고 있다.

2등 전략으로 강자와 다른 차별에는 맛과 서비스의 차별로 승부를 걸었는데 맛의 차별은 대체의학교수와 한식요리 경력 30년의 베테랑 주방장이 공동 개발한 갈비전용 천연양념으로 잰 천연 맛 갈비, 매콤한 고추 갈비, 전통적인 왕갈비가 있다. 그리고 고기 불판은 현무암을 활용한 특허 받은 화로를 사용하고 고기와 함께 먹는 야채는 새 농민으로 선정된 경기도 광주 유기농 야채농원의 주인과 계약을 맺고 날마다 싱싱한 야채를 밥상에 올리고 있다.

서비스의 차별은 '고기 드신 분 냉면 무료' 는 강자와 마찬가지이지만 유기농 야채 농원에서 날마다 직송하는 신선한 유기농 야채를 고기 드실 때에도 제공을 하지만 집에 가서도 즐길 수 있도록 대형마트보다 싼 값으로 특별 할인 판매를 하는 차별을 했다.

또한 매장을 방문한 연예인들과 촬영한 사진을 전단에도 게재하고 매장 내 벽에도 걸어 둠으로써 매장 자체가 유명하다는 것을 보여 주었다. 오픈 전 50여만 원이던 하루 매출이 오픈 후에 하루 매출 100만 원 이상이 되었으며 150만 원/일 목표라고 한다.

5) 뉴욕핫도그 & 커피 – 상품 차별

대학 교내의 생활관 1층에 있는 핫도그 전문점의 사례 전단지(그림 18)다.

장사 경험이 많지 않은 주부가 대박의 꿈을 안고 프랜차이즈 업체인 뉴욕핫도그 & 커피에 가맹을 했다. 개업 후 간판만 걸면 고객이 밀려 올 것으로 예상하고 주부라는 열악한 주위 환경에도 불구하고 어렵게 시작했다. 하지만 부족한 장사 경험도 문제였지만 핫도그 = 햄버거, 즉 패스트푸드 중에서 칼로리가 높아 웰빙시대에 뒤처지는 음식으로 비만 등 사회적인 문제가 고개를 들던 시기라는 게 더 문제였다.

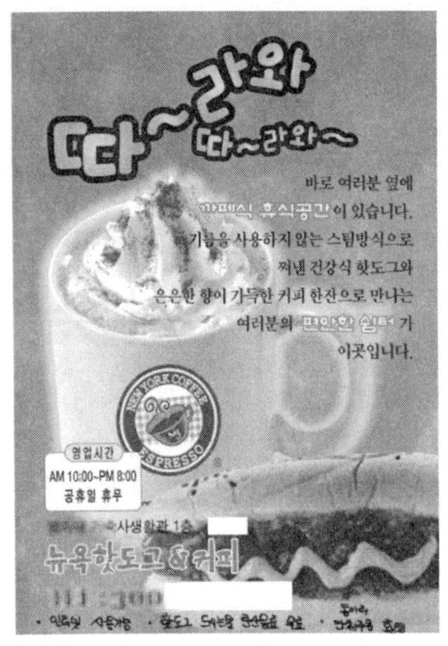

▲ 그림 18 핫도그 전단 (변경 전)

▲ 그림 19 핫도그 전단 (변경 후)

그런 와중에도 기존 전단 기획 업체에서 제작했던 전단을 등교시간과 점심시간에 배포했지만 예상만큼 매출은 오르지 않았고 임대료 등 고정비는 방학 중에도 지출해야 하는 악순환으로 장사를 접으려고 하던 차였다.

상담을 통해 상품을 접한 결과 일반적인 생각과 달리 이 핫도그는 다이어트 식품으로 TV에도 방영된 적이 있었는데 입맛 까다로운 학생들과 미용에 관심이 있는 숙녀들이 가장 많이 이용을 하는 주 고객이었다.

학생들과 숙녀들에게 뉴욕핫도그가 다이어트 식품이라고 하는 이유로는 제조과정과 원료를 보면 알 수 있는데 첫째 기름에 튀기지 않고 스팀으로 쪄내 칼로리가 낮은 소시지, 둘째 당분이 적은 호밀빵, 셋째 식이섬유와 칼슘, 철분을 함유하고 있는 단호박, 넷째 비타민 C가 바나나의 10배인 유자청을 배합하여 만든 소스가 그 이유이다.

전단은 칼로리가 낮은 재료로 만들어진 핫도그를 학생들에게 살을 빼는 다이어트 식품으로 어필했으며 구매행동을 촉진하는 특전으로는 가격 할인과 음료 무한 리필을 강조했다.

전단지 3,000여 장을 배포했는데 3~4만 원이던 하루 매출이 17~18만 원으로 6 배 수직 상승하는 결과를 낳았다. 차별화된 상품을 세밀하게 분석, 감성을 자극하는 표현이 주효했다고 할 수 있다. 배를 채우기 위해 어쩔 수 없이 먹어야 하는 음식이 아니고 배를 채우면서 다이어트까지 가능한 고객의 감성부분을 잘 충족시킨 결과였다고 판단이 된다.

6) 하수구 냄새 잡아주는 간단한 방법 – 판매자 차별

집안이나 매장에 이상한 냄새(악취)가 난다. 그것은 화장실, 싱크대, 배수관에서 나오는 악취가 대부분이다. 원인은 하수관으로의 냄새가 역류를 하기 때문이다.

더불어 배수구를 통해 올라오는 각종 벌레, 세균 그리고 악취로 인한 두통, 스트레스, 천식, 아토피 등이 우리 가정의 건강을 위협하고 업소에서는 불쾌한 냄새로 인해 발길을 끊는 손님으로 여간 걱정거리가 아니다.

이러한 요인을 배수관을 뜯는 공사 없이 10분 이내에 간단히 설치, 냄새와 세균유입

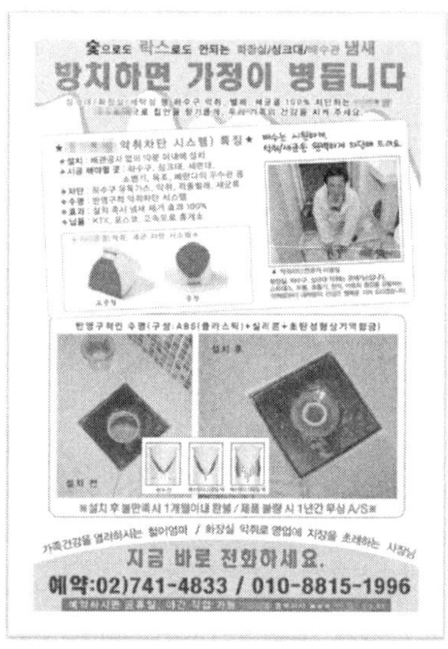

▲ 그림 20 간단하게 냄새를 차단하는 악취제거 전단

을 100% 차단하여 가정의 건강을 지켜주는 악취 차단 업체 냄새닥터(악취차단 전문가 대표 : 이광일)의 전단 (그림 20, 21)사례이다.

이 사장과 몇 날 며칠 머리를 맞대고 고민하여 전단을 기획했다. '냄새를 없애기 위해 락스도 뿌려보고 좋다는 숯을 사용해 보지만 그때뿐!!' 이라는 점을 서브

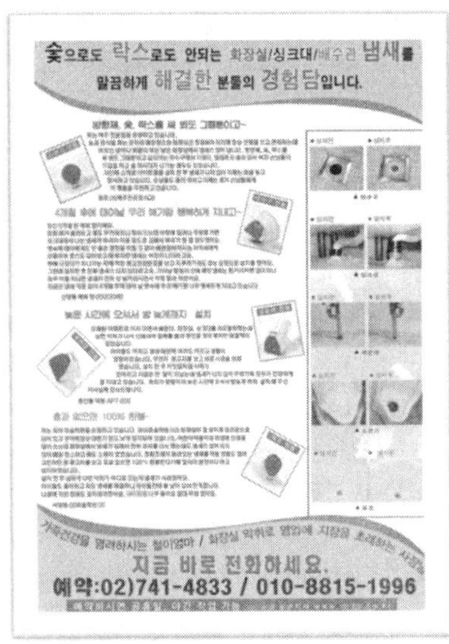

▲ **그림 21** 고객후기는 고객이 구매결정을 내리는데 큰 역할을 한다.

타이틀로 잡았고, 고객이 상품을 구매해서 얻는 이득과 고통해소 부분인 '가정이 병든다' 가 헤드타이틀이다.

바닥을 뜯지 않고 배관공사 없이 간단하게 설치할 수 있다는 것과 악취차단전문가의 작업 현장 사진을 넣어 신뢰를 주었으며 설치 전과 후의 사진을 실어 냄새를 차단하는 원리를 알게 해 주었다.

사장의 백마디 말보다 이미 사용해 본 고객들의 한마디가 더 큰 설득력을 얻듯이 고객후기를 넣어 안심을 시켰고 특전으로 one + one 처럼 보통 집안에 3~4군데 시공을 하는데 그 중 한 군데는 서비스 해주자고 했지만 가격 할인은 절대 하지 않을 거라며 대신 설치 후 불만족 시 환불을 하는 조건과 제품 불량 시 1년간 무상 A/S를 특전으로 내세웠다.

가정집은 빌라 위주로 현관문에 부착을, 업소는 지하층을 위주로 직접 1,000여 장을 부착을 했는데 5~6건 시공을 했으며 꾸준하게 문의전화가 온다고 한다. 이 사장이 가장 중점적으로 공략을 했던 곳은 어린이집, 유치원에 6개월에 2,000장씩 1년에 걸쳐 4,500장 정도 DM 발송을 했는데 약 5천만 원의 매출을 올렸다고 한다.

전단 광고 효과는 통계를 보면 약 1% 정도에 불과한 것에 비하면 대박을 터트린 결과라 할 수 있다. 이러한 결과에 대해 이 사장은 "전단지의 고객 후기가 구매결정을 하는데 결정적인 역할을 했다."고 말한다.

더 많은 고객 후기를 모으기 위해 가정에 무료로 시공해 주는 이벤트를 진행하고 있는데 시공 후에는 비용을 받지 않는 대신에 고객은 자필 후기를 써 주는 행사이다. 온라인 홍보 및 온라인 고객 유치를 위해 홈페이지를 제작하고 있는데 홈페이지에도 고객 후기를 많이 활용할 것이라고 한다.

10) 가격 경쟁에서 벗어나는 길, 전문성 – 판매자 차별

칼국수를 판매하는 매장에 하루 소비하는 파만 100단, 사람이 썰려면? 파 100단을 썰려면 하루 종일 눈물 나고, 팔 아프고, 절단된 모양이 일정하지 않고, 써는 사람은 불평불만이 많다. 인건비를 후하게 쳐준다 해도 달려드는 사람이 없어 고민이라고 업주는 말한다.

하지만 파를 써는 문제로 고민은 그만해도 되겠다. 파 절단기로 썰 경우 2~3시간이면 되고, 절단된 모양이 일정하고 기계가 썰기 때문에 불평불만이 없고 인건비는 오히려 절감된다. 힘든 일이 줄어들어 여유롭고 파 써는 인력을 다른 곳에 활용할 수 있어서 여러 가지로 이득이 된다.

샤프맨(대표 김인수, www.sharpman.co.kr)은 28년 동안 업소용 식품 기계를 제작, 납품을 하는 업체다. 신규 고객을 모집하기도 하지만 기 납품했던 업체에 재 구매 및 추가 기종 구입을 유도하기 위한 전단 사례이다.

기존의 전단(그림 22)은 한 장에 상품 여러 개를 나열하고 제원과 간단한 설명으로 된 구성이다. 특징과 간단한 설명은 있지만 구매했을 때 어떤 점에서 어떤 이득이 생기는 지 집어내기가 어려워 보인다.

새롭게 기획한 전단(그림 23)은 지면 전체를 파 절단기 하나만 가지고 집중적으로 설명했다. 기계로 써는 것과 사람이 써는 그림을 비교하여 보였으며 수량, 소요 시간 등 구매를 하기 위한 기준 또한 비교해 구매 시 얻는 이득을 표현했다. 또한 28년 동안 1,300여 개 업소에 식품기계를 공급한 노하우는 직접 조립, 직접 납품, 직접 A/S하는 1 : 1 대면 고객응대 서비스 소개와 이미 기계를 사용했었던 업주들이 평가하는 기계 성능과 서비스 내용의 고객후기를 사진과 함께 소개를 해 더욱 신뢰가 가도록 구성했다.

'샤프맨은 다양한 제품을 취급하지 않습니다. 제일 잘 아는 분야의 제품만을 취급하기 때문에 1,300여 개의 업체에서 만족을 하고 있습니다.' 라는 문구를 부각하고 김정문설렁탕, 양평해장국, 신선설렁탕, 무봉리 토종순대국 등의 거래업체와 대한상이군경회 인천사업소, 포천사업소 등 정부기관 단체급식소와 프랜차이즈 본사 등을 소개하여 샤프맨의 전문성과 제품의 신뢰성을 높이도록 했으며 설렁탕, 해장국, 순대국 집에서 필요한 기본 품목인 4종의 사진을 실어서 선택의 혼란을 줄이는 편집으로 전단 구성을 마무리 했다.

그렇게 기획된 전단을 김 사장은 영업을 하고 있는 업소에 안내 전단과 카탈로그를 함께 동봉하여 DM으로 80건을 보낸 결과 23대의 기계 판매가 이루어졌는데

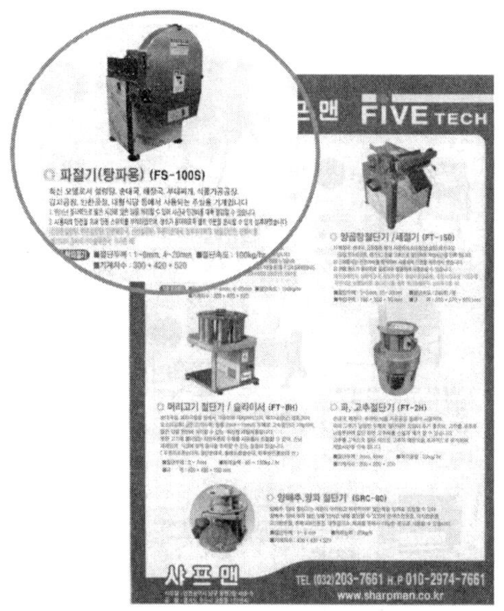

▲ 그림 22 구매를 하면 생기는 이득이 안 보이는 기존 전단, 새롭게 기획한 전단(그림 23)은 지면 전체를 파 절단기 하나만 가지고 집중적으로 설명했다. 기계로 써는 것과 사람이 써는 그림을 비교하여 보였으며 수량, 소요시간 등 구매를 하기 위한 기준 또한 비교해 구매 시 얻는 이득을 표현했다.

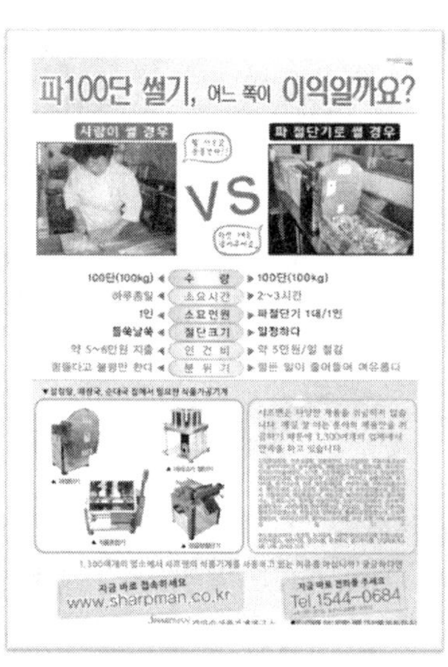

▲ 그림 23 비교를 통한 구매기준을 제시한 전단

이는 대박 중에 대박으로 고객에게 접근하는 방향을 제대로 잡은 것 같다면서 앞으로 2종류의 기계 전단도 같은 방법으로 더 제작하고 싶다고 한다.

김 사장은 '김인수식품기계연구소'를 함께 운영하고 있는데 배포한 전단과 카탈로그에 상호를 연구소 명으로 표기한 부분도 고객이 전문가로 높이 산 것 같다고 한다.

김 사장과 상담 후 전단 기획 방향에 상당한 고민을 했었다. '28년 장인', '1,300여 업체 납품', '직접 조립 / 납품 / AS' 등 헤드타이틀 안(案) 몇 가지 중

▲ 그림 24 1300여개 업체에 기계를 공급한 노하우는 직접 조립, 납품, AS이다.

어떤 것에 더 중점을 두어야 할 지 고민하다가 결국은 사람과 기계의 효율성을 단순 비교하는 간단한 콘셉트가 고객 즉 업주들에게 가장 관심을 끌지 않을까 하여 현재의 것으로 잡았다.

기계를 팔기 위한 전단이지만 기계에 대한 제원과 사용 설명서 등이 없는 선택 기준을 제시한 전단이다. 기존의 전단은 팔려고만 하는 의도가 강하게 내포된 것으로 이를 받아든 고객은 관심이 없을 수밖에 없었을 것이다.

기계의 제원과 사용설명서는 구매 직전이나 후에 필요한 것이기 때문이다. 기존의 전단으로는 제살을 깎는 가격경쟁을 피할 수 없었을 것으로 예상했던 김 사장은, 현재 가격은 정찰제로 판매를 하고 있는데 간혹 가격 흥정을 하는 분께 "저희는 할인판매는 하지 않습니다."라고 잘라 말한다고 한다.

위의 사례를 통해서 보았듯이 전단을 기획하는 기획자는 업주와 업체, 상품의

특징을 찾아내기 위해 충분한 대화와 자료를 검토해야 한다. 간단히, 알아서 만들라고 하면 그 가치를 제대로 찾아내기가 어려울 것이고, 그래서 전달할 것이 없는 이미지 전단이 제작되고 반응 없이 돈 낭비가 되는 악순환이 되풀이 되고 있는 것이다.

업주 스스로 차별화된 자신만의 특징과 가치를 찾아야 한다. 누구도 대신해 주지 않는다. 스스로 찾거나 개발해야 한다. 그것이 경쟁업체와 경쟁에서 벗어날 수 있는 유일한 길이기 때문이다.

POP 마케팅

허성용
1급 마케팅지도사/강사

수원대학교 졸업
現 막내삼촌시골농장 대표
사단법인 한국소상공인마케팅협회 상임이사
사단법인 한국소상공인마케팅협회 사무총장
1급 마케팅지도사, 마케팅 전략, 고객확보 전략 전문강사
광고/캐치카피, POP 마케팅 전문강사
저서 『방문고객으로부터 매출을 올려주는 POP노하우』
홈페이지 http://www.sbma.or.kr
http://www.littleuncle.co.kr
전자우편 sbma10003@naver.com
블로그 blog.naver.com/sbma10003

소상공인은 철저하게 차별화 · 세분화 · 집중화하여
목표를 하나로 한정해야 한다 !

물질적인 생산이 넘쳐나는 시대다. 가뜩이나 선택할 것이 넘치는데 기업들은 별반 다를 것이 없는 상품과 서비스를 생산하고 있다. 고객들은 많은 상품을 원하는 것이 아니라 색다른 경험을 원한다는 것을 알지 못하기 때문이다.

알지 못하는 것이 아니라 고객이 가치를 어디에 두고 있는가를 파악하지 못하는 것이다. 이제는 이러한 관습적 사고에서 벗어나야 한다.

특히 상품 자체에만 의존하거나 다른 제품보다 자신이 만든 제품이 왜 좋은지 이성적인 논쟁만 벌이는 일은 현재 고객의 욕구와 맞지 않다. 적정한 가격과 상품의 품질은 기본적으로 갖춰야 할 요소일 뿐, 더 이상 고객들에게 어필할 수 있는 구매의 핵심 요소라고 할 수 없기 때문이다. 디자인적인 측면이나 기술의 정밀성 같은 외양적인 것은 이제 누구나 쉽게 따라 할 수 있게 되었다. 때문에 경쟁사들은 동일한 비용에 동일한 기술을 가지고 경쟁에 뛰어드는 악순환이 반복된다.

또한 경쟁은 갈수록 심화되어 이제 대형화, 다양화된 글로벌 기업까지 상대해야 한다. 이런 상황에서 상품과 가격만으로 경쟁하려는 사업이 순탄한 길을 걷게 될 가능성은 거의 없다. 그렇기에 상품의 진정한 가치를 부여하는 부분이 대두되고 있다.

그 중에서 상품의 가치를 부여할 수 있는 다양한 도구로 활용할 수 있으며 구매와 직결될 수 있는 POP를 잘 활용하는 것이 무엇보다 중요하다. 특히 소기업 소상공인들은 큰 비용을 들이지 않고 고객의 반응도를 체크할 수 있는 POP 광고를 충분히 활용할 필요가 있는 것이다.

요즘 매장에서 POP 광고의 역할이 크게 바뀌고 있고, 그 중요성 또한 커지고 있다. POP 광고의 목적은 두말할 것도 없이 POP를 통한 매출상승이다. 점포에서의 POP는 판촉도구로서의 역할에는 아무런 변화가 없다.

하지만, 판매 일변도의 POP 광고로는, 고객도 구매 심리가 작동하지 않게 되어 있다. 개념 없이 만든 신문 삽지의 전단지가 반응이 떨어지는 것과 같은 양상이다. 목적은 매출상승에 있다고 하여도 그 방법이나 자세를 바꾸지 않으면 안 된다.

현대는 '정보발산도구'와 '커뮤니케이션 도구'로서의 역할도 중요해지는 시점이다. 'POP 광고는 고객을 위해서' 있는 것이다. 내 상품과 서비스가 그런 POP 광고가 되어 있는지 생각해보라.

점포에서는 제품을 바라보는 고객에 대한 설명 부족이나 안내 부족 때문에 상품이 팔리지 않게 되거나, 불만을 사게 되는 일이 일상적으로 일어나고 있다.

이 책에서 설명하는 고객 시점의 POP 광고를 적용하면 이러한 문제점을 해결할 수 있다. 제조사에게 있어서도 대중 광고와 같은 POP 광고를 바꾸지 않으면 안 된다.

'보다 점포에 도움이 되는, 고객에게 친절한 POP 광고'로 바꿔야 한다.

이 책에서는 고객이 쇼핑을 할 때의 '기분'(구매 심리)으로부터 POP 광고를 접근하고 있다. POP 노하우를 통해 소매점(점포) 경영에서 중요시해야 할 내용이 고객의 숫자를 늘려야 한다는 점이다. 어떤 의미에서는 매출 이상으로 고객의 숫자를 늘리는 경영 노력이 중요하다. 고객 숫자는 점포의 인기를 측정하는 기준치이기 때문이다. 객단가는 고객의 주머니 사정이나 경기의 영향을 받는다. 그러나 대박 점포는 어떤 경우라도 고객 숫자가 줄어들지 않는다.

그러면 고객 숫자는 어떻게 늘리면 될까?

신문 삽지 전단지로 모객을 할 것인가? 그것도 하나의 방법이다. 그러나 보다 가까이서 고객 숫자를 늘리는 방법이 있다. 당신의 가게 앞에는 아직 한 번도 가게 안으로 들어온 적이 없는 고객이 많이 왕래하고 있다. 이 고객들을 한 사람이라도 더 들어 오게 할 궁리를 하는 것이다.

그러나 고객은 당신이 생각하고 있는 것 이상으로 가게로 들어가기가 쉽지 않다고 생각하고 있다. 또는 들어가기 쉽다 하여도 '들어가 보자' 하는 매력을 느끼지 못하는 경우가 많다. 점포 판매는 어찌됐건 고객이 가게에 들어오지 않으면 아무 소용이 없다.

이 책에서 점포 구조 만들기 힌트를 얻어 보다 많은 고객을 모으기 바란다.

1. POP의 정의

가게 매출이 저조하다고 무조건 경기 탓만 하고 있으면 될까? 옆 가게는 경기가 안 좋아도 손님이 넘쳐난다, 그 이유는 뭘까? 점포를 운영하는 사장이라면 이런 고민 한번쯤은 해보았을 것이다.

식당, 의류점, 미용실, 슈퍼마켓, 화장품 가게 등 생활 속에서 마주치는 점포형 영업을 하는 소기업 소상공인의 매출을 향상시킬 마케팅 도구의 하나가 POP다. 그러나 POP를 제대로 활용하고 있는 점포가 흔치 않은 상황이다.

POP란 무엇인가?

점포로 고객을 방문하게 하고 방문한 고객에게 상품을 구매하게 하는 도구이다. 매스컴 광고가 일반적인 욕구를 주지시키는 광고라면 POP 광고는 직접구매를 연결하는 광고로 매출상승 효과가 크다.

영어 원문은 'Point Of Purchase'로 '구매 시점의 광고'라는 뜻이다. 즉, 매장에서의 모든 광고를 말한다.

보통 점포형 사업의 경우 70% 이상의 매출이 구매하는 장소 즉, 매장에서 결정되어진다. 그만큼 구매 장소에서의 POP가 매출과 직결된다고 볼 수 있다.

경쟁 제품과 같이 진열하는 양판점의 형태라면 그 중요성은 더더욱 크다고 볼 수 있다. **POP는 '구매하는 장소(매장)에서의 광고'를 통해 매출상승에 기여한다.**

고객을 점포로 방문하게하는 모든 도구, 방문한 고객에게 구매로 연결되는 모든 광고를 POP로 칭할 수 있다. '상품에 관한 디스플레이, 사인 등 상품이 판매되는 소매점의 내부, 건물에 이용되는 모든 광고'를 뜻한다.

점포 내부에 고객에게 상품을 설명하는 카드와 가격 카드 등은 내부 POP라고 하며 고객을 점포로 방문하게 하는 외부 광고물은 외부 POP라고 한다. 외부 POP는 돌출간판, 벽간판, 옥상간판, 수직입간판, 입구진열판, 진열장, 배너, 현수막, A형 입간판 등이 있다.

일반적으로 POP라 하면 점포 안에 상품에 대한 설명이 쓰여 있는 '상품 설명 카드', 슈퍼마켓에서 많이 쓰고 있는 '가격 카드' 등이 있지만, POP는 가게 안에만 있는 것이 아니고 가게 밖에서도 쉽게 찾을 수 있다.

가게 밖의 POP(입간판, 벽간판, 배너 등)를 잘 만들어 놓으면, 가게 안으로 들어 오는 동기를 부여할 가능성이 있는 것이다. 역으로 말하면 **POP를 활용하지 않으면 가게로 들어올 가능성이 있는 고객을 놓쳐 버리는 수가 있다.**

허성용 마케팅지도사의 플러스 정보

POP (Point Of Purchase) 시각전달 방법 중 가장 오래된 광고 표현이다. 역사적인 사례로 거슬러 올라가보면 고대 로마상인들이 가장 처음 고객을 유도하기 위해서 사용했다고 한다.

제품 모양을 전시하거나, 벽이나 가게 외부에 그림 등의 회화적 표현으로 나타내었다고 하는데, 이는 글을 모르는 소비자를 위해서 열쇠, 칼과 같은 각종 도구 또는 도기류 같은 실제 모델을 만들어, 고객의 이해를 돕는 행위를 하게 된 것이다.

이와 같은 광고 표현이 지금의 POP 광고 형태로 정립된 것은 1930년대 미국에서였다. 대공황으로 경제질서가 붕괴되고 새로운 유통질서가 정립되면서 지금의 슈퍼마켓 형태인 셀프서비스 방식이 도입되었다. 이런 슈퍼마켓의 운영은 판매원이 없는 대신 고객에게 상품을 구입하는데 불편함이 없도록 각 코너에 상품안내 표지판을 부착하거나 설명서 및 안내문을 표시하는 등 여러 가지 형태의 문구를 설치하여, 고객으로 하여금 상품을 구매하는데 불편함이 없도록 최적화하였던 방식이었다.

POP 광고는 2차 대전 후 경제의 부흥과 광고매체의 발전으로 더욱더 필요성이 대두되었음은 두말할 나위가 없다.

2. 내부 POP의 종류

내부 POP는 매장을 방문한 고객으로 하여금 상품에 대한 가격, 용법, 용량의 특징 등 기본적인 상품 안내는 물론 상품의 가치 즉, 이 상품을 구매했을 때 고객이 얻을 수 있는 구체적인 이익을 발산하여 당신에게 왜 이 상품이 필요한지 구매욕구를 자극하고, 나아가 상품을 판매하는 사람이 어떠한 마음으로 사업에 임하는지 고객으로 하여금 신뢰와 공감을 줌으로써 안심하고 상품을 구매하도록 도와주는 역할을 하는 것이다.

내부 POP의 종류	역 할	목 적
메시지 POP	품질, 상품의 특징, 세일즈 포인트를 전달하는 POP	전달방법, 표현으로 고객에게 동기 부여할 수 있는 최강의 도구
가격 카드	품명, 용량(크기), 가격을 전달하는 POP	
제목 게시판	제안 디스플레이, 이벤트, 세일타이틀 표시	
서비스 안내	각종 고객서비스 정보, 안내 표시	친절한 정보로, 구매하기 쉬운 매장을 연출한다.
매장 안내	층별 매장 코너 등 안내	
설비 안내	화장실, 엘리베이터, 계단 등 설비 안내 표시	
사명 알림판	가게의 판매 방침, 경영 방침 등을 고객에게 전하는 POP	안심과 신뢰, 공감을 불러일으키는 커뮤니티 형성에 기여한다.
사원 알림판	사원을 소개하는 POP	
커뮤니티 게시판	고객의 목소리, 사진을 붙이는 게시판	

POP가 잘 되어 있는 매장의 경우 고객 커뮤니티, 즉 단골고객이나 마니아층의 형성이 쉽게 가능해진다.

위와 같이 내부 POP의 종류와 역할, 목적에 대해 설명하였다. POP는 고객에게 상품을 구매하고 싶은 마음을 갖게 하는 최강의 도구로써, 고객에게 친절하게 정보를 발산하고 안심과 신뢰, 공감을 불러일으킨다면 운영하는 점포의 충성고객이 되어 안정적인 매출에 기여하게 된다.

허성용 마케팅지도사의 플러스 정보

내부 POP라 하여도 그 역할이나 목적은 각각 다르므로 그에 맞는 '연출'도 생각해야 한다. 하나의 POP 광고로 두 가지 이상의 표현을 하려고 하지 말고, 의도하는 목적을 명확히 하여 전달하는 것이 더욱 효과적이다.

3. 내부 POP 적용 사례

앞에서 내부 POP의 종류와 역할 그리고 목적을 표로 나타냈다. 그에 따른 각 종류별 구체적 의미와 사례를 알아보도록 하자.

(1) 메시지 POP

메시지 POP는 품질, 상품의 특징, 세일
즈 포인트를 전달하는 POP다. 고객으로
하여금 다른 제품과 어떤 차별화가 있고,
어떤 특징을 가지고 있으며, 고객이 이 상
품을 구입했을 때 구체적으로 어떤 이익
이 발생될 수 있는지, 고객의 입장에서 판
단하기 쉽게 알려주는 POP다.

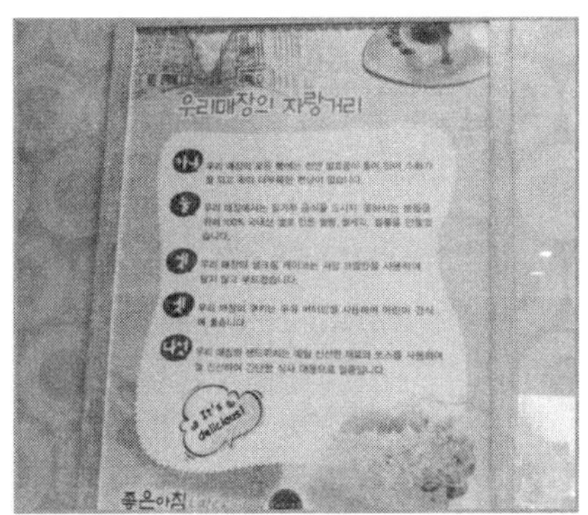

한마디로 고객에게 '이 상품이 왜 당신
에게 필요한지'를 전하는 중요한 도구라고 할 수 있다. 또한 메시지 POP는 고객
으로 하여금 구매해야 할 명분과 구매 후 확신을 이끌어 낼 수 있는 아주 중요한
광고 수단이라고 할 수 있다.

좋은아침 베이커리의 경우 '우리매장의 자랑거리'라는 제목의 POP로 고객에게
안심하고 빵을 구매할 수 있도록 안내하고 있다. 빵은 일반적으로 수입밀을 사용
해 방부제 등 유해물질이나 쌀보다는 소화가 안된다는 인식을 POP를 통해 바꿔주
고 있다. 천연 발효종이 있어서 소화가 잘된다, 저당 크림을 사용한다, 매일 신선
한 재료를 사용한다는 것을 자연스럽게 노출하여 고객으로 하여금 안심하고 구입
할 수 있도록 도와주고 있다. 이런 식의 상품 설명을 매장 직원이나 판매자가 떠든
다고 생각해보라! 말로서 설명하기엔 적지 않는 내용들이고, 판매자의 상품자랑이
라 생각하는 고객은 들으려 하지 않을 것이다.

기본적으로 다른 상품과 차별화된 부분을 통해 고객으로 하여금 구매의 이유(왜 하고 많은 곳들 중 이곳이여야만 하는가!!)를 느낄 수 있도록 해주는 것이 핵심 포인트다.

(2) 가격 카드

고객이 상품에 대해 알고 싶은 최소한의 정보는, 그 상품의 '가격'이다. 가격을 모르면, 구입을 검토하려 해도 불안하다.

사례를 들어 보도록 하자!

오랜만에 친구를 만나서 호기있게 "밥을 사겠다."하고 괜찮아 보이는 식당에 들어갔는데 메뉴판에 가격은 없고, 메뉴만 적혀 있어 가격에 대한 정보를 아무리 찾으려 해도 찾을 수 없을 때의 당혹스러움은 누구나 한번쯤은 겪어 보았을 것이다.

필자의 경우는 가격에 대한 정보가 없는 경우 현재 가지고 있는 돈으로 가능할까? 하는 우려나 혹 가지고 있는 돈을 초과하진 않을까? 찾으러 가야 하나 등의 생각으로 인해 식사를 제대로 하지 못한 기억도 있다.

고객에게 안심하고 상품을 검토하게 하기 위해서는, 기본적으로 상품명, 용량, 가격을 알기 쉽게 전달해야 한다. 또한, 가격은 고객이 상품을 구매할 동기 부여의 하나가 될 수가 있기 때문이다.

"이건 얼마에요?"

"이건 어떻게 먹는 거죠?"

"이건 어떻게 사용하는 거예요?"

이런 질문이 있을 경우 당신은 고객의 긍정적인 에너지를 소모시키는 것이다.

구매나 추가 구매와 이루어질 수 있는 구체적인 질문을 할 수 있도록 기본적인 고객의 알 권리를 잘 발산할 수 있어야 한다. 또한 위와 같은 질문은 판매원에게도 구매와 직결되지 않는 쓸데없는 시간을 낭비하도록 하는 것이며, 기본적인 가격 POP만 잘 되어 있더라도 내 상품에 대해 관심 없는 사람, 즉 매출과 직결되지 않는 고객의 상당수는 걸러지는 효과가 나타난다.

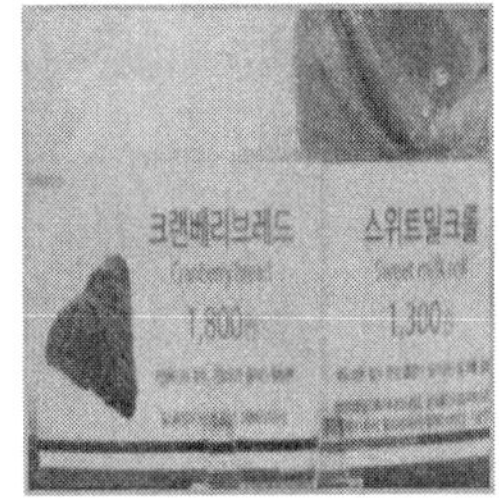

위의 사례는 일상에서 쉽게 접할 수 있는 가격 카드이다. 그렇지만 그렇지 못한 곳도 의외로 많다. 가격 카드가 없는 제과점에서 이것저것 집어 들었다가 의외로 가격이 비싸 반납하거나 웬지 비싸다는 인식을 가지고 구매한 경우 그 고객이 그 매장에 다시 들를 확률은 지극히 낮다. 그리고 POP가 없는 매장의 경우 구입 후 바가지를 쓰지 않았나 생각을 하는 고객이 많다는 사실을 잊어서는 안된다.

고객은 기본적으로 그 상품의 가격이 얼마인지 알기를 원한다.

가격에 상품의 가치를 더할 수 있는 표현을 사용한다면 더욱 효과적일 수 있다.

크림치즈 1,500원 보다는 처음 만난 크림치즈 1,500원, 다시 만난 크림치즈 1,500원 등으로 표현하면 훨씬 친밀하면서 잘 팔리는 제품 시리즈처럼 연상이 가능하다.

(3) 제목 게시판

제목 게시판은 점포를 지나가는 고객들이나 방문한 고객에게 제안하는 디스플레이(추천 코너)로 점포의 이벤트, 캠페인 등 타이틀을 통해 상품을 알리고 가치를 전달하는 것이다.

제목 게시판을 잘 활용할 경우 고객에게 정보가 입력되어, 서비스 게시판과 같은 새로운 방문을 통한 매출 상승과 추가 구매, 충동 구매로 인한 매출 상승을 기대할 수 있다.

일본과 미국의 소비자의 경우 평균 85%, 70%가 점포에 들어가서 구매결정을

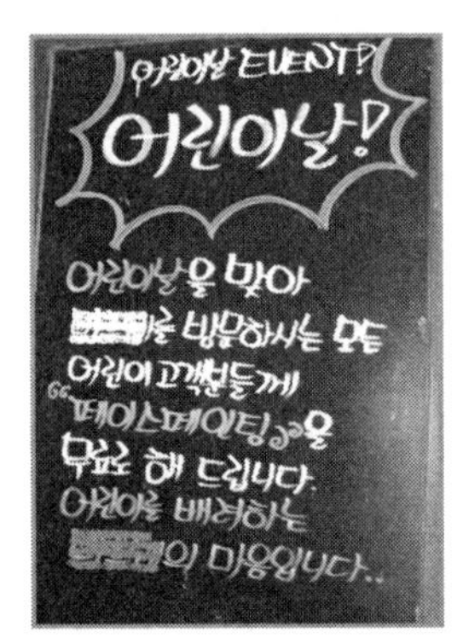

내린다는 보고가 있다. 귀 점포에서 판매하고
자 하는 제품을 게시판을 통해 제안한다면 매
출상승에 큰 도움이 될 수 있다.

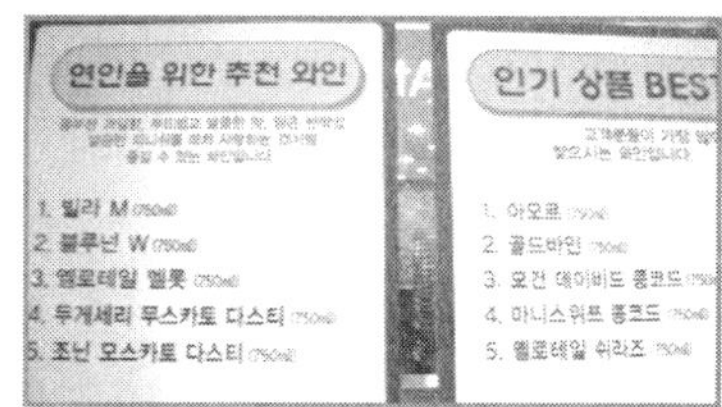

또한 제품의 정보가 없어 망설이는 고객에
게 매력적인 오퍼를 담은 POP는 고객으로 하
여금 자연스럽게 물건을 구입하게 되는 연결고리가 될 것이다.

위의 사례를 보면 어디서든 쉽게 접할 수 있는 POP라고 생각할 수 있다. 하지만
그런 사례가 잘 되어 있는 곳은 대기업이나 대박집들이 주를 이루고 있고, 실제 반
드시 해야 할 곳에는 없는 곳이 많은 것이 현실이다.

고객은 판매자가 제시하는 데로 따라 하고자 하는 심리적인 욕구가 있다.

잘 알고 있다고 판단해도 판매자나 전문가가 제시하면 그쪽의 방향을 따르며 심
리적으로 안정을 취하는 것이 보통인 것이다.

상기의 예처럼 1~5번까지 있는 상품 중 어떤 것이 가장 많이 팔리겠는가? 물어
보나마한 사실일 것이다. 만일 당신에게 마진이 많이 남는 전략 상품이 있다면,
POP를 통해서 대박상품으로 연결을 시도해 보는 것은 어떨까!

(4) 서비스 안내

고객에 대한 서비스를 여러모로 생각하고 실행하고 있더라도, 고객이 모르면 아
무 소용이 없다. 특히 정직하고 고집 센 사장일수록 본인 제품에 대한 표현을 지극
히 자제하는 경우를 종종 본다. 물론 너무 지나치게 자기 상품 자랑을 떠들면 되려
역효과가 나는 건 사실이지만 실제 본인의 상품이나 서비스에 대해 지극히 노출하
지 않는 것도 문제이다.

생활 속에서 예를 들어보자. 요즘 아내에게 사랑한다고 말한 적이 있는가? 연애
할 때는 수시로 전화하고 헤어짐에 아쉬워하고 가급적 기회만 되면 애정 표현을

하려 했는데, 결혼하고 아이가 초등학교에 들어갈 무렵이면 표현이 적어지는 것이 보통의 남편들일 것이다.

그런 남편들은 아내를 사랑하지 않아서 표현을 하지 않는 것일까? 대한민국의 아내는 어떻게 생각할까? 표현하지 않아도 남편의 마음이 변치 않았다고 생각할까? 뜬금없이 무슨 이야기냐고 의아해할 수도 있지만, 아무리 속으로 좋아하고 사랑한다고 해도 아내가 모르면 소용없다. 고객도 마찬가지다. 사장이 아무리 남들과 다른 좋은 재료와 서비스를 가지고 제품을 만든다고 자부하여도 고객에게 표현하지 않으면 고객은 알려고 하지 않는다. 왜? 서두에서 밝혔다시피 지금은 상품이 넘쳐나는 시대이기 때문이다.

그렇다고 오는 고객에게 말로 무조건 상품을 자랑하라는 것은 아니다. 그것을 POP로 만들어 고객이 잘 보이는 곳에 배치하면 간단한 일이다.

시식을 하는 매장은 어디서든 쉽게 볼 수 있다.

위의 사례는 빵과 잘 어울리는 잼을 함께 시식하게 하면서 자연스럽게 추가매출을 유도하고 있다.

위의 경우처럼 객단가가 낮은 경우 즉시 매출과 연결될 수 있고, 객단가가 높은 상품의 경우 추가 매출을 유도할 수 있으며, 상품을 구매한 후에 어떤 서비스가 있는지를 POP로 안내하고 있으면, 고객도 안심하고 서비스를 의뢰할 수 있다.

예를 들면 '5만 원 이상 구매 고객에게 1만 원의 상품(권)을 드립니다.' 의 POP로 매출을 유도할 수 있다.

이런 식의 POP를 통해 또 다른 매출을 발생할 수 있고, 지금 바로 필요한 서비스가 아니더라도 POP를 보고 기억해 두었다가 '이 서비스는 그 가게에 가면 되더라!' 하는 생각이 그 서비스가 필요한 지인들에게 소개하거나 단골 고객화 될 수 있다.

다음은 『물건을 팔지 말고 가치를 팔아라 2』 출간 도서를 안양의 대동문고에서 판매했을 당시의 POP이다. 요즘 마케팅 관련 서적은 헤아릴 수 없이 많다.

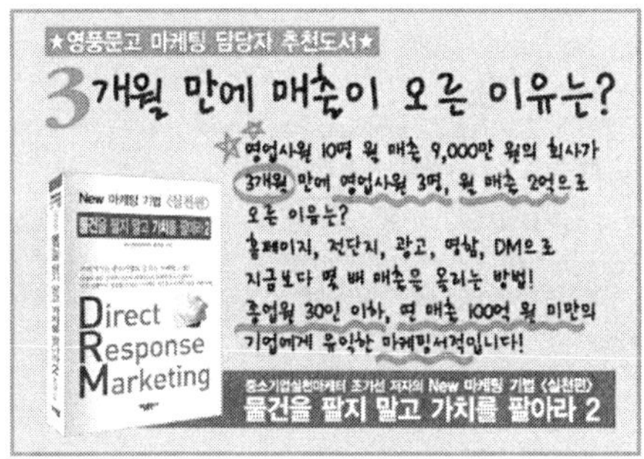

내용이 아무리 좋다 자부해도 고객이 읽기 전에는 그 책의 가치를 알 수 없다.

POP에 고객의 시선을 끄는 카피로 고객의 시선을 사로 잡고, 책의 가치를 알리고 있다. 이런 이야기를 판매자 또는 저자가 한다고 가정해 보라.

과연 이 책에 대한 내용을 읽기도 전에 신뢰라는 가치가 형성되겠는가!!

위의 사례를 통해서 POP 활용 전과 후의 판매 변동이 약 5배 이상 차이가 났다고 한다.

음식업이라면 이런 서비스 POP도 고객에게 신뢰를 주고 단골 고객화되어 매출 상승에 기여한다.

〈소중한 당신을 위한 스페셜 서비스〉

1. 음식이 식었나요? 바로 따뜻하게 데워드리겠습니다.

2. 음식점에 오시면 음~~ SMELL 냄새걱정이시죠?
   냄새제거제가 준비되어 있습니다.

3. 남은 음식 정갈하게 포장해드립니다. 말씀해주세요^^

4. 지금 추우신가요? 덥진 않으세요? 무릎담요와 얼음방석이 함께 합니다.

5. 휴대폰이 밥달라고 하진 않으세요? 휴대폰 충전해드립니다.

　　내 매장을 방문한 고객에게 새로운 경험과 어떠한 흥미를 유발할 것인지 고민해보기 바란다.

허성용 마케팅지도사의 플러스 정보

고객이 매장에 머무는 시간과 매출은 정비례한다. 즉 방문한 고객이 하나의 제품이라도 더 보게끔 하고 흥미를 일으키는 노력이 중요한데, 서비스 게시판을 통해 점포에서 전략적으로 판매 가능한 제품을 알리고 고객과 거리를 줄이는 것이 핵심 포인트다.

예를 들어 타이어를 교체하기 위해 자동차용품점에 갈 경우 대기시간이 있다. 그 시간을 멍하니 밖에서 기다리기 지루한 고객들은 매장 안으로 들어가 보게 되는 것이 보통이다. 그렇지만 대부분의 고객 대기 장소는 시간을 때울 수 있는 신문과 잡지들만 보이는 것이 보통이다. 매출과 직결되거나 잠재고객을 모을 수 있는 POP는 거의 찾을 수 없다. 얼마나 좋은 기회인가!!

고객은 어렵게 당신의 매장에 방문했고, 일정 시간을 당신의 매장에서 머물러야 한다면 고객이 대기할 시간을 활용해 고객동선이 머무르는 곳에 당신의 매장에서 판매 가능한 제품을 알리거나 당장에 매출을 올릴 수 있는 제품을 매력적인 오퍼와 함께 POP 광고를 해보는 것이...

단, 목적은 하나여야 한다. 판매할 것인가? 잠재고객을 모을 것인가? 예를 들어 타이어를 교환하러 고객이 방문했다면, 고객이 대기하는 동안 자동차용품과 어울리는 내비게이션을 체험할 장소를 제공하는 것은 어떨까?

이것저것 눌러보며 체험하면서 제품에 대한 정보나 필요성을 느끼게 할 수 있다. 사용법이나 매뉴얼을 쉽게 POP로 작성해서 내비게이션을 체험하게 할 수도 있다.

물론 타이어를 교체하러 온 사람이 당장에 내비게이션을 구입할 확률은 그리 높지 않을 것이다. 중요한 것은 귀 매장의 상품을 보게 만들고, 체험하게 만들어 흥미를 갖게 하는 것이다.

정보가 인풋된 고객은 나중에 제품에 필요성을 느끼거나, 제품을 갖고 싶을 때 귀 매장의 상품을 생각하고 찾을 확률은 매우 높아진다.

왜냐하면 고객은 귀 매장의 정보를 입력했기 때문이다. 고객이 당신의 매장을 찾아서 일정시간을 머무르는 아이템이 타이어를 교체하는 자동차용품에 국한되어 있는가?

내 사업에도 응용해 보도록 하자.

(5) 매장 안내

매장 안내 POP가 있는 경우, 고객은 매장과 상품을 찾기 쉬워지고, 시간 낭비를 줄일 수가 있다. 판매자나 직원에게는 어디에 무엇이 있는지 친숙하고 쉬울 것이다.

그리고 '고객들도 이 정도는 알겠지'란 생각에 안내에 소홀해지기 쉽다.

물론 여러 차례 방문한 고객이나 단골들은 어디에 무엇이 있는지 쉽게 찾을 수 있다. 하지만 당신의 매장은 단골고객만 오는 곳은 아닐 것이다. 지금도 신규고객을 확보하기 위한 모객을 하고 있고 단골고객과 함께 방문하는 신규고객도 있을 것이다.

단골고객과 함께 온 신규고객이 단골고객에게 "이 매장은 뭐가 어디에 있는지 이렇게 찾기가 힘들게 되어 있지? 저기 매장은 쉽게 찾을 수 있게 잘 되어 있는데…." 그 매장이 당신의 매장과 경쟁 매장이라면 어떠한가? 혹 그 이유로 단골 고객을 빼앗긴다면….

너무 비약적인 상상일까? 당신이 잘 모르는 매장을 방문했을 때 상품을 찾기 위해 분주하다면 당신의 마음은 어떠했는지 생각해보라. 시간이 없어 빨리 물건을 찾아야 하는데, 도무지 어디에 뭐가 있는지 찾을 수 없었다면 그 매장에 대한 당신

입간판(A형 삼각)으로 매장을
안내한 경우

의 느낌은 어떠할까? 한 사람의 고객이 당신 매장 매출에 얼마나 지대한 영향을 끼치게 될지는 아무도 모른다.

고객의 입장에서 초등학생도 알 수 있는 쉬운 표현으로 매장의 이곳저곳을 친절히 안내해보자. 고객이 구매와 상관없는 쓸데없는 시간을 낭비하지 않아서 당신의 매장을 찾은 이유, 즉 구매에 집중할 수 있을 것이다.

또한 매장을 안내하는 방법은 돌출간판, 입간판, 옥상간판 등 움직이지 않는 형태도 있지만 직접 사람이나 동물을 통해서 흡인력을 높이는 방법도 효과적인 방법이다.

매장 안내 게시판을 특이한 복장이나 역동성있는 방법으로 안내한다면 더욱 효과적이다. 고객을 유인하기 위해 직원이 "들어오세요." "이리오세요." 등 직접 고객에게 매장을 안내한다면 고객은 부담스러울 수 있지만, 매장안내 POP로 잘 알려준다면 고객은 부담 없이 자연스럽게 매장 방문으로 이어질 것이다.

관련 상품 매장 안내도 POP를 사용하면, '덩달아 구매', '충동 구매'를 늘릴 수가 있다. 고객에게 가능한 많은 상품을 보기 원하는 매장은 매장 안내도 소홀히 할 수가 없음을 잊지 말기 바란다.

(6) 설비 안내 · 동선 유도 화살표

고객의 입장에서 고객의 시간을 낭비하지 않게 하기 위해서는 화장실의 위치 안내, 계산대의 위치 안내 등 '장소 안내를 하기 쉬운 표시'가 중요하다. 일반적인 매장(점포)의 경우 고객이 가장 많이 묻는 질문 중에 하나가 무엇일까?

"저기…. 화장실이 어디에요?"

"OOO는 어디에 있죠?"이다.

그러한 질문을 하는 고객도 대답을 해주는 직원도 썩 유쾌하지 않는 질문과 답변이다.

"이런 것도 제대로 안 한 매장이 뭘들 잘하겠어!" - 고객

"(바쁜데) 이런 것까지 대답해야 하나 귀찮게시리..."- 직원

고객과 직원에게 이런 소모적인 에너지를 낭비하지 않도록 매장의 장소를 쉽게 안내할 수 있도록 하는 안내 POP를 준비하도록 하자. 또한 매장을 이해할 수 있는 POP도 만들어 고객에게 친근함과 친밀감으로 거리를 줄일 수 있다면 매출과 충성고객 확보에 더욱 효과적일 것이다.

다음의 사례는 고객으로 하여금 점포에 들어오기 전부터 매장에 대한 정보를 친절히 안내하고 있다. 계단을 올라와서 대기할 경우 평균 시간을 표시하여 고객으

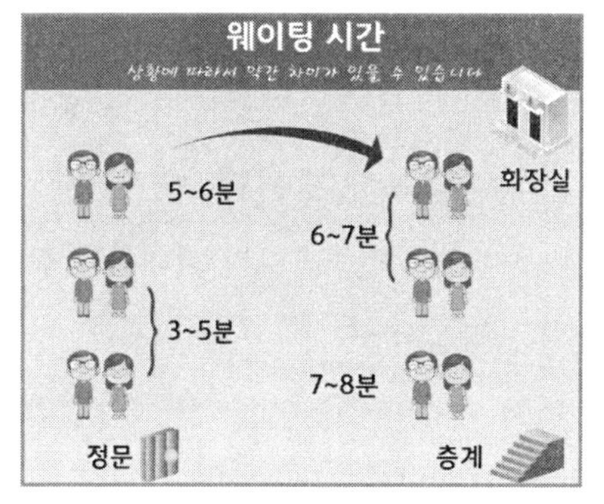

로 하여금 대기시간을 효과적으로 활용할 수 있도록 안내하고 있는 것이다.

기다리는 동안 점포 내부 안내 또는 점포와 관련된 제품을 설명 또는 안내한다면 점포에 들어온 고객은 쓸데없는 시간 즉, 메뉴선택이나 상품선택을 고민하는 일이 줄어들 것이다. 그리고 위의 사례처럼 내 점포가 그만큼 손님이 많다는 간접 홍보의 효과도 누릴 수 있고 처음 온 고객은 이러한 POP를 통해서 '이 점포가 나 말고도 많은 사람이 이용하고 있구나'란 신뢰를 통해 안심하고 제품을 구매할 수 있도록 하여 매출상승에 기여할 수 있다.

허성용 마케팅지도사의 플러스 정보

매장(점포)을 운영하는 사장님이나 직원들은 매장이 늘 다니는 곳, 눈감고도 어디에 무엇이 있는지 쉽게 찾을 수 있기 때문에 '고객들도 당연히 쉽게 찾을 수 있을 것이다'란 생각을 가질 수 있다. 하지만 고객의 입장에서 하나라도 더욱 배려한다는 마음을 갖는다면 매장에 머무르는 시간을 쓸데없는 것을 찾는 시간으로 낭비하지 않을 것이다.

(7) 사명 알림판

'POP를 이용하여 커뮤니티를 만든다' 고 하면 이해를 못하는 사람도 있을 것이다. 커뮤니티란, 이른바 점포를 이용하는 사람들의 집합체 즉 '응원단' '팬' 이다.

쉽게 말해 '단골고객' 이라고도 할 수 있다. 커뮤니티를 만듦으로써 최대의 장점은 점포로서는 안정된 매출을 유지해 나갈 수 있는 장점이 있다.

그렇다면 어떻게 커뮤니티를 만들 것인가? 먼저 커뮤니티를 만들려면, 당신 점포의 '생각, 자세' 를 고객에게 전해서 공감을 얻어내지 못하면 안 된다. '사명' 이란 점포주의 '생각, 자세' 를 말하는 것인데, 이것을 어렵게 생각할 필요는 없다. 당신이 어떠한 생각으로 비즈니스를 하고 있는지, 어떤 자세로 고객과 만나고 있는지를 써넣으면 되는 것이다. 그것을 고객에게 발표하는 것이며, 고객과의 '약속' 을 나누는 것이다.

위의 사례처럼 '어떤 마음으로 사업하고 있는지를' POP로 나타내면, 직원들은 이 POP가 있기 때문에 고객에게 최선을 다하게 되고, 고객들이 보았을 때는 이곳이 고객을 최우선으로 생각하고 있다고 판단하게 된다.

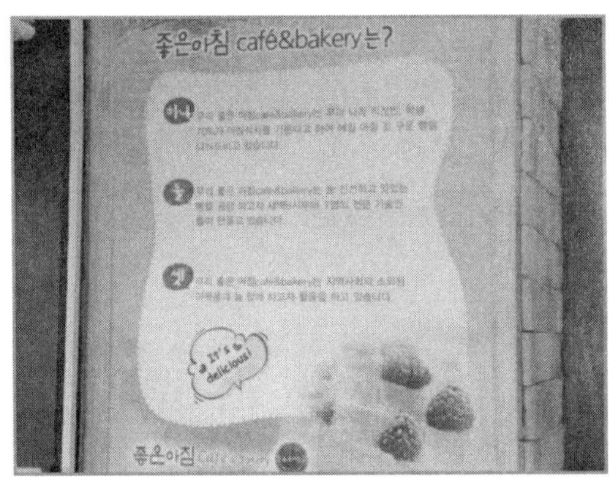

점포의 '생각'이나 '자세'를 POP를 통해 바르게 전달하면 이것은 고객에 대한 약속으로 신뢰를 얻을 수 있다.

또한, 점주나 직원이 매일 눈으로 봄으로써 자신들의 생각을 확인하는 역할도 하게 된다. 직원은 최우선적으로 사명(미션)에 대한 고려를 바탕으로 근무하는 태도가 변화될 것이며, 사내의 문화 또한 사명에 따른 긍정적인 요소로 작용할 수 있다.

위 아리랑 패널의 경우 사장인 조종식 씨는 물론 직원들까지 근무하는 태도나 우선 순위가 명확해짐으로 인해 고객 만족도가 높아지고 매출이 상승했다고 한다.

B2B의 사업으로 점포형 영업은 아니지만 사무실에 방문하는 고객사들이 사명 게시판을 보고 아리랑 패널에 대한 신뢰가 이어져 제품수주가 쉬워지고 컴플레인도 줄어 들었다고 한다. 또한 업계에서 아리랑 패널의 사명에 대한 입소문의 영향으로 수출까지 이어졌다고 한다.

(8) 사원 알림판

사원들의 개인 정보를 알리는 것이다. 게시판이나 사원 명찰을 보여 주어 고객이 사원의 개인 정보를 앎으로써 점포에 대한 친근감이나 신뢰를 갖도록 만든다.

고객과 대화의 밑거름이 되어 점포 체류 시간이 길어짐으로써 결국 매출 향상에 기여하게 된다.

"마르쉐나 아웃백, 버거킹, 롯데리아 등 국내외 브랜드들이 매장직원의 신상에

대한 POP를 공개하는 것은 고객의 신뢰도를 높이기 위한 마케팅 전략이다."

필자의 경우, 홈페이지나 블로그, 카페 등에 사진을 많이 노출시킨다. 이는 나 자신을 노출하면서 가지는 스스로의 책임의식과 신뢰감 등을 나타낼 수 있다. 물론 노출을 우선으로 하는 것은 아니다. 그런데 재미있는 사실은 그렇게 노출되는 부분으로 관련된 분들이나 고객을 만나면 굉장히 반가워 해주시고, 자주 본듯한 사람 같다며 거리낌이나 거리감이 거의 없다고 한다.

필자의 회원들은 물론이고, 판매자의 입장에서도 단순히 고객과 판매자의 관계가 아닌 좀 더 가까운 관계가 형성되면 매출도 쉽게 일어나지만, 추후 판매 시 실수로 인한 사항에도 많은 고객이 배려하는 입장이 형성되곤 한다. 물론 사진을 보였다고 해서 무조건 그렇게 된다는 뜻은 아니지만, 사진을 노출함으로써 고객과의 거리감을 줄일 수 있는 것은 확실하고 또한 자연스럽게 매출과도 연결되는 효과가 발생하게 되는 것이다.

또한 직원들은 자신의 얼굴(이름)이 노출됨으로써 책임의식을 가지고 일하고 더욱 성실하고 충실한 자세로 임하게 되며 회사에 대한 충성도 또한 높아지게 된다.

허성용 마케팅지도사의 플러스 정보

상품에 대한 세일즈 포인트나 특장을 말로 설명하긴 어렵다.

이유는 고객이 직원과의 대화에서 강매에 대한 두려움을 갖고 있기 때문이다. 두려움을 갖고 있는 고객의 마음을 움직이려면 직원은 그 이상의 시간을 할애해야 한다.

반면 POP를 활용하면 고객의 두려움은 줄어든다. 제품에 대해 설명해 놓은 것만으로도 고객은 안심하게 된다. 이러한 정보는 업주가 별도의 비용을 들이지 않고 제공할 수 있는 유일한 정보가 된다.

힌트 하나 더, 일러스트나 사진 등을 통해 재미있고 친밀감 있는 느낌을 전달하려고 노력해 보자. 보는 이로 하여금 입가에 잔잔한 웃음을 띨 수 있는 느낌을 전달하려면 어떻게 해야 할지 고민해보기 바란다. 다시 한번 강조하지만 **고객의 체류시간과 매출은 정비례한다.** 즉, 시선을 끌고 오래 머물수록 매출은 향상된다는 것이다. 가급적 흥미를 끌 수 있는 시선과 분위기를 잘 연출해보기 바란다.

(9) 커뮤니티 게시판

고객으로부터 받은 편지를 붙이거나 고객의 사진을 붙인 것을 말한다.
일종의 서로 소통하는 고리를 만들어 내는 것이다.

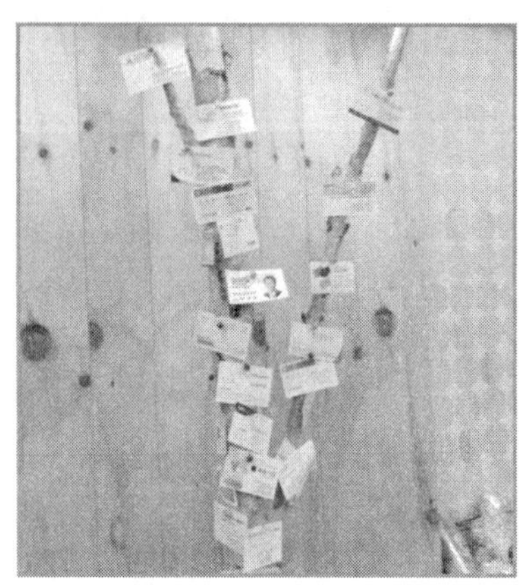

고객이 점포에 자신의 사진을 노출되게 하는 것은, 고객과 친한 사이가 아니면 어려울지도 모른다. 예를 들어 고객 방문 시 양해를 구하고 당신과 함께 사진을 찍거나 당신을 도와주는 대가에 합당한 오퍼를 제공하는 것도 하나의 방법이다.

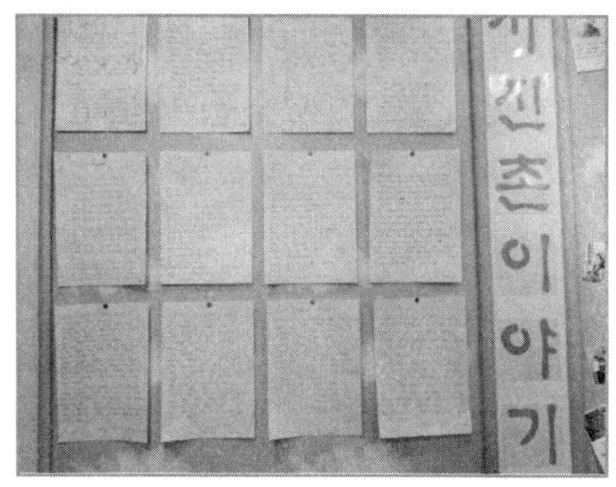

고객에게 있어서는 '이 점포를 애용하고 있는 많은 동료가 있다' 고 하는 것을 알 수가 있어 신뢰와 안심이 생긴다. 즉, '이 점포를 이용하고 있는 것은 자신만이 아니다' 라는 안심인 것이다.

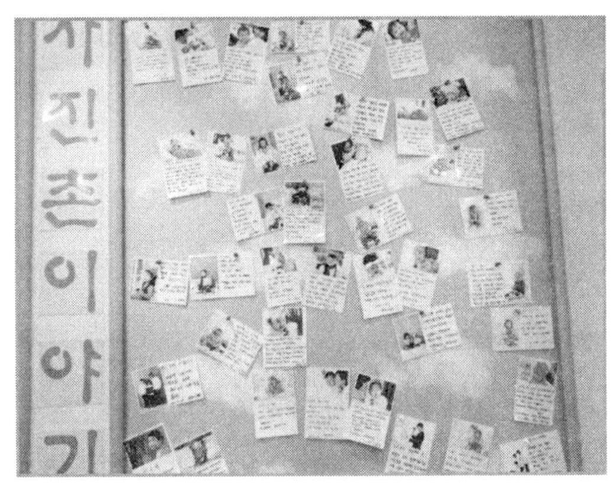

사람들은 누구나 '자신' 에게 가장 흥미가 있다. 자기 사진 또는 자신과 관련된 사진이 붙어 있는 점포에는 자연히 발길이 가고 응원단이 되어 줄 수 있다.

상상해보라!

내가 쓴 글이 얼마나 많은 사람이 보았는지, 얼마나 많은 사람이 관심을 가져 주는지 궁금해 본 적이 있을 것이다. 당신의 사진이 어느 점포에 노출되고 있다면, 그 점포에 관심이 가는 것은 너무나도 당연하지 않은가.

허성용 마케팅지도사의 플러스 정보

고객의 호평이나 응원 메시지는 고객에게 안심이 될 뿐 아니라 판매를 하는 '나 자신', '나와 함께하는 직원'에게도 좋은 에너지와 힘이 된다. 물론 커뮤니티 게시판의 주역은 어디까지나 '고객'이다. 고객의 사진을 점포에 붙일 때 고객의 허락을 받는 것은 필수 요소이다.

4. POP가 없는 매장은 매출이 오르지 않는다

자본과 조직관리가 큰 회사에 비해 상대적으로 어려운 소상공인은 가급적 판매사원을 고용하는 비용과 그에 따른 관리를 효율적으로 활용해야 한다. 그 부분에 적절하게 활용할 수 있는 대안이 POP이다. 잘 만든 POP 광고 하나가 열 명의 직원 이상의 역할을 한다는 것은 대박집 사장이라면 공감을 할 것이다.

POP가 없는 매장은 매출이 오르지 않는다. 만약 가격 POP가 없으면 상품의 가격을 알 수가 없다. 고객에게 상품의 가격을 알려주는 것은 가장 기본적인 배려이다. 또한 상품의 사용법이 없는 경우는 이 상품이 왜 나한테 필요한지를 알 수 없다. 판매자의 입장에서 보면 '고객이 당연히 알겠지, 필요하니까 오는 것이겠지, 이 정도는 알겠지'라고 생각할 수 있다.

POP가 없으면 고객은 "이거 얼마예요?" "다른 색깔은 뭐가 있나요?" "어떻게 사용하면 되죠?" 등 꼬치꼬치 물어 올 것이다. 그때마다 당신은 질문에 일일이 답해주지 않으면 안 될 것이다. 그나마 질문을 해주는 고객은 구매할 가능성이라도 있지만, 상품에 대한 정보가 하나도 없는 고객의 경우 '묻는 게 귀찮아 그냥가자' 하며 그냥 그 자리를 뜨는 경우도 많을 것이다.

아무리 좋은 상품을 갖고 있어도 그 가치나 정보가 전달되지 않으면 구매로 이어지지 않는 것은 당연하다. 또한 당신이 '~것은 좋은 상품이니까 한 번 팔아 보자' 하 경우도, 효과적인 POP가 없다면 **'일일이 설명해야 할 상품수 × 고객수'** 만큼의 말을 하지 않으면 안 된다.

이 얼마나 많은 노력과 시간이 소모되는 일인가.

허성용 마케팅지도사의 플러스 정보

사장이라면 이러한 공감대는 느낄 것이다. 매달 공과금 내는 날과 월급날은 왜 그리 빨리 돌아오는지, 무슨 날과 공휴일 등 쉬는 날은 왜 그리 많은지, 가뜩이나 자금사정이 힘든데, 명절 등 직원에게 사례를 해 줘야 하는 날은 왜 그리 자주 돌아오는지 등.

함께 하는 직원이 제 몫을 해준다면 천만다행이지만 판매사원이 불성실하거나 일하는 태도가 뜨뜻미지근해서 뜨거운 감자(?)처럼 삼키지도 뱉지도 못하는 그런 상황이라면 얼마나 골치 아픈 일인가.

이런 직원에게 매달 인건비 등 비용과 에너지를 소비해야만 하는 것일까?

소기업 소상공인은 가급적 비용은 최대한 줄이고, 수익이 날 수 있는 방법을 연구하여 실천해 보는 것이 가장 효과적이다. 그런 의미에서 POP는 아주 적은 비용으로 큰 효과를 낼 수 있는 중요한 마케팅 전술인 것이다.

기억하시라 'POP는 판매사원의 "화술"을 대신한다.'

5. 고객은 판매사원을 기피한다

POP도 없이 판매사원이 말로만 판매하려 할 경우를 누구나 경험해 보았을 것이다. 당신의 가게로 고객이 들어 왔을 때 당신(판매사원)은 고객을 향해서 상품 설명을 하려고 할 것이다.

"이 상품은 말이죠, 이러이러한 겁니다.", "가격은 삼 만원이고요, 정말 좋은 상품입니다. 왜냐면 말이죠~~.", "국내 최초, 최고의 제품이고요." 등.

가게에 들어갔을 때, 판매사원이 갑자기 이렇게 말을 걸어 왔을 때 당신은 어떻게 반응을 하는지 기억해 보라. 보통은 '나한테 물건을 판매하려고 접근하는구나' 하고 더 이상 귀담아 들으려고 하지 않을 것이다.

당신이 그 제품을 구매할 욕구가 충분하다면, 판매사원은 당신을 도와주는 천사처럼 느껴지겠지만, 아직 구매해야 할 이유가 부족하다면 호객꾼에 지나지 않다고 느낄 것이다.

대부분의 남성들은 한번쯤은 들려보았을 백화점 남성복 코너를 떠올려보자.

필자의 경우는 양복을 구입하러 양복코너로 발길을 돌리는 자체가 부담스럽게 느껴질 때가 한두 번이 아니다. 왜냐하면 조금만 관심을 보이더라도 옆에 바짝 붙어서 상품에 대한 설명을 하기 때문이다. 필자 나름의 판단 기준을 무시한 채, 상품 설명에만 치중하고 무조건 좋다는 칭찬 일색이다. 심지어 억지로 옷을 입어보길 권하기도 한다. 그래서 상품을 제대로 보지도 못한 채 '이 자리를 빨리 벗어나고 싶다' 는 생각으로 판매점을 빠져 나와 버린다. 그리고 경계선만 지나가면 그 옆 매장에서도 거의 동일한 방법으로 권유를 한다. 이러한 이유로 남성복 코너에 잘 가지 않는 것은 필자만의 일이 아닐 것이다.

고객에게 있어서 가게에 들어선다는 것은 일종의 용기가 필요한 것이다. 또한 고객은 가게에 대해서 일종의 두려움을 갖고 있다. 무엇일까? 그것은 '강매를 당하지나 않을까' 하는 마음이 드는 것이다. 특히 별로 살 생각도 없이 들어간 가게에서 점원이 다가오면 '아~ 물건을 사게 하려나 보다' 하며 겁먹고 바로 가게에서 나와 버린 적이 있을 것이다. 그리고 그 점포에 좋지 않은 기억을 갖게 된다.

통계에 따르면 불만을 가진 10명의 고객이 120명의 주변인에게 그 점포의 불리한 이야기를 전파한다고 한다. 더욱 주목할 것은 현장에서 불만을 토로하는 고객은 전체의 5% 미만이며, 침묵하는 불만고객이 절대다수라는 것이다.

혹 오늘 물건을 팔기 위해 120명의 불만고객을 만들진 않았는지 다시 한번 생각해보기 바란다. 고객은 판매 사원으로부터 직접 판매하는 말을 원하지는 않는다.

많은 사람들이 '상품을 팔려고 걸어오는 말은 싫다', '천천히 둘러보고 싶다', '혼자서 살지 말지 결정하고 싶다'고 생각한다.

기회다 싶어서 억지로 고객에게 판매를 시도하면 고객은 구입 기회를 방해 받는다고 느껴, 오히려 가게를 나와 버리고 마는 경우가 허다하다. 그럼 대안은 무엇인가? 역시 POP이다. **POP는 고객에게 부담 없이 쇼핑을 할 수 있게 해주는 도구**로 아주 효과적인 판매 수단인 것이다.

판매원은 열성을 다해서 고객을 맞이한다고 하지만, 고객은 사실 부담을 갖게 된다. 판매를 하고자 하는 마음은 알겠지만 판매사원을 위해서 마음에도 들지 않는 옷을 살 수는 없다고 생각을 갖는다. 왜냐하면 판매사원의 강매에 의해서 구매 후 후회해본 경험이 한번쯤 있기 때문이다.

사실 고객은 상품을 구매 후 후회(buyers remorse)하는 현상이 나타나기 때문에 고객 스스로 결정하고 판단해서 구매할 수 있는 구매 동선에 대한 설계를 잘 만들어 놓아야 한다.

POP는 고객에게 있어서나 판매자에게 있어서나 매우 친절한 정보 전달도구임을 잊지 말자.

6. POP가 고객에게 미치는 영향

① 알고 싶은 정보를 시간과 노력을 들이지 않고도 간단하게 얻을 수 있다. 사고 싶은 상품에 대한 정보가 POP로 잘 나타나 있다면 고객은 쉽게 상품의 가치를 느낄 수 있다.

② 점포로부터 '강매당할' 걱정이 없기 때문에, 안심하고 점포 안을 둘러볼 수가

있다. 각자의 구매 스타일에 맞는 방식으로 얼마든지 점포 안을 둘러볼 수 있고, 필요한지 여부를 스스로 판단하여 선택하게 된다. 스스로의 판단으로 결정되는 구매이니만큼 구매 후 후회의 강도도 줄어든다.

③ 그때 그때의 득이 되는 정보가 한눈에 알 수가 있기 때문에 손해를 보지 않는다고 생각한다.

④ 새로운 제안으로 전혀 새로운 지식을 얻을 수가 있다고 생각한다. 구매에 대한 확신은 없었지만 새로운 정보로 인해서 구매해야겠다는 욕구가 더욱 높아지고 그에 따른 지식도 얻게 될 수 있다. 당장 구매로 이어지지 않을 수 있지만, 잠재(가망)고객을 확보할 수 있다.

⑤ 판매자의 정보이기 때문에 안심하고 상품을 구매할 수가 있다. 구매에 대한 욕구도 충족되고 필요한 마음이 커져서, 매장의 POP가 매출로 이어지는 천사의 역할을 하게 된다.

POP를 제작할 때 반드시 고려해야 할 것은 상품의 장점만을 부각 하는 것은 오히려 고객에게 외면당할 수 있다. 판매자 입장에서 상품을 판매하려 하기보다는 고객의 입장에서 고객이 그 상품을 사용했을 때 얻을 수 있는 가치(이익)를 어필하도록 하면 효과적인 POP 가 된다.

7. POP가 판매사원에게 미치는 영향

① 고객을 맞이할 때 강매를 하지 않아도 되기 때문에 스트레스가 줄어든다. 판매 사원도 고객의 감성을 느낄 수 있다. 고객이 원치 않을 때 판매해야 한다면 중압감으로 직업에 회의를 느낄 수도 있다.

② 고객의 '충동구매' '추가구매'를 불러일으킬 수가 있다. 주 고객들에게 가치 있는 정보를 POP로 발산하였을 때 고객은 상품의 정보를 인식하고 상품을 구매하고픈 욕구가 커져서 충동구매로 이어지거나 패키지 상품 등으로 추가구매를 불러 일으킬 수 있게 된다.

③ 화젯거리를 제공하여 POP를 보고 추가로 알고 싶은 사람이 질문하기 쉬운 상황을 만들 수가 있다. 판매자 입장에서 고객이 원하는 질문을 유도하거나 재미 있는 이야기거리는 매장을 알리고 커뮤니티를 활성화 할 수 있는 요소로 작용한다. 또한 고객은 POP에 나온 정보 이외의 유사한 패턴의 질문을 하기 때문에 고객의

응대에 맞는 좋은 서비스를 제공할 수 있다.

④ 판매를 하는 말이 짧아져서 시간을 유용하게 사용할 수가 있다.

⑤ POP를 쓰면서 자신이 취급하고 있는 상품에 대한 지식을 재확인할 수 있어 상품에 대한 애착이 생기며, 일하는 곳에 대한 충성도가 자연스럽게 높아진다.

8. 외부 POP의 종류와 사례

지금까지 내부 POP에 대한 종류와 목적 등에 대해서 알아보았다. 내부 POP는 방문한 고객을 매출로 연결하고 매출을 극대화하는 중요한 도구이다. 단 고객이 방문했을 때 효과를 볼 수 있다는 전제에서다.

그렇다면 고객을 어떻게 하면 효과적으로 내 점포까지 오게 할 수 있을까? 또는 어떻게 해야 우리 가게 앞을 지나가는 고객을 내 점포로 오게 할 수 있을까? 그럴 수만 있다면…

우리는 하루에 수십, 수백의 외부 POP 즉, 간판과 만난다. 이렇게 많은 간판 중에 고객에게 흥미를 일으키고, 구매 욕구를 자극하는 POP가 있을까?

오늘 본 수많은 간판 중에 기억하고 있는 간판이 있는가. 보통은 매장을 오픈하게 되면 간판을 포함한 외부 POP를 간판업자에게 맡기는 경우가 종종 있다.

본인이 취급하는 상품도 모르고, 당연히 그 상품의 가치도 모르는 업자에게 그와 관련된 경험이 많다고 믿고 맡기는 것이다.

하지만 내 상품에 대해서, 내 상품의 가치에 대해서 오너인 자신보다 많이 알고 있을까? 그렇지는 않을 것이다. 대부분의 사장들이 그렇게 하는 이유는 중요성을 모르기 때문이다.

하루에 내 점포 앞을 500명이 지나간다고 가정해보자. 한 달이면 15,000명이고 1년이면 18만 명이 지나가고 있는 것이다.

18만 명이 보는 간판이라면, 어떠한가? 18만 명이 보는 광고판을 업자에게 알아서 해달라고 맡길 것인가? 점포형 영업을 하는 매장에서는 반경 5km 내에 거의 대부분의 가망고객이 모여 있다. 그 가망고객들은 내 점포가 오픈하기를, 내 매장(아이템)이 오픈하기를 눈이 충혈될 정도로 기다리고 있었을까? 당신의 상품은 독자적인 독점 상품으로 시장에 내 놓으면 팔려나가는 그런 상품인가?

외부 POP의 종류는 다음과 같다.

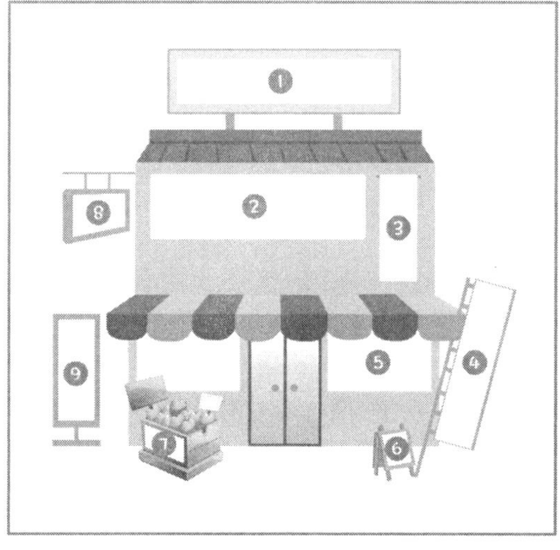

① 옥상간판

② 벽면간판

③ 현수막

④ 배너

⑤ 쇼윈도우

⑥ A형간판(삼각)

⑦ 입구진열대

⑧ 돌출간판

⑨ 입간판(수직)

① 벽면간판 사례

이 사례는 어떠한가? 피로회복을 위해 한번
쯤 가보고 싶지 않은가.

호프나 소주를 파는 여러 점포 중에 늘 유사
한 호프, 치킨집보다 차별화된 POP이다.

위의 사례처럼 카피도 약간 본인의 상품에

맞게 변경하여 재미있게 표현한 부분이 눈에 띈다. 누구나 한 번 다녀오고 싶을 정
도다. 왜냐면 외부 POP도 나름 저렇게 독특하고 차별화하려 노력할 정도라면 맛
이나 분위기, 어떤 부분이던 차별화 되어 있음은 당연하지 않을까라는 생각이 들
기 때문이다.

음식업의 경우라면 집 나간 며느리
도 돌아온다는 '가을 전어'의 예를 약
간 변형하여 집 나간 며느리도 돌아올

정도로 맛있다는 뜻의 외부POP 광고를 할 수 있다. 흔히 볼 수 있는 음식점 간판
을 POP 하나로 흥미롭고 이색적인 간판으로 고객들에게 어필할 수 있는 것이다.

하루에도 수백 명 이상 내 점포 앞을 지나가는 광고판을 남들과 똑같이 만든다면
고객은 당신의 가게에 관심을 기울이지 않는 것은 너무도 당연하다. 역으로 이야기
하면 차별화된 간판은 고객의 관심을 유도하고 매출과도 직결된다고 할 수 있다.

단 내 아이템에 맞는 서비스(맛)는 필요조건이다. 고객에 관심을 끄는 간판임에도
불구하고 맛과 서비스가 떨어지면 실패로 가는 시간은 더욱 빨라질 수밖에 없다.

② 현수막, 배너, 쇼윈도우 사례

현수막은 기간 한정 세일, 이벤트 알림에 적합하다. '우리 가게는 이런 점포입니
다' '○○○라면 맡겨 주십시오' '이러이러한 이벤트를 알립니다' 라는 공지로도

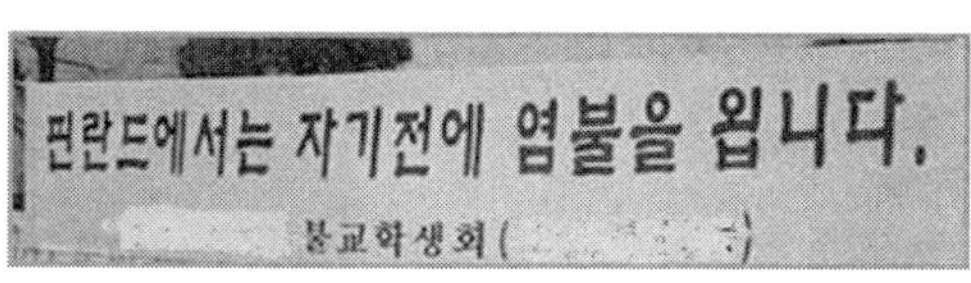

활용할 수 있다.

통행인이 하루 500명이라고 하면, 매일 500명에게 알리고 있는 것이다. 어떤 의미에서 고객을 자동으로 끌어들이는 훌륭한 모객 도구인 것이다. 또한 현수막은 바람 등 환경에 펄럭이거나 흔들리기 때문에 고정된 간판보다 고객의 시선을 끌기에 효과적이고 가격 또한 저렴하여 고객의 반응도를 체크하며 제작하기에도 용이하다.

③ 입간판 사례

입간판은 비용 대비 효과가 뛰어난 POP라고 할 수 있다. 설치할 때 주의할 점은, '보행자의 보행에 대해 수직으로 설치한다'는 것인데, 이유는 통행에 약간의 불편함을 주어서 고객의 시선을 끌기 위함이다. '어~ 이런 곳이 있었네' '이런 제품을 판매하는 곳이군' 등의 인식을 심어주어서 점포나 제품을 홍보하기에 효과적으로 사용할 수 있다.

또한 위의 사례처럼 메뉴판을 고객의 입장에 맞게 시각적으로 만들어서 구매를 자극할 수 있는 등 내부의 POP를 외부로 빼내어 알리는 데도 효과적이다.

허성용 마케팅지도사의 플러스 정보

입간판의 설치는 약간 통행에 불편이 될 정도의 위치를 의식해야 효과적이다. 보행자는 당신의 가게를 의식하고 걷지 않는다. 갑자기 부딪힐 듯하면 비로소 '어? 이런 곳에 이런 가게가 있었나?' 알게 되는 것이다. 그리고 나서 간판 내용에 따라서 가게 안으로 들어올 가능성이 있는 것이고 당장에는 매출로 이어지지 않지만 나중에 필요 시 방문할 수 있다.

9. POP와 캐치카피

POP의 좋고 나쁨은 캐치카피의 완성으로 8할이 정해진다. 캐치카피는 문자 그대로 '고객의 관심을 끌어 모은다' 라는 역할을 맡고 있다. '고객의 관심을 끌어모은다' 라는 말은 간단하게 말하면, '어~ 뭐야 이거?', '이거 내 얘기 아냐?', '이게 뭔 소리지?', '오호~ 그렇군', '그게 뭐야? 궁금하네' 등. '감정에 끌리는 표현' 이 되어 있는지 여부를 말한다.

캐치카피로 눈과 발을 멈추게 하는 것이 없다면, 고객으로부터 반응은 얻을 수 없다. POP의 캐치카피는 순간 싸움이다. 3초 정도의 순간에 고객의 감정을 움직여야만 한다. 고객의 감정을 움직이기 위해선 고객이 자극이 되어야 하는데, 자극이란 즉, 고객의 감정선을 무너뜨리는 카피가 되어야 한다는 뜻이다. 평이한 문구보다는 롤러코스터를 타는 듯한 굴곡이 심한 카피를 고려하면 효과적이다. 롤러코스터가 평이하게 직선으로만 진행한다면 사람들은 결코 롤러코스터에 줄을 서지는 않을 것이다. 급격한 하강과 상승이 반복되고 그 강도가 심하면 심할수록 사람들의 줄이 끊임없이 서 있는 것을 목격했을 것이다.

캐치카피 또한 그런 방법으로 감정의 균형을 무너뜨리는 것이다. 사람은 누구나 감정의 균형이 무너지면 그것을 올바로 되돌리려는 행동을 하게 된다. 지금까지 거의 모든 판매방식은 동일한 상품과 판매방식을 취하였기 때문에 균형이 깨지지 않았던 것이다.

예를 들면, '소리 없는 아우성', '순결한 창녀' 등 모순된 글이 "어~ 이게 뭐지" 란 생각에 고객의 감정을 움켜잡을 수 있는 것이다.

좋은 캐치카피가 떠오르지 않을 때에는 다음의 3가지 요소에서 답을 찾을 수가 있다.

(1) 상품의 이해 (= 상품의 매력을 끄집어 낼 것)

상품에 대한 이해를 하라고 하면 주로 내 상품의 기능 · 성능 · 스팩을 나열한다.

내 상품이 좋다는 이야기와 동시에 고객은 귀를 닫게 된다.

내 상품이 갖는 매력 가치를 잘 *끄*집어내야 한다.

예) 중소기업의 마케팅노하우와 경영전략 교육 세미나 개최와 아래 카피를 비교해보라.

> "당신은 지금부터 98%의 사람들은
> 모르는 마케팅노하우와 경영전략에 대하여
> 배우게 됩니다…"
>
> 세미나에서만 들을 수 있는 최신 노하우와 성공사례 대공개 !!

> 이번에 공개되는 노하우가 . . .
> 당신이 가장 고민하는
> ☑ 매출부진과 고객확보의 문제를 해결해 줍니다!
> 홍보,광고의 효과를
> ☑ 극적으로 향상 시켜 줍니다!

(2) 고객의 이해

고객에게 '왜 이 상품을 사용합니까' 라고 솔직히 물어 보라. 고객의 말로 쓰여
진 카피는, 진실이 뒷받침되기에 파워가 있다. 또한, 자신이 상품에 빠져 들어 사
용해 보고 실제 체험을 통해서 얻은 확신에서 '이건 정말 좋은 거니까 한 번 써봐~'
라는 뜨거운 열정이 담긴 카피는 사람의 마음을 움직이게 된다.

'이거 나도 써봤는데 너무 좋아' 라고 한 사람 한 사람의 고객에게 말을 하는 카피가 유용한 카피인 것이다. '사람의 마음을 움직이는 것은, 사람의 감동이다' 라는 말이 있다. 고객의 감동, 당신이 감동을 그대로 나타내는 것이 매출 향상을 위해 매우 유효한 것이다.

(3) 자신의 이해 (= 자사의 강점, 단점을 인정하고 받아들일 것)

보통은 자신의 단점은 숨기고 싶어 한다. 특히 규모가 작다면 웬지 부끄럽게 생각하고, 숨기는 곳을 종종 발견한다. 반대로 조직도를 부풀려 키우거나 연혁을 부풀리기도 한다. 과연 고객은 그 사실을 모를 거라고 생각하는가?

단점이라고 생각되는 것을 숨기지 말고 인정하라.

규모는 작지만 큰 규모에서 할 수 없는 것이 나만의 장점이 될 수도 있다.

예) 막내삼촌 시골농장의 예

저희 막내삼촌 오가피에서는 포장이 허술하구요
멋지거나 화려한 포장지를 사용하지 않아요.

왜냐하면요… 돈이 많이 들기때문입니다.
저희가 돈을 밝힌다고 생각하신분들도 계시겟지만
결국 그 부담은 고객의 부담이 되기 때문입니다.

엄선된 재료를 100% 토종으로만 사용하고 있는 이유로 생산단가가 많이 들어갑니다.
그렇다고 품질을 떨어뜨릴 수는 없지않습니까.
포장보다는 내용이다, 포장비용은 최대한 낮추고 줄이자는게 저희 생각입니다.

허성용 마케팅지도사의 플러스 정보

좋은 카피를 만들려면 이상적인 고객을 명확히 하라!

이상적인 고객이란 모으고 싶은 고객을 말한다. 모으고 싶은 고객 즉, 이상고객을 한정하라. 이상적인 고객을 한정하고 명확히 하는 이유는 물건이 넘쳐나는 시장이기 때문이다. 이상고객을 한정하지 않으면 고객이 어떤 고민을 하는지, 어떤 문제가 있는지, 어떤 욕구가 있는지 그걸 명확히 할 수 없다. 즉, 넘쳐나는 시장에서 이상적인 고객을 한정하고 명확히 하지 못하면 물건은 팔리지 않는다.

예를 들어 물고기를 잡으러 가는데 어떤 물고기를 잡을지 명확해야 어떤 미끼를 쓸지, 어떤 낚싯대와 찌를 써야할지, 어떤 포인트가 잘 잡히는지, 물때는 어떻게 잡아야 할지 등을 고려해야 원하는 물고기를 잡을 수 있다. 어떤 물고기든 잡으면 된다는 식의 생각으론 훌륭한 낚시꾼이 될 수 없다.

이상적인 고객을 한정하면 그 고객이 정말 필요한 욕구를 자극할 수 있어 당신의 상품이 팔리는 것이다.

누구에게 팔고 싶은가? 누가 당신의 고객인가? 누구에게 팔 것인지 명확히 하라!

10. 카피라이팅 소재를 모으는 질문 방법

어떤 카피가 고객으로 하여금 안심하게 하고 공감과 신뢰를 이끌어 낼 수 있을까!

"카피문구를 잘 변경했더니 매출이 3배 이상 오르더라!" "숫자 몇 개를 추가했더니 방문자가 급격히 늘더라" 등의 이야기는 주변에서 종종 들리는 이야기이다.

어떻게 하면 나도 그런 카피를 만들 수 있을까? 어떻게 하면 매출과 연결되는 카피를 만들 수 있을까? 내 주변에는 왜 그런 조언을 해주는 직원도 없고 가까운 아내조차도 관심을 기울이지 않는 걸까? 매출이 저조해서 속절없이 마음속으로 괜한 원망 아닌 원망도 해보았을 것이다.

만약 당신이 POP에 활용할 좋은 문구를 찾기 어렵다면 당신의 제품을 사용하고 있는 단골고객에게 그 메뉴나 상품을 "왜 구매하는지"를 물어보면 된다. 그리고 "그 상품이 당신에게 무엇을 줄 수 있는지" "그 상품을 사용하면 어떤 기분(가치)이 드는지"를 구체적으로 물어보면 좋은 카피의 영감을 얻을 수 있다.

당신의 생각과는 다르게 다수의 단골고객은 "OOO역에서 가까워서" 자주 이용한다는 뜻밖의 이야기를 들을 수도 있다. 그렇다면 당신 매장을 알리는 문구에 중요한 포인트는 "OOO역에서 가장 가까운 집"이 고객에게 어필할 수 있는 효과적인 카피가 된다는 것이다.

허성용 마케팅지도사의 플러스 정보

〈매출과 연결되는 카피문구 힌트 5가지〉

1. 돌리지 말고 직설적으로 표현한다.
   – 살 빠지면 좋잖아요
   – 맛이 없다는 분 계시면 문을 닫겠습니다.

2. '?'를 붙인다.
   – 고객과 매출은 줄고 어떻게 해야 할지 애만 태우고 있습니까?
   – 출처가 불분명한 수입산 수산물에 당신 가족의 식탁은 안전하십니까?

3. 혼잣말을 이용한다.
   – 먹어도 먹어도 살 안찌는 거 없을까!
   – 내 가족들 한끼 먹이려고 내가 직접 만든계!

4. 제 3자, 전문가를 동원한다.
   – 영어선생님 자녀들이 다니는 OOO 영어학원, 그 이유는?
   – 스태프인 OOO도 사용하고 있습니다.
   – 의사들이 남모르게 마시는 OOO 정수기

5. 자신의 강점 · 단점을 솔직히 인정한다.
   – 전국 꼴찌가 1등 되는 그날까지 더욱더 노력하겠습니다.
   – 저희 제품의 겉포장은 허술합니다.
     하지만 내용만큼은 최고라고 자부합니다.

11. 캐치카피 주의사항

지금까지 소개한 카피는 극히 일부의 사례이다. 당신이 상상하기 쉽도록 전달한 것에 지나지 않는다. 사실은 보다 사람을 끌어 들이는 캐치카피가 있다. 이것은 캐치카피를 만들어 내는 곳이 환경, 고객층에 의해서 반응은 달라지기 때문에 그렇다.

당신의 가게에 있어서 가장 반응이 좋은 캐치카피는 당신밖에 만들 수가 없다.

캐치카피를 만들 때의 주의사항은 다음과 같다.

① 전문 용어는 피한다

신경 쓰지 않으면 무의식적으로 전문 용어를 사용하는 수가 많다. 프로 의식이 강한 사람일수록 이런 경향이 강하다(개발자, 엔지니어). '이게 무슨 뜻입니까?' 하며, 고객과의 대화의 계기가 되는 수도 가끔 있지만 대부분의 사람은 의미를 모르면 무관심해져 버린다. 관심도 없는데 어려운 용어가 쓰여 있거나, 이제 흥미가 생길 만한데 어려운 용어로 흥미를 잃어버리게 하는 우를 범하지 말자.

② 누구나 알 수 있는 표현을 쓴다

초등학교 2학년도 알 수 있는 쉬운 표현으로 써야만 관심을 끌 수 있다.

③ '읽게 하는' 느낌이 아니라 '보여 주는' 느낌으로 한다.

논리적으로 접근하지 말고 직감적으로 알 수 있게 하는 것이 중요하다.

예를 들어 일러스트나 손글씨 등을 잘 활용하면 시선을 잡아끌 수 있다.

④ 마음에 남아 메아리치게 할 수 있도록 한다.

같은 것을 전달하더라도 재미있는 카피가 되어 자기도 모르게 자꾸 중얼거릴 수 있는 것이 되게 한다.

⑤ 제3자에게 보여 주어 평가를 받는다.

상품에 대해서 전혀 모르는 사람에게 보여 주고, 이해가 되는지, 잘 전달이 되고 있는지, 어떤지를 확인해 본다.

지금까지 방문고객으로부터 매출을 올려주는 POP 노하우에 대해 살펴보았다.

이 글을 읽고 내 점포로 어떻게 고객을 방문하게 하고 방문한 고객에게 어떻게 구매 욕구를 불러일으킬지, POP의 중요성에 대해 알아보았다. POP 제작에 대한 필요성과 아이디어를 제공하였다면 필자의 목적은 달성된 것이다. 하나의 아이디어라도 떠올랐다면 글을 읽는 수고 이상의 성과가 나타날 것이다.

그렇지 않다면 시간을 내어서 다시 읽어 보기를 권한다. 분명 아이디어가 떠오를 것이다. 이 글의 내용이 좋아서가 아니다. 뭔가를 만들어 내겠다는 열망과 열정이 그 아이디어를 끌어내는 것이다. 하루 종일 생각하고 고민하고 잠들기 전까지 고민하고 생각하라. 그리고 잠들어서 꿈에서도 고민하라. 그러면 반드시 원하는 아이디어가 떠오를 것이다.

"혼이 담긴 노력은 결코 배신하지 않는다"란 말을 기억하라. 성공은 누구에게나 찾아오는 것이 아니다. 성공할 만하니까 성공하는 것이다. 그만큼 대가가 따른다는 것이다. 다른 사람의 성공을 질투하고 끊임없이 배우려 노력하라. 그러면 모든 이가 부러워하는 대박 사업가로 웃는 그날이 멀지 않을 것이다. 당신의 성공을 가슴속 깊은 곳에서부터 기원해 마지 않는다.

홈페이지 마케팅

“소상공인 홈페이지 성공은 차별화로 시작된다”

김기수
1급 마케팅지도사/강사

중앙대학교 졸업

現 사단법인 한국소상공인마케팅협회 2대 회장

　　네오누리콤 대표

　　1급 마케팅지도사,

홈페이지 전략 전문강사

저서 『365일 구매로 이어지는 홈페이지 전략』

홈페이지 www.sbma.or.kr

전자우편 1004@sbma.or.kr

블로그 http://sbma.me/

네이버카페 『마케팅지원센터』 운영자

성공은 실천이라는 귀한 나무가 맺은 열매!!!

IT 세계 최강국, 대한민국에는 몇 개의 홈페이지가 있을까?

그리고 이 중에 몇 개의 홈페이지가 제대로 된 홈페이지로 운영되고 있을까?

한 번쯤 생각해 본 적 있는가?

아이러니하게도 IT 세계 최강국인 대한민국에는 명확한 통계가 없다고 한다.

매일경제 2006년 5월 8일자 기사에 의하면 '한국정보보호진흥원에서 국내 홈페이지 수를 약 150만 개로 추산하고 있다'고 한다. 그리고 이 중에 절반 이상이 제대로 운영이 안 되는 휴면 홈페이지라고 한다. 휴면 홈페이지라 하면 명확한 기준은 없으나 통상 6개월 이상 관리자 로그인 또는 외부 접속이 없는 사이트를 말한다. 이러한 상황에서 기대하는 만큼 매출을 일으키는 홈페이지는 훨씬 더 적을 것이다.

위 상황에서 보듯이 홈페이지 간의 경쟁은 치열하다. 홈페이지만 설치해놓으면 자연스럽게 매출이 일어났던 시대는 지났다.

자칭 IT 세계 최강국 대한민국에서 홈페이지로 살아남는 방법은 무엇인가?

한마디로 쉽지는 않다.

지금 이 순간에도 수백 개의 홈페이지가 만들어지고, 수천 개의 홈페이지가 사라지고 있다. 오프라인에서도 하루 매출이 천만 원을 넘는 대박집이 있고, 한 달에 월세도 안 나오는 쪽박집이 있듯이 온라인 홈페이지에서도 마찬가지다.

그럼 어떤 홈페이지가 손익분기점을 넘어 대박을 치는 홈페이지인가?

이 홈페이지는 매출이 일어나는데, 왜 내 홈페이지만은 매출이 일어나지 않는가?

바로 이런 점들을 잘 살펴보고 분석해야 할 것이다.

시중에 있는 대형서점은 물론 인터넷 서점을 둘러보아도 홈페이지 관련 책은 많지 않고, 그나마 있는 책들도 실질적인 홈페이지 제작에 대한 전문적인 내용이 체계적이지 못하다. 실전적인 성공 홈페이지 제작 방법이나 노하우가 있는 책은 찾아보기가 힘들다.

이 책은 홈페이지로 매출을 올리고 싶거나, 또는 홈페이지로 고객을 모집하고 싶은 소기업 소상공인을 위한 실천서이다.

소기업 소상공인이 성공하는 홈페이지를 만들기 위한 각종 노하우는 물론, 노하우 이전에 준비되어야 할 전략과 목적 등에 대해 실제 다수의 강의와 컨설팅을 통해서 나온 사례를 중심으로 설명된 국내에서 유일한 실천서일 것이다.

다시 말하지만 이 책은 이론서가 아니다. 실전에 바로 활용할 수 있는 성공적인 홈페이지 제작과 운영 노하우를 정리한 책이다. 만약 대단한 이론이나 논리를 필요로 하는 사람이라면 당장 이 책을 덮고, 도서관에서 논문을 찾아보던지 아니면 전문 전공 교육을 받아라.

여기에 나온 내용은 각 단원마다 기본적인 이해를 위한 설명, 적용된 사례(좋은 사례, 미흡한 사례) 제시, 핵심포인트 정리 순으로 정리되어 있다.

그렇기에 지금 홈페이지를 제작하고자 하는 사람이나 기존 홈페이지에 문제가 있어 개편하려고 하는 사람들이 하나하나 짚어가면서 바로 적용할 수 있도록 기획, 편집되었다.

자! 이제 험난한 무한경쟁에서 이겨낼 수 있는 홈페이지 제작 특급 노하우의 세계로 들어가 보자.

1. 소상공인에게 홈페이지란?

소기업 소상공인들에게 홈페이지란 무슨 의미일까?

홈페이지의 사전적 의미는 '월드와이드웹(WWW)의 초기화면 또는 WWW가 제공하는 화면의 총칭'이며, 우리말로는 '누리집'이라고 한다.

한마디로 말해서 홈페이지는 오프라인에서의 매장과 같은 의미이다.

상품을 진열하고, 고객을 맞이하고, 설득하며, 거래가 이루어지는 온라인 매장인 것이다. 홈페이지(온라인 매장)와 오프라인 매장은 많은 부분이 유사하다.

그럼 홈페이지(온라인 매장)와 오프라인 매장의 차이점은 무엇인가?

구분	홈페이지(온라인 매장)	오프라인 매장
초기비용	적게 든다(기본 200만 원 ~ 500만 원)	많이 든다(최소 500만 원 ~ 수천만 원)
기본유지비용	적게 든다(20만 원 이하)	많이 든다(50만 원 ~ 수백만 원)
직원 수	적다	많다.
상품 진열 수	무한대	제한적
정보제공능력	무한대	극히 제한적
영업지역	무제한(대한민국 전국)	제한적(반경 5㎞ 이내)
구매전환율	낮음	높음

위에 대표적 요소를 비교한 바와 같이 구매전환율을 제외하고는 홈페이지가 여러 가지 면에서 유리하다.

이러한 장점들로 인해 홈페이지로의 진출이 활발하게 이루어지고 있다. 홈페이지의 이런 장점들을 무시하고 계속해서 오프라인 매장만 고집하겠는가?

홈페이지는 값비싼 마케팅도구이다.

명함(1~2만 원)이나, 현수막(2~4만 원), 전단지(10~20만 원)에 비하면 상대적으로 비용이 많이 들어가는 마케팅 도구이다. 하나의 홈페이지를 제작하는데 보통 200만 원~500만 원 정도의 비용이 든다(물론 몇 십만 원짜리 저가형 홈페이지도 있지만 결코 권하고 싶지 않다). 특히 자금력이 모자라는 소기업 소상공인에게는 특히나 고비용의 마케팅 도구인 것이다.

비용이 많이 들어가는 홈페이지는 정확한 분석과 목표, 계획에 의해서 적은 비용으로 많은 효과를 가져올 수 있도록 제작되어야 한다.

2. 소상공인이 잘못 알고 있는 홈페이지 상식 9가지

홈페이지에 대해 잘못 알려진 상식을 정리하여 홈페이지의 특성을 정확히 이해하고자 한다. 대다수의 사람들은 홈페이지는 무엇보다도 디자인이 좋아야 한다는 생각과 홈페이지 제작 업체에 맡기면 알아서 잘 만들어 주겠지 하는 생각을 가지기 마련이다.

1) 홈페이지 주소는 회사 이름을 써야 한다

고객에게 알리는 홈페이지 주소는 대단히 중요하다. 하지만 대다수 홈페이지의 주소들이 회사 이름을 그대로 영문화하여 쓰고 있다. 제발 영문회사 이름을 그대로 쓰는 그런 것은 안 했으면 좋겠다. 고객을 배려하지 않은 완전히 자기중심적인 발상이라고 밖에 생각할 수가 없다. 고객이 영문으로 된 자신의 홈페이지 주소를 얼마나 기억하고 좋아할까? 삼성이나 엘지같은 누구나 아는 대기업이라면 모를까, 당신 회사이름의 영문화된 주소는 고객에게는 고통이다. 홈페이지 주소는 고객이 찾아오는 이정표다. 그 이정표를 복잡하고 불편하게 해서는 안 된다. 예를 들어 우리 회사의 이름이 (주)네오누리콤인데 홈페이지 주소를 neonuricom.co.kr 이라고 하는 것과 3941821.co.kr(전화번호) 또는 nnrc.co.kr(약자)이라고 하는 것 중 어떤 것이 고객에게 쉽게 다가갈까? 대부분의 사장들은 neonuricom.co.kr을 쓰고자 할 테지만 조금이라도 고객을 생각하는 사장이라면 3941821.co.kr을 써야 할 것이다.

그 이유는 다음과 같다.

첫째, 사업을 해본 경험상으로 홈페이지 주소를 전화상으로 불러주어야 할 때가 많은데, 자신의 발음이 아나운서 정도는 아니기에 영문주소를 불러주면 고객이 쉽게 알아듣지 못한다. 특히 L, M, N과 같은 발음은 한 번에 알아듣기 힘들다. 두 번, 세 번 얘기해 줘야 겨우 알아듣는 경우가 흔하다. 이 얼마나 서로에게 소모적인 일인가? 고객에게 얼마나 불편한 일인가?

둘째, 영문타자가 서툰 고객들에게 긴 영문주소를 입력하는 것은 고통이다. 고통은 피하는 것이 인지상정이다. 반면 키보드로 입력하기 가장 쉬운 것이 숫자이다. 그래서 전화번호를 홈페이지 주소로 활용하기를 적극 권한다. 회사 대표전화번호가 홈페이지 주소라면 상대방에게 설명하기도 쉽고 홈페이지 주소로 전화번호를 홍보할 수도 있을 것이다. 꼭 영문을 고집한다면 nnrc.co.kr처럼 약자로 주소를 간단하게 하라.

2) 홈페이지는 디자인이 좋아야 한다

홈페이지는 화려한 디자인을 뽐내는 경연장이 아니다. 홈페이지는 고객이 요구하는 정보와 상품을 보여 주고 고객의 정보를 모으거나 매출을 발생시키는 곳이다.

화려한 홈페이지는 비용만 많이 들어간다. 화려한 플래시와 고급 기능들이 들어간 홈페이지는 메인 페이지만 수천만 원에 이른다. 이런 것은 대기업이나 하는 것이다. 소기업 소상공인이 해서는 안 되는 것이다. 미련하게 쫓아가다 가랑이 찢어지는 소기업 소상공인이 없길 바란다.

3) 게시판이 많아야 한다

나중에 홈페이지 운영 실전 노하우에서도 언급되겠지만, 남들 만드니까 의미 없이 당연히 만들지 마라. 처음에는 최소한의 게시판을 만들고, 그 게시판을 활성화시키는 것이 좋다.

만약 당신의 홈페이지에 활성화되지 않은 게시판이 있다면 당장 활성화를 시키든지 아니면 과감히 폐쇄 시켜라. 활성화가 되지 않은 게시판은 오히려 기업의 이미지를 실추시키고 기업 신뢰도를 하락시킨다. 없는 게 낫다는 얘기다.

4) 홈페이지는 세부페이지가 많아야 한다

꼭 필요한 만큼의 세부페이지만 만들어라. 고객은 다양한 것을 좋아할 수는 있어도 복잡한 것은 싫어한다. 최대한 단순화시켜서 고객의 입장에서 만들어라.

5) 홈페이지는 운영하기 어렵다

물론 처음에는 어려워 보이고 실제로 어려운 부분도 있다. 하지만 세상에 어렵지 않은 일이 있는가? 주문 들어온 상품을 택배로 보내기 위해 포장하고 택배용지 붙이는 것도 쉽지 않다. 생각하기 나름이다. 어렵게 보면 한없이 어려운 것이다. 왕 초보자도 의욕을 가지고 2~3일만 투자하면 웬만한 홈페이지 운영과 관련된 기본 기능을 금방 익힐 수 있다.

6) 홈페이지에는 다양한 상품들이 올려져 있어야 한다

나중에 홈페이지 전략 부분에서 언급되겠지만 상품은 적을수록 좋다.

상품이 많다는 얘기는 고객이 많다는 얘기다. 얼핏 들으면 좋은 얘기 같지만 고객이 많다는 얘기는 마케팅 대상이 넓다는 것이고 비용이 많이 들어간다는 것이다.

소기업 소상공인에게는 버거운 일이다. 절대 상품수로 승부하려 하지 마라.

홈페이지에 상품수가 많으면 그만큼 상세 페이지가 많아지고, 그만큼의 추가 비용이 들어간다.

7) 홈페이지는 글로벌화 하기에 넓은 지역을 영업대상으로 한다

앞에서 언급한 홈페이지의 특성 중에 영업 지역이 넓다는 특성이 있다.

그렇다고 무조건 전국을 대상으로 해서는 안 된다. 이 역시 위에 설명한 상품과 마찬가지로 넓은 지역을 대상으로 하면 대상 고객이 많아지고 비용이 많이 든다.

지역마다의 특색이 있으므로 상품의 특성을 고려하여 지역을 한정하고 그 지역에 집중하는 것이 소기업 소상공인의 마케팅 원칙이다.

8) 잘 만들어진 홈페이지에는 저절로 매출이 일어난다

천만의 말씀이다. 홈페이지는 온라인상의 매장이라고 했다. 매장을 잘 꾸민다고 저절로 매출이 일어나지는 않는다. 매출의 기준은 고객이다. 고객이 많이 들어와야 한다. 홈페이지를 잘 만들면 매출에 도움은 되겠지만 기본적으로 고객을 홈페이지로 끌어들이는 마케팅이 병행 되어야 한다는 사실을 명심하기 바란다.

9) 홈페이지에 좋은 상품을 올려놓으면 잘 팔린다

참 어이없는 생각임에도 불구하고 대다수의 사업자들이 이렇게 생각한다.

한번 생각해보자. 본인이 기발한 아이디어로 볼펜심 교체 없이도 평생 쓸 수 있는 볼펜을 만들었다고 하자. 이 얼마나 좋은 상품인가? 이 상품을 홈페이지에 올려놓기만 하면 잘 팔릴까? 아마도 거의 팔리지 않을 것이다.

상품이 좋다고 팔리는 것이 아니다. 팔리도록 해야 팔리는 것이다. 좋은 상품을 홈페이지에 올려놓았으면, 왜 이 볼펜이 좋은지, 특성이 무언지, 다른 제품과의 비교, 먼저 사용한 사람의 추천 등의 정보를 알려 이 볼펜을 필요로 할만한 잠재고객을 끌어 모아야 구매가 이루어지는 것이다.

3. 홈페이지 전략과 목적을 명확히 세우자

홈페이지를 제작하기에 앞서 반드시 선행되어야 할 것이 전략과 목적이다.

대개 실패하는 홈페이지를 진단해보면 전략과 목적이 없다.

컨설팅을 진행하면서 업체 사장에게 당신 홈페이지의 목적이 무엇입니까? 하고 물으면 대부분 사장님들은 바로 대답하지 못한다. 전략은 말할 필요도 없다. 이러 니 실패할 수밖에 없는 것이다.

이제부터 간단하게나마 홈페이지에 대한 기본 사항들을 알아보고 성공하는 홈페이지의 기본적인 전략과 목적에 대해서 알아보자.

1) 홈페이지에서 시선이 머무르는 곳

'highwebsiterankings.com'의 2006년 6월 20일 자 리포트에 의하면 홈페이지에서 사람의 눈길이 머무는 곳에 공통점이 있다. <그림 1>에서 보는 바와 같이 대부분의 사람들이 우측상단 붉은 부분에 시선이 가장 많이 간다. 또 대표적인 검색 사이트 구글, 야후, 네이버의 조사에서도 <그림 2>와 같이 'F' 형태로 사람들의 시선이 많이 간다고 한다.

이 두 가지의 조사에서 밝혀졌듯이 사람들의 시선을 가장 많이 받는 곳이 화면의 상단과 좌측인 것이다. 그렇다면 홈페이지 상에서 가장 중요한 내용, 또는 가장 고객에게 알리고 싶은 내용을 화면 상단과 좌측에 위치하도록 해야 할 것이다.

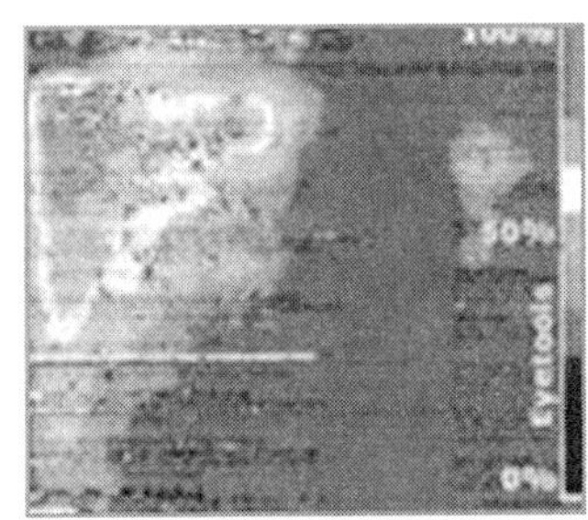

그림 1

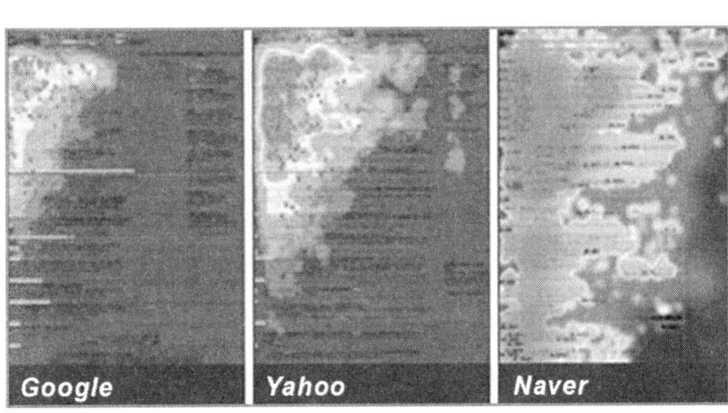

그림 2

2) 고객이 어떻게 홈페이지에 방문하는가?

고객이 홈페이지를 방문하는 유형에는 크게 두 가지로 나눌 수 있다.

첫째는 우연히 방문하는 경우이다. 특히 요즘 젊은이들은 웹 서핑을 많이 하면서 우연하게 들어오게 되는 경우가 있다. 홈페이지 주소를 잘못 입력한다든지 검색어 입력을 잘못한다든지 본인의 의사와 별 상관없이 들어오는 경우가 있다.

둘째는 관심이 있어서 방문한다.

당신의 상품이나 정보에 관심이 있어서 들어오는 경우다. 검색을 통해서 상품들의 정보를 알고 구입을 원하는 등 구체적인 목적을 가지고 방문한다.

이 두 가지 경우 중 우리는 두 번째 방문자들에게 집중해야 할 것이다. 그들은 적어도 내 상품이나 정보에 관심을 보이는 잠재고객이기 때문이다.

이런 잠재고객이 많이 들어오도록 하는 것이 마케팅이고, 홈페이지에 방문한 고객이 구매와 연결되도록 하는 것이 성공 홈페이지의 목적인 것이다.

3) 고객이 홈페이지에서 머무는 시간

일반적으로 방문한 고객이 홈페이지에 머무는 시간은 얼마나 될까?

조사에 의하면 홈페이지에 머무는 시간은 10초 이내가 20%, 30초 이내가 50%, 1분 이내가 20%, 1분 이상이 10%라고 한다. 이 조사에 의하면 70%의 방문고객이

고객이 홈페이지에 머무는 시간

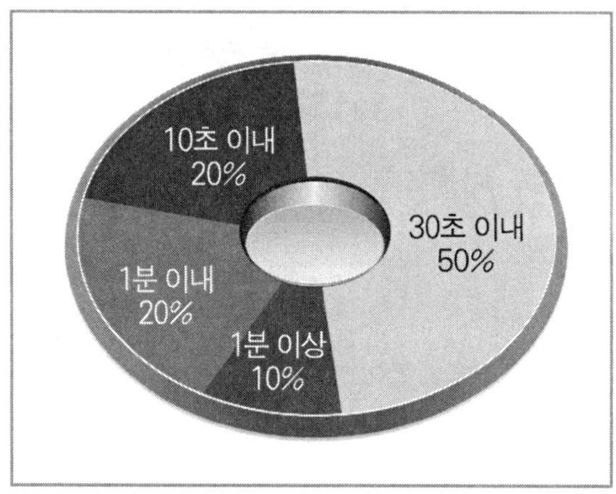

30초 이내에 홈페이지에서 나가버린다는 것이다. 이것은 달리 말하면 30초 이내에 고객의 눈길과 마음을 사로잡지 못하면 대다수의 고객은 그냥 나간다는 말이다. 고객이 많이 들어오도록 마케팅을 했어도 헛수고란 얘기다.

4) 내 홈페이지는 어디에 속하나?

당신은 지금 홈페이지를 운영하고 있는가?

그렇다면 지금 당장 아래의 표를 보고 당신의 홈페이지가 어디에 속하는지 진단해보기 바란다.

고객욕구 만족도

방문객 수

C   A

B   D

고객욕구만족도(반응도)

당신의 홈페이지는 어디에 속하는가? 제발 B구역만은 속하지 말아야 할 텐데...

A구역은 고객욕구만족도(고객반응도)가 높으면서 방문객 수도 높은 구역이다. 이 구역에 속한 홈페이지는 많은 고객 방문과 높은 구매전환으로 매출이 일어나는 성공하는 홈페이지다.

B구역은 고객욕구만족도(고객반응도)가 낮으면서 방문객 수도 낮은 구역이다. 이

구역에 속한 홈페이지는 지금 당장 정리해야 할 홈페이지이다. 죽은 홈페이지인 것이다. 이런 홈페이지는 놔두면 놔둘수록 손실이 발생되는 홈페이지이기 때문에 지금 바로 정리해야 한다.

C구역은 고객욕구만족도(고객반응도)는 낮으면서, 방문객 수는 높은 구역이다. 이 구역에 속한 홈페이지는 고객의 욕구만족도를 높여서 성공 홈페이지로 전환해야 할 것이다. 고객의 반응을 높일 수 있도록 개편이 필요한 홈페이지이다. 만약 비용을 들여 키워드 광고로 고객의 방문 수를 늘리고 있는 것이라면 당장 광고를 멈춰야 한다.

방문한 고객이 구매로 이어지지 않음에도 불구하고 광고비용을 들이는 것은 돈을 길거리에 버리는 것과 같다. 제발 광고대행업체나 포털 사이트에만 좋은 일을 하지 마라.

D구역은 고객욕구만족도(고객반응도)는 높으면서 방문객 수도 낮은 구역이다. 이 구역에 속한 홈페이지는 고객의 방문자 수를 높여서 성공 홈페이지로 전환해야 할 것이다. 마케팅이 필요한 홈페이지이다. 이 홈페이지는 마케팅을 통해서 고객을 불러오게만 하면 고객의 반응을 일으켜 구매전환이 이루어진다. 즉, 매출이 일어난다는 것이다.

자! 이제 당신의 홈페이지가 어느 구역에 속하는지 어떤 문제가 있는지 알겠는가?

5) 성공 홈페이지 전략을 세워라

이제부터 본격적으로 홈페이지 제작에 따른 전략에 들어가 보자.

소기업 소상공인이 펼칠 수 있는 홈페이지 전략의 핵심은 세분화, 차별화, 집중화이다. 이 세 가지만 정확히 이해하고 적용한다면 기본적인 전략은 완성된 것으로 보아도 무방하다.

첫째, 세분화이다.

세분화에는 크게 상품 세분화, 고객 세분화, 지역 세분화가 있다.

상품 세분화는 본인이 취급하고 있는 상품을 세분화해서 한정하는 것이다.

이해를 돕기 위해 사진관을 예로 들어보자.

일반적으로 사진관들은 백일사진, 가족사진, 행사사진, 증명사진, 프로필 사진, 영정사진 등 10여 가지의 다양한 상품을 취급하고 있다. 반면 상품을 세분화한 사진관은 상품을 탄생부터 세 돌까지의 아이사진으로 한정하여 아기사진 전문사진관으로 자리매김할 수 있다. 그러면 사진관 자체를 아기사진을 찍기 위한 전용 스튜디오로 꾸미고, 그와 관계된 많은 작품, 사례, 경험들로 전문화할 수 있을 것이다. 이것이 상품 세분화를 통한 상품 한정이다.

만약 당신이 자녀의 돌 사진을 찍고 싶다면 두 곳 중 어디를 가겠는가?

당신은 같은 아기사진이라도 아기사진 전문점에서 아기사진 전문가에게 촬영을 맡기는 것을 원할 것이다

이와 같이 상품을 세분화하면 한정된 상품에 전념하여 그 분야의 전문점으로 혹은 전문가로 인정받을 수 있다.

고객 세분화는 자신의 고객을 세분화해서 한정하라는 것이다.

이번에도 예를 들어 보자.

라면으로 상품을 한정한 라면 전문집의 고객을 세분화 한정해 보자. 라면 먹는 고객은 학생도 있을 것이고, 주부, 아저씨, 회사원, 가족, 할아버지, 할머니 등 다양하다. 그 중에서 주 고객층으로 고객을 세분화하는 것이다. 학교 주변이라서 학생들이 많으면 학생으로, 회사 주변이라서 회사원이 많으면 회사원으로 고객을 한정하는 것이다. 이렇게 고객을 한정하면 그 고객에게 맞는 메뉴 개발, 서비스 개발은 물론 탁자와 의자 배치까지도 한정된 고객 맞춤으로 할 수 있을 것이다. 만약 당신이 라면을 먹고자 한다면 본인에게 맞추어진 라면집을 가고 싶지 않겠는가?

지역 세분화는 판매, 영업 지역을 세분화하여 한정하라는 것이다.

예를 들어보자

인천에 위치한 간식 배달전문점이 50인 이상의 기업체 중 매일 간식을 필요로 한 업체를 고객으로 한정했다고 하자. 이 업체의 판매와 영업 지역을 세분화하여 한정해 보자. 업체가 있는 인천에서 간식 배송시간 기준 2시간 이내로 영업 지역을 한정한다면 인천, 경기남서부, 경기북서부, 서울 정도의 지역으로 한정할 수 있다. 지역이 한정되면 영업을 하거나 배송하는 시간이 줄어들면서 수도권 전역을 영업권으로 했을 때보다도 세분화·집중화가 된다. 따라서 서비스의 질이 좋아지고 영업 및 배송의 시간이 줄어들어 종업원 1인당 수익 또한 오른다. 자연스레 지역의 집중화가 이루어지므로 그 지역 내의 해당분야 1위가 되기도 쉬워진다. 집중적인 마케팅으로 매출이 증가된다.

이렇게 상품, 고객, 지역을 세분화하니 어떤가?

전문화와 차별화가 이루어지고 마케팅, 영업 등을 한정하니 집중화도 이루어진다.

세분화·차별화·집중화가 되면 본인만이 가지고 있는 장점이 부각되고 고객의 만족도가 높아져 재구매가 늘어나서 매출이 급격히 증가하는 것이다.

이것이 바로 소기업 소상공인이 알아야 할 마케팅 전략의 기본 원칙이다.

여기서 주의할 점은 상품의 질이 최소한 평균 이상은 되어야 한다는 것이다.

만약 세분화·차별화·집중화된 라면 전문점의 상품인 라면이 평균 이하로 맛이 없으면, 세분화·차별화·집중화 되지 못한 업체보다 더 빨리 급속하게 망한다.

이 점을 명심해야 한다.

6) 성공 홈페이지 목적을 세워라.

홈페이지의 목적은 매우 중요하다. 1~2만 원짜리 명함 하나 만들면서도 정확한 목적에 따라 마케팅 요소들을 넣어서 제작하는데, 하물며 수백만, 수천만 원을 들여 제작하는 홈페이지의 목적은 두말할 나위 없다.

홈페이지의 목적은 한마디로 정리하면 '홈페이지를 방문한 고객에게 무엇을 하게 할 것인가?' 이다.

홈페이지 목적에는 방문한 고객에게 물건을 사게 할 것인지, 제품문의를 하게 할 것인지, 샘플이나 체험 등을 신청하게 할 것인지, 상품의 기능과 효과에 대해 알릴 것인지, 기업체의 이미지를 높일 것인지 등 여러 목적이 있다.

대표적인 홈페이지 목적은 다음과 같다.

- 물건을 팔 것인가? (쇼핑몰형, 가격중심)
- 고객의 정보(DB)를 모을 것인가? (오퍼형, 정보제공형, 자료청구형, 정보 비교)
- 상품을 알릴 것인가? (카탈로그형, 제품 비교)
- 회사 이미지 제고를 위한 것인가? (기업 이미지형, 이미지 비교)
- 이벤트를 알려낼 것인가? (이벤트형, 참가후기활용) 등

그 중에서 자신의 특성에 맞는 목적을 세부적이고 상세하게 세워야 한다.

홈페이지 목적을 설정함에 있어 다음과 같은 사항들을 주의해야 한다.

첫째, 목적을 단일화해라. 한 개의 홈페이지에 여러 가지 목적을 두지 마라. 여러 가지 목적은 집중도가 떨어져서 홈페이지 효과를 떨어뜨릴 수 있다.

둘째, 정확한 홈페이지 전략에 맞춰서 목적을 설정하라. 앞서 얘기한 것과 같이 세분화 · 차별화 · 집중화의 전략을 세웠으면 그것에 맞는 목적을 정해야 할 것이다.

예를 들어 앞서 전략을 세웠던 라면 전문점이 홈페이지 목적을 설정한다면 먼저, 라면 전문점에서 홈페이지를 통해서 할 수 있는 것이 무엇일까부터 생각해야 한다.

일단, 홈페이지에서는 끓인 라면을 판매할 수 없다.(제품판매는 불가)

라면에 대한 정보(라면에 대해 잘못 알고 있는 상식, 라면 맛있게 끓이는 법, 왜 집에서 끓인 라면은 라면 전문점 라면보다 맛이 없는가, 라면 종류별 특색과 좋아하는 고객층 등)를 제공해서 라면 전문집의 이미지를 제고할 수 있을 것이다.

아니면 라면을 먹고 간 고객들의 이미지와 후기를 게시하고 고객층에 맞는 이벤트(시간대별 할인 쿠폰, 신제품출시 기념 할인행사, 커플데이 행사, 라면의 날 행사 등)를 진행하여 고객을 매장으로 모으는 역할을 목적으로 설정할 수도 있을 것이다.

이렇듯 자신의 상황과 전략에 맞춰 정확하고, 상세하게 자신만의 목적을 세워라.

이제 목적을 정하였으면 그 목적에 맞게 강조할 부분은 확실히 차별화시켜 눈에 띄게 강조하라.

7) 실패하는 홈페이지, 성공하는 홈페이지

실패하는 홈페이지와 성공하는 홈페이지는 동전의 양면과 같다. 실패하는 홈페이지 사례를 반대로 적용하면 성공하는 홈페이지가 보일 것이다.

■ 반드시 실패하는 홈페이지

- 제품을 선정한 뒤 홈페이지 제작회사에 제작을 일임한다. (영업전략실패)
- 불특정 다수를 대상으로 한다. (고객전략실패)
- 취급하고 있는 상품 모두를 팔고 싶어 한다. (상품전략실패)
- 홈페이지를 만든 목적을 한마디로 표현할 수 없다. (경영전략실패)
- 가치, 정보가 아닌 상품을 전면에 내세운다. (고객욕구분석실패)

■ 성공확률이 높은 홈페이지

- 제품을 선정한 뒤 기본적인 전략을 세워 홈페이지 제작을 의뢰하고 제작에

직접 참여한다. (영업전략)

- 고객을 명확히 세분화 한정하여 그를 대상으로 한다. (고객전략)

- 취급하고 있는 상품을 세분화, 구체화하여 한정한 상품을 취급한다. (상품전략)

- 홈페이지의 정확한 목적을 정하고 그에 맞는 홈페이지 제작 안을 만든다.

  (경영전략)

- 상품이 아닌 가치, 정보를 전면에 내세운다. (고객욕구분석)

당신은 성공하는 홈페이지를 만들겠는가? 아니면 실패하는 홈페이지를 만들겠는가?

마케팅지도사 김기수의 핵심포인트

1. 사람들의 시선이 집중되는 곳은 화면의 상단과 좌측이다.

2. 방문한 고객이 홈페이지에 머무는 시간은 평균 30초 미만이다.

   30초 안에 승부하라.

3. 홈페이지를 정확히 진단하고 부족한 부분을 찾아라.

4. 세분화 · 차별화 · 집중화로 성공홈페이지 전략을 세워라.

5. 홈페이지 전략에 의한 명확한 홈페이지 목적을 세워라.

6. 실패하는 홈페이지와 성공하는 홈페이지는 동전의 양면과 같다.

   실패한 홈페이지에서 배워라.

4. 홈페이지는 메인에서 결정된다(메인페이지 작성 노하우)

이제까지는 홈페이지를 제작하기 위한 사전 준비과정이었다.

이제부터 실질적인 홈페이지 제작의 노하우가 시작된다.

앞에서 언급했다시피 홈페이지 방문자의 70% 이상이 30초 안에 나가 버린다.

이렇게 나가 버리는 잠재고객을 어떻게 잡아둘 것인가? 방문한 고객이 홈페이지에 머문 시간과 매출액은 비례한다는 통계가 있다. 꼭 통계가 아니더라도 홈페이지에 오래 머문 사람은 그만큼 당신이 제공한 상품과 정보에 관심이 있고, 그로 인해 구매전환이 쉽게 이루어진다는 것쯤은 알 것이다.

그래서 홈페이지에서 메인페이지가 절대적으로 중요한 것이다. 고객의 반응을 일으키는 메인페이지의 작성이 성공 홈페이지의 70% 이상을 차지한다. 아무리 세부페이지를 훌륭한 정보와 상품으로 작성해 놓아도 고객을 처음 맞이하는 메인페이지가 제대로 되어 있지 않다면 고객은 바로 나가버릴 것이다.

메인페이지에서 고객의 반응을 일으키는 마케팅 요소로 결과, 신뢰, 안심, 오퍼ㆍ긴급의 4대 요소가 있다. 꼭 이것이 메인페이지에 다 들어가야 하는 것은 아니다. 업체, 제품, 고객 등의 특성에 맞게 적용ㆍ응용하여 자신에게 적합한 메인페이지를 만들면 된다. 그리고 메인페이지에서 강조할 부분은 확실히 강조해야 한다.

자신이 잘하는 부분, 장점, 특징, 경쟁업체와 차별화되는 부분, 고객이 필요로 하는 부분 등 강조되어야 할 부분이 있으면 최대한 강조하고 집중해서 만들어야 한다.

1) 고객의 30초를 잡아라(결과)

고객의 반응을 일으키는 홈페이지 마케팅 요소 첫 번째 '결과'란 무엇인가?

'결과'란 고객이 당신의 상품이나 서비스를 구매했을 때 얻을 수 있는 결과, 메리트, 혜택 등을 말하며, 메인페이지에서 메인카피와 세부카피로 주로 표현된다.

이것들은 고객의 고민과 고통을 공감하거나 해결해주는 내용으로 방문한 고객의 시선을 30초 이상 잡아주는 역할을 해야 한다. '결과'는 기본 4대 요소 중 가장 중요하기에 사람들의 시선이 가장 많이 머물고 가장 먼저 시선이 가는 화면 상단에 위치하는 것이 좋다.

'결과'는 앞의 홈페이지 전략에서 설정한 제품한정, 고객한정, 지역한정에 따라 정확히 타깃팅 된 고객층의 내용으로 표현되어야 한다는 점을 다시 한번 강조한다.

결과가 없는 사례

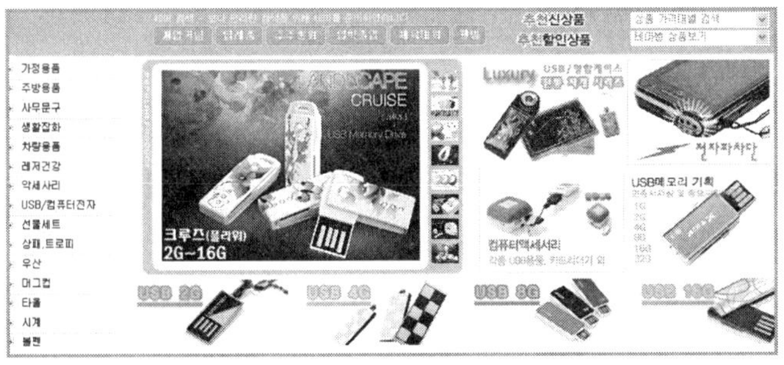

위 사례는 판촉물을 전문으로 제공하는 업체의 홈페이지이다. 보는 바와 같이 이 홈페이지는 '결과' 부분이 빠져있다. 이 홈페이지는 결과부분의 카피가 없는 전형적인 홈페이지로 대개의 홈페이지들이 이런 식으로 제작되고 있다. 가장 중요하다고 하는 부분에 쓸데없는 이미지나 상품으로 만들어진 홈페이지는 고객을 30초 안에 나가게 만든다.

제발 메인페이지를 만들 때는 디자인에만 신경 쓰려고 하지 마라. 고객은 멋진 홈페이지 디자인을 보기 위해 당신의 홈페이지를 방문한 것이 아니다. 고객은 자신의 이야기가 있고, 자신의 고민이 해결 되어지는 홈페이지를 원한다. 수백만 원들여서 만든 멋진 디자인의 홈페이지가 고객을 사로잡는다는 생각은 버리기 바란다. 지금부터라도.

결과를 표현한 사례

(1) 비즈노 성공실천회

위 사례는 서울 중구에 있는 소기업 소상공인을 대상으로 마케팅관련 교육을 하는 업체의 홈페이지이다. 이 홈페이지의 '결과' 는 "종업원 30인 이하 기업만을 위한 성공전략"이다. '결과' 를 메인 카피와 서브 카피로 나누어 잘 설명해 놓았다.

무엇보다도 "종업원 30인 이하 기업체 사장" 이라는 고객한정으로 그에 해당되는 고객은 바로 눈길이 가도록 했다.

종업원 30인 이하 기업체의 사장이 고민하는 마케팅의 노하우를 알려주겠다 하니 당신이 마케팅을 고민하는 30인 이하의 기업체 사장이라면 이 카피를 보고 그냥 지나치겠는가? '결과' 에서 이 업체와 거래하면 무엇을 얻을 수 있는지 정확히 설명되어 있다면 고객이 이 홈페이지에 머무는 시간이 길어질 것이다. 그로 인해 매출이 올라가는 것은 당연한 것이다.

(2) 레드펌킨

다음 사례는 서울 마포에 있으며 행사에 연예인들을 섭외해주는 업체의 홈페이지이다.

여기서 '결과'는 "한번뿐인 결혼식! 평생 잊지 못할 즐거운 추억으로 만들어 드리겠습니다."이다.

이 홈페이지 '결과'의 특징은 섭외행사를 결혼식으로 한정했다는 것이다. 상품을 한정한 것이다. 행사는 결혼식, 회갑연, 돌잔치, 송년회, 축제 등 다양하게 나누어질 수 있는데 그 중에서 결혼식으로 상품을 한정하였다. 한정된 상품은 멋진 결혼식을 고민하는 고객의 마음을 사로잡을 수 있었다. 상품한정과 고객한정이 되면 마케팅과 광고를 집중화할 수 있게 되어서 홈페이지의 성공 확률이 높아진다.

(3) 피플앤플라워

위 사례는 동대문에 있는 꽃배달 전문점의 홈페이지 사례이다.

이 홈페이지는 고객의 고민을 좀 더 구체화하기 위하여 메인 카피 부분을 고정형이 아닌 플래시로 만들어 고객의 고민 내용을 3가지(승진, 회사이미지, 개업에 대한 고민)로 보여주고 마지막에 그 고민을 해결하는 형태로 '결과'를 만들었다. 만약 이러한 내용을 고민하는 고객이 이 홈페이지에 들어온다면 구매로 이어질 확률이 높아질 것이다. 인터넷에서 꽃 배달 전문점을 한번 검색해 보라. 어떤 꽃 배달 홈페이지에서도 고객의 고민을 해결하는 내용은 찾아보기 힘들 것이다. 내가 알기로 위의 홈페이지가 유일하다. 그만큼 이 업체의 홈페이지는 차별화되었다. 이러한 차별화만이 무한 경쟁의 온라인 시대에 소기업 소상공인이 살아남는 법임을 다시 한번 새겨야 할 것이다.

위의 세 가지 사례를 보면서 '결과'(카피)의 중요성과 적용되는 방법을 알게 되었을 것이다.

이제 고객의 눈길을 끌었으니 고객에게 믿음을 주는 신뢰요소에 대해 알아보자.

2) 고객에게 믿음을 주어라(신뢰)

'신뢰'는 고객에게 어떠한 이유로 결과를 실현할 수 있는가에 대한 설명이고 근거이다. 오프라인 매장과 달리 홈페이지에서의 거래는 고객에게 기본적으로 불안감을 준다. 그 불안감이란 직접 판매자를 만나서 상품을 확인한 후 구매가 이루어지는 것이 아니라, 누가 파는지도 모르는 상태에서 상품의 실물을 확인하지 못하기 때문에 생기는 것이다. 이런 고객에게 홈페이지에서 불안감을 제거하고 신뢰를 줄 수 있는 요소는 무엇인가?

고객에게 '신뢰'를 줄 수 있는 요소들로는 대표자나 직원들의 사진, 제품 제조(운송)과정, 특허, 수상경력, 오래된 창업연도, 공신력 있는 기관의 데이터, 그래프, 매스컴 보도자료, 전문가 의견, 연예인 이미지, 공익적인 명칭, 전문가 포지셔닝, 주요 실적(거래처), 기부 등 여러 가지가 있다. 이런 차별화된 신뢰요소가 있어야지만 수많은 경쟁자의 홈페이지 속에서 고객의 신뢰를 얻어 매출을 일으킬 수 있다.

신뢰를 표현한 사례

◎ 호정농원

위 사례는 대봉 곶감과 매실을 생산하여 판매하는 경상남도 하동에 있는 업체의 홈페이지이다.

이 홈페이지에서의 '신뢰' 요소는 홈페이지를 운영하는 업체의 대표자의 얼굴은 물론 그 부인의 얼굴까지도 홈페이지 전면에 나왔다는 것이다. 대표 자신의 사진을 올려놓는다는 것은 자신을 걸고 운영하는 홈페이지이니 믿고 거래하라는 것이다. 쉽게 말해 얼굴을 내보일 만큼 자신 있다는 것이다. 제품에 자신이 없으면 절대 자신의 얼굴을 메인페이지에 올리지 못할 것이다. 대표자의 얼굴을 메인페이지에 올리는 것만으로도 고객에게 커다란 신뢰를 줄 수 있다. 또 우측의 유기농산물 마크와 신지식인 농업인 마크는 이 업체의 신뢰도를 더욱 높여주고 있다.

◎ 이동환의 만성피로 연구모임

다음 사례는 만성피로를 치료하는 가정의학과 전문의의 홈페이지이다.

이 홈페이지에서의 신뢰요소는 홈페이지를 운영하는 업체의 대표자의 얼굴(중앙), 다수의 매스컴 보도자료(상단), 그리고 대표자의 전문가 포지셔닝이다. 이 대

표자는 이미 의사라는 전문가임에도 불구하고 진료과목을 만성피로에 한정하여 자신을 만성 피로전문가로 자리매김하였다. 이러한 상품세분화에 따른 전문가 포지셔닝은 해당 고객층에 특별한 신뢰를 준다. 특히 만성피로 연구모임이란 공익적인 명칭은 OOO병원, OOO의원보다는 덜 상업적이고, 만성피로를 연구하는 전문가집단 같은 느낌을 주어 고객의 신뢰를 더한다.

또한 다수의 방송출연과 매스컴 보도도 고객들에게는 상당한 신뢰요소로 작용한다.

◎ 그 외의 신뢰요소

다음의 이미지와 같은 시공과정을 보여주는 동영상, 판매액의 일정금액 기부,

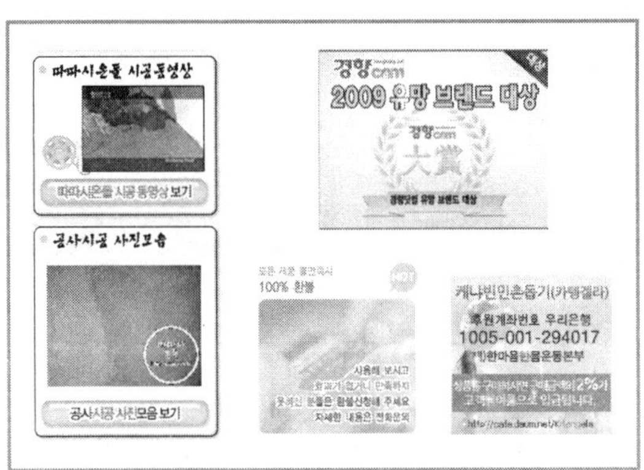

이름 있는 기관의 수상경력, 고객 불만족 시 환불 등의 요소들이 고객의 신뢰를 높여준다.

마케팅지도사 김기수의 핵심포인트

1. 고객에게 믿을 수 있는 요소들을 넣어 고객신뢰를 얻어라.

2. 수많은 경쟁업체 속에서 살아남기 위해서는 보다 차별화된 신뢰가 필요하다.

3. 자신이 가지고 있는 신뢰요소를 최대한 표현하라.

3) 먼저 구매한 고객의 이야기로 새로운 고객을 잡아라(안심)

지금까지 홈페이지에 들어온 고객에게 '결과'로 시선을 끌고, '신뢰'로 홈페이지의 믿음을 주었다면 이제 먼저 구매한 고객의 이용후기로 고객을 '안심' 시켜라.

이 '안심'으로 인해 고객은 본인의 소비행위를 정당화시킨다.

얼마 전 오픈 마켓의 선두주자인 옥션과 G마켓에서 고객들을 대상으로 조사를 한 적이 있다. 조사내용은 '구매를 결정하는데 어떤 요소가 가장 영향을 미치는가?'였다. 결과는 어떻게 나왔을까?

구매를 결정하는데 가장 영향을 미치는 요소는 예상과 달리 가격이 아닌 이미 사용한 고객들의 댓글이었다. 바로 고객후기였던 것이다. 가격으로 경쟁하는 오픈 마켓에서 당연히 구매결정의 요소는 가격이라고 생각했던 일반적인 생각을 뒤집는 조사결과였다.

이 결과에 의하면 고객은 조금 비싸더라도 좋은 내용의 고객후기가 많이 올라온 상품을 선택한다는 것을 알 수 있다.

그만큼 고객후기가 고객을 안심시켜 구매로 이어지게 하는 중요한 요인이었다는 것이다.

그래서 고객후기는 중요하다. 이제 고객후기를 모으는데 전력을 다해야 하는 이유를 알았을 것이다. 하지만 고객후기를 모으기란 만만치 않다.

그래서 약간의 방법을 알려 주려고 한다.

혹시 전봇대 이론이라고 들어보았는가?

전봇대 이론이란 깨끗한 전봇대 주변에 어느 누군가가 쓰레기를 하나 둘씩 버리다 보면 순식간에 주변이 쓰레기 천지가 된다는 것이다.

이 이론을 적용해 보면 아무도 고객후기를 쓰지 않은 곳에 처음으로 고객후기를 쓰는 것은 매우 어렵지만, 몇 개의 고객후기만 모이면 이후는 훨씬 쉽게 고객후기를 모을 수 있다는 것이다. 그래서 처음 몇 개의 고객후기는 돈을 주더라도 모으라고 했다. 안되면 지인을 동원해서라도 몇 개의 고객후기를 올려 놓으면 좀 더 쉽게 후기를 모을 수 있다. 그리고 고객후기를 써주시는 고객에게는 특전을 주어라. 그렇게 해서 고객후기가 압도적으로 모이게 되면 그것만으로도 매출이 올라갈 수 있다.

안심을 표현한 사례

◎ 사진촌

사진촌 (개편 전)

사진촌 (개편 후)

옆 사례는 성동구에 위치한 아기사진을 전문으로 하는 사진관의 홈페이지이다.

이 홈페이지에서 개편 전과 개편 후의 차이는 보는 바와 같이 고객후기 게시판을 메인 전면에 배치했느냐 안 했느냐의 차이뿐이다. 후기 게시판 한 가지만 변경하였는데 아기사진에 대한 문의와 계약이 눈에 띄게 늘었다고 한다. 지금 이 업체의 대표는 홈페이지 전면 개편까지 계획하고 있다. 어떤가? 당신은 위 두 개의 홈페이지 중 어떤 홈페이지에 반응하겠는가? 특히 이 업체의 주 고객층은 어린아이를 둔 엄마들이다. 여성들 특히 엄마들의 경우는 입소문이 빠르고, 참여하는데 적극적이다. 이 고객층은 조그마한 특전만 있어도 어렵지 않게 고객후기를 모을 수 있다. 만약 당신이 여성, 특히 엄마들을 주 고객층으로 두고 있다면 지금 당장 고객후기를 모아라. 그 효과는 생각보다 훨씬 클 것이다.

◎ 자연의 신비(목화석 전문점)

위 사례는 경기도 광주에서 목화석(규화목, 나무화석)을 판매하는 업체의 홈페이지이다.

이 홈페이지는 차별화된 고객후기로 좀 더 효과를 보고 있다. 여기서는 고객후기 게시판을 고객이 보내준 사진 이미지와 함께 보여주고 있다. 일반적인 텍스트만 있는 고객후기보다는 이미지가 첨가된 고객후기가 고객의 시선을 더 많이 끄는 것은 당연하다. 혹 고객후기를 이미지와 같이 올릴 수 있다면 홈페이지 제작 시 이미지와 텍스트를 같이 보여지게 하라. 좀 더 고객의 반응을 유도할 수 있다.

이미지가 없다면 그 고객이 신청했던 제품의 이미지를 같이 올려놓아도 될 것이다.

고객후기를 보러 온 고객들이 '어떤 제품을 구입하고 이런 후기를 올렸을까?' 하는 궁금증도 풀리고, 제품에 대한 안심도도 높아질 것이다.

◎ 캔프로 정수기

위 사례는 정수기와 비데를 전문으로 판매하는 업체의 홈페이지이다.

이 홈페이지는 상단 우측에 보이듯이 고객후기를 받기 위해 최대 15만 원 캐쉬백이라는 특전을 주고 있다. 얼마나 고객후기를 중요하게 생각하면 이 정도의 혜택을 걸겠는가?

이렇게 모은 고객후기는 하단의 고객후기 게시판에 올려져 고객의 반응을 이끌어 낸다. 아무리 판매자가 좋다고 해봐야 고객은 콧방귀도 뀌지 않는다. 하지만 제

3자, 자신과 비슷한 다른 고객들의 추천은 구매를 결정하는 중대한 요소가 된다.

자! 이제 '안심' 요소인 고객후기의 효과를 알았으니 고객후기를 모아보자.

마케팅지도사 김기수의 핵심포인트

1. 고객은 다른 사람의 고객후기로 자신의 소비를 정당화시켜 구매를 하게 된다.

2. 구매를 결정하는 가장 중요한 요소는 먼저 경험한 사람들의 고객후기이다.

3. 전문가의 고객후기는 따로 강조하여 올려라.

4. 보다 효과를 내기 위해서는 상품이나 고객의 이미지와 함께 올려라.

5. 전봇대이론, 첫 고객의 후기는 돈을 주고라도 사라.

4) 거부할 수 없는 한정된 특전으로 고객의 정보를 모아라(오퍼·긴급)

홈페이지에 방문한 고객에게 '결과', '신뢰', '안심'의 요소를 다 보여주었는데도 구매를 고민하는 경우가 있다. 그렇다면 당신은 어떻게 하겠는가? 고민하다 나가는 고객을 빤히 쳐다만 보겠는가? 어떻게 들어온 고객인데, 언제 다시 들어올지 모르는 고객인데 이대로 홈페이지를 나가버리면 자신에게 정말 큰 손해일 것이다.

그런 손해를 최소화하기 위한 요소가 이번에 얘기할 '오퍼·긴급' 요소이다. '오퍼·긴급' 요소는 아직 구매를 결정하지 못한 고객에게 신청하지 않으면 크게 손해볼 것 같은 정도의 '오퍼'(특전)을 제공하여 '오퍼'를 신청한 고객의 정보(DB)를 모으는 것이다. 한번 나가면 다시 찾을 수 없는 고객의 정보를 모아 이후 마케팅에 중요한 자료로 활용하는 것이다. 특히 이렇게 모인 고객의 정보는 당신의 상품에 관심이 있고 구매확률이 높은 잠재고객의 정보인 것이다. 아마도 당신에게 이렇듯 꼭 필요한 정보를 다른 방법으로 모으려 한다면 엄청난 비용이 들어갈 것이다. 그 정보를 이용해 이메일, 문자, 뉴스레터 등을 발송하여 한번 나갔던 고객을 다시 자신의 홈페이지로 유도할 수 있기에 '오퍼·긴급' 요소는 중요한 것이다.

'오퍼'의 종류로는 정보가 담긴 소책자, 샘플신청, 할인쿠폰, 체험신청, 진단 등이 있다. 자신의 상황과 고객을 고려하여 '오퍼'를 결정하면 된다.

'오퍼'를 선정하면서 주의할 점이 있다.

첫째, 고객이 거부할 수 없는 매력적인 '오퍼'여야 한다. 신청해도 그만, 안 해도 그만인 그런 '오퍼'는 의미가 없다.

둘째, 자신이 판매하는 상품과 연관이 있는 '오퍼'를 선택하여야 한다. 그래야만 구매전환이 되는 잠재고객의 정보를 모을 수 있다.

셋째, '오퍼'는 무료로 진행하되, 고객의 정보는 착실히 모아야 한다.

만약 '오퍼'는 주고 고객의 정보를 못 모은다면, 낚시를 하면서 바늘이 부실하여 물고기는 못 잡고 미끼만 계속 없어지는 꼴이다.

넷째, '오퍼'는 긴급의 내용을 넣는 것이 좋다. 언제든 신청해도 되는 '오퍼'와 선착순 30명에 한해서 제공되는 '오퍼'가 있다면 당신은 어떤 '오퍼'에 더 반응하겠는가?

긴급의 내용이 들어가면 혹시 이 기회를 놓치게 되지 않을까 하는 조급함에 '오퍼' 신청률을 높일 수 있다.

한 번 더 강조하지만 내 홈페이지에 한 번이라도 방문한 고객은 반드시 필요한 고객 정보(이름, 이메일, 핸드폰 번호, 주소 등)를 남기고 가도록 해야 한다. 그래야 이후에 진행되는 마케팅으로 이어질 수 있다.

'오퍼·긴급'을 표현한 사례

〈그림 3〉 자라다(남아전문 방문미술 교육) **(메인페이지)**

위 사례는 서울과 수도권을 중심으로 남자아이만 전문으로 방문미술교육을 하는 업체의 홈페이지이다.

이 홈페이지는 〈그림 3〉 우측에 보듯이 '오퍼'로 "아들 가진 엄마가 미술교육 업체 선정 시 모르면 손해보는 5가지 노하우"와 "초보엄마도 가능한 엄마표 남자

아이 미술교육 노하우"를 소책자로 제공하고 있다. 고객을 아들을 자녀로 둔 부모로 한정하여 차별화를 하였고, 남아미술의 특성을 잘 살려 '오퍼'를 제공하고 있다. 미술교육을 고민하는 아들을 둔 부모들에게 매우 매력적인 '오퍼'이다.

메인페이지 '오퍼' 부문을 클릭하면 <그림 4>의 세부페이지가 뜬다. 여기서 보듯이 목차를 자세히 알려 소책자 다운로드를 유도하였다. 다운로드를 신청할 때 적어야 하는 내용이 다소 많아 고객의 번거로움을 야기시키는 단점이 있는 반면, 소책자를 신청한 잠재고객의 구체적인 정보를 얻을 수 있는 장점이 있다.

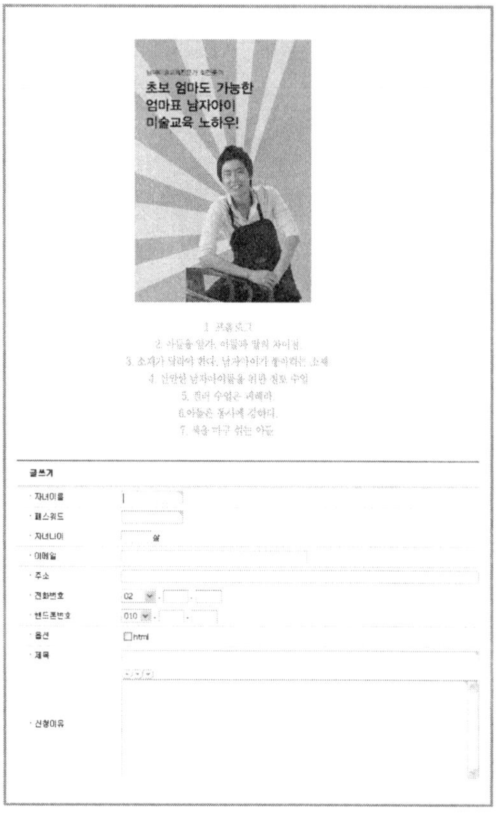

〈그림 4〉 자라다 (남아전문 방문미술 교육) **(세부페이지)**

여기서 아쉬운 점은 <그림 3>의 메인에서 보듯이 소책자의 내용이 너무 작은 글씨로 되어 있어 세부페이지 이동 후에야 그 내용이 보인다는 것과 긴급의 요소를 가미하지 못했다는 점이다. 그리고 <그림 4>의 세부페이지에서 굳이 패스워드, 전화번호, 옵션, 제목 등 항목에 넣지 않아도 될 내용을 넣은 것이 아쉽다.

하나 더 지적하자면 소책자를 신청한 기존 고객들의 글이 신청페이지에서 같이 보여지면, 소책자를 신청하려는 고객들에게 안심요소로 작용할 수 있을 텐데 그 부분이 아쉽다.

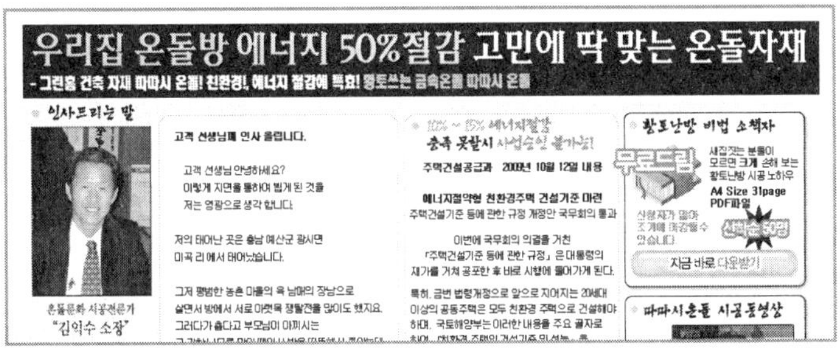

〈그림 5〉 황토구들장 (메인페이지)

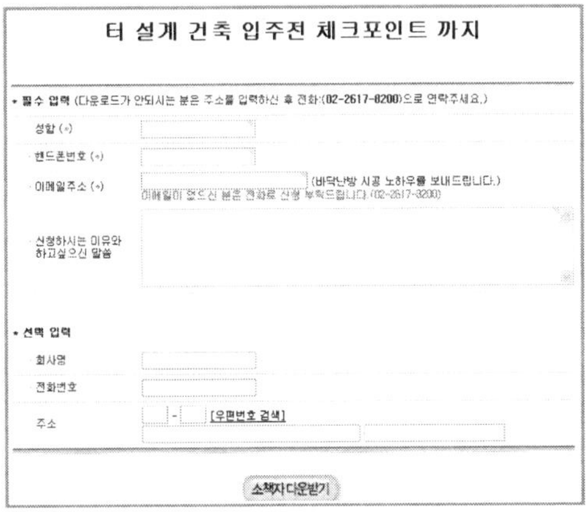

〈그림 6〉 황토구들장 (세부페이지)

위 사례는 바닥난방 황토구들장을 취급하는 업체의 홈페이지이다.

이 홈페이지는 <그림 5>의 우측에 보듯이 '오퍼'로 황토난방비법이란 소책자를 정했다. 또한 '선착순 50명'과 '신청자가 많아 조기에 마감될 수 있습니다'라는 문구를 넣어 긴급성을 고조시켰다. '오퍼' 부문을 클릭하면 <그림 6>의 세부페이지가 뜬다. 여기서는 <그림 4>와는 달리 핸드폰 번호를 넣었으며, 선택입력사항을 넣어 좀 더 적극적인 고객은 회사명, 전화번호, 주소까지 모을 수 있게 되어 있다.

이 업체는 '오퍼 · 긴급'의 요소를 넣은 홈페이지로 전환한 후 6개월 만에 6,000명의 잠재고객 정보를 모으는 성과를 올렸다. 물론 전시회 참가한 부스 방문객들에게 '오퍼 · 긴급'의 요소를 표현한 전단지 배포도 함께 진행되면서 나온 성과이지만, 기존에는 수십만 장의 전단지를 돌려도 얻을 수 없는 결과였다. 요즘에는 모아진 고객정보를 이용해 전시회에 참가 시 문자를 보내기만 하면 잠재고객들이 줄을 이어 부스로 방문하고 계약이 이루어져 매출로 연결된다고 한다.

〈그림 7〉 커피비 **(메인페이지)**

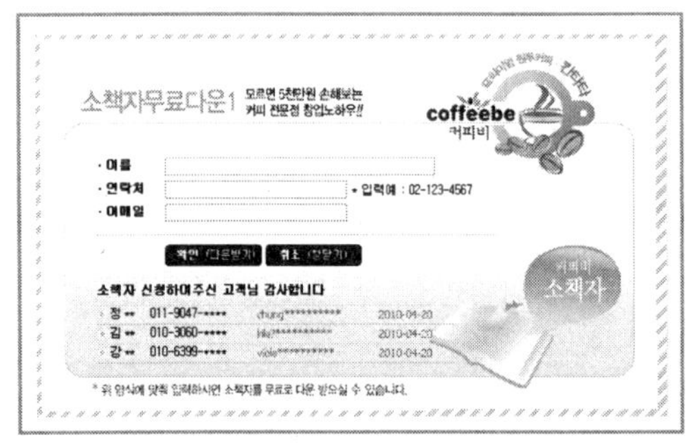

〈그림 8〉 커피비 **(세부페이지)**

위 사례는 원두커피전문 쇼핑몰 업체의 홈페이지이다.

이 홈페이지는 <그림 7>의 우측에 보듯이 '오퍼'로 커피관련 소책자 2종을 주고 있다.

'모르면 5천만 원 손해 보는'이라는 문구로 왠지 신청 안 하면 큰 손해가 있을 것 같은 느낌을 주어 신청을 유도하였고 '의사가 알려준' 이라는 문구를 넣어 전문가의 견해로 신뢰성을 높였다.

　메인페이지의 '오퍼' 부문을 클릭하면 <그림 8>의 세부페이지가 뜬다. 여기서는 다른 예와 달리 소책자를 신청한 사람들을 보여줌으로써 '나 말고도 소책자를 신청하는 사람이 많구나' 하는 느낌을 주었다.

　'오퍼'의 내용을 쭉 살펴보니 어떤 생각이 드는가?

　'오퍼' 하나 만드는데도 이렇게 업체마다 차이가 난다. 중요한 점은 더 많은 고객이 '오퍼'를 신청할 수 있도록 필요요소를 곳곳에 넣어주어야 한다는 것이다.

　지금까지 성공홈페이지 제작의 70% 이상을 차지하는 메인페이지 작성 노하우에 대하여 알아보았다. 무엇보다도 중요한 것은 고객의 입장에서 고객이 고민하고 고통 받는 부분을 해결하고자 해야 한다. 또 이 업체와 거래해야 하는 명확한 이유가 메인페이지에 차별화되어 있어야 한다.

　결과, 신뢰, 안심, 오퍼 · 긴급의 기본 4대 요소만 잘 적용하면 지금의 홈페이지(자신의 홈페이지나 경쟁자의 홈페이지)보다 훨씬 많은 고객의 반응을 일으켜 당신의 매출이 올라갈 것이다.

5. 자세하고 세심한 배려로 고객의 입장을 살펴라
(세부페이지 작성 노하우)

이제부터 세부페이지의 작성 노하우에 대하여 알아보자. 세부페이지의 기능은 메인페이지와 명확히 구분된다. 다시 말해 고객의 입장이 다르다는 것이다. 메인페이지에서는 고객이 이 업체가, 이 홈페이지가, 혹은 이 홈페이지의 상품이 고객 자신에게 필요한가? 하고 살펴보는 입장이었다. 다시 말해 일반 잠재고객이었다.

반면 세부페이지에서의 고객은 이미 메인페이지에서 결과, 신뢰, 안심, 오퍼·긴급의 요소들에 의해 기본적인 호감과 신뢰도가 높아진 고객이다. 다시 말해 구매전환 가능성이 높은 잠재고객인 것이다. 세부페이지는 메인페이지에서 적어도 한두 번의 클릭이라는 고객의 행동을 거쳐야만 나타나는 페이지이다. 이러한 세부페이지의 특성을 잘 파악해야만 좀 더 내 고객에 맞는 세부페이지 작성이 가능하다.

세부페이지의 종류는 회사소개, 약도, 회원가입, 게시판, 상품소개, 이용안내 등이 있다. 업체의 특성이나 홈페이지의 목적에 따라 필요요소를 선택하여 작성할 수 있다. 여기서 중요한 것은 메인페이지에서도 언급되었듯이 다른 홈페이지에 있다고 별 생각없이 세부페이지를 만들지 말라는 것이다. 자신의 홈페이지에 꼭 필요한 페이지만을 만들고, 그 구성요소들을 최대한 구체화하면서 단순화 시켜 고객의 이해와 편의를 극대화 하여야 한다. 불필요한 세부페이지는 고객을 짜증나게 할 뿐 아니라 홈페이지 제작비용도 증가시킨다. 세부페이지 하나하나마다 웹 프로그램과 웹 디자인 작업이 들어가므로 비용은 자연스레 상승된다. 굳이 필요 없는 세부페이지를 만들어 고객의 불편함과 제작비용 증가를 야기할 이유는 없다.

세부페이지를 만드는데 있어 기본적인 원칙은 하나의 페이지에 하나의 콘셉트와 목적을 가지고 만들라는 것이다(1페이지 1콘셉트).

이 말은 하나의 세부페이지에 회사소개도 하고, 이용 안내도 하고, 약도도 넣는 방식으로 하지 말라는 것이다. 내용이 많아지면 세부페이지의 길이도 길어져서 한 번에 보이지 않고 밑으로 계속 내려가면서(스크롤 하면서) 보아야 한다. 이 또한 고객의 불편을 야기시키는 요소이다. 그리고 여러 가지 내용을 한 페이지에 넣게 되면 집중도가 떨어져서 고객에게 내용 전달도 잘 안 된다.

세부페이지의 형식에는 크게 고정형과 게시판형 두 가지로 나누어진다.

고정형은 회사소개, 약도, 전문가소개 등과 같이 설명된 내용이 고정되어 보이는 것이다. 반면 게시판형은 공지사항, 문의/답변, 고객후기, 제작사례 등과 같이 게시판 형식으로 되어 있어 새로운 콘텐츠에 의해 보이는 부분이 변화된다. 각 세부페이지의 특성에 맞춰 형식을 결정하라.

마지막으로 세부페이지의 디자인은 메인페이지의 디자인과 콘셉트를 맞추어야한다. 디자인 콘셉트를 동일화하여 일체감 있는 홈페이지로 보여야 혼란스럽지 않고 안정감 있어 보인다.

다시 말하지만, 세부페이지 하나를 만들더라도 고객과 상품, 그리고 그 페이지의 특성에 따라 명확한 목적을 세우고 역할에 맞게 만들어야 할 것이다.

1) 회사소개

세부페이지에서 가장 먼저 진행되어야 할 페이지가 회사소개 페이지이다. 몇몇홈페이지의 회사소개는 별 목적과 역할 없이 만들어져 있다. 최소한 지금까지 이책을 읽은 사람이라면 그렇게 만들어진 회사소개 페이지는 아무런 역할을 하지 못하는 페이지이고 잘못된 것임을 알 것이다.

회사소개 페이지는 기본적으로 회사의 경영이념과 설립목적, 연혁 등의 내용을기술하여 홈페이지의 목적을 알리고 고객의 신뢰를 높이는 목적으로 만들어져야한다.

일반적인 회사소개 사례

경영이념과 설립목적, 연혁 등 필요요소가 잘 나타난 회사소개 사례

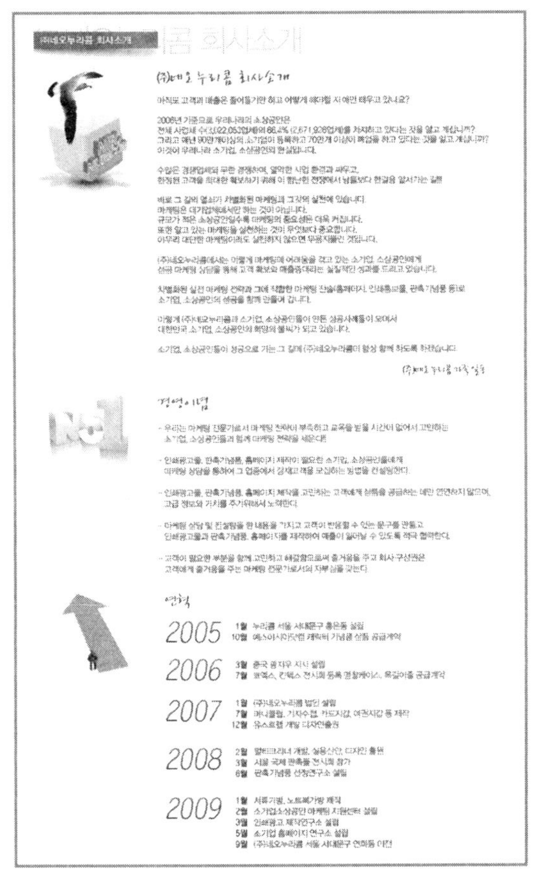

　　이번 사례는 위 두 가지 사례를 보기만 해도 특별한 설명이 필요하지 않을 것이다. 항상 고객의 입장에서 생각하라. 당신이 고객이라면 두 가지의 회사소개 중 어떤 회사소개에 신뢰가 가겠는가? 당연히 두 번째이지 않겠는가? 물론 두 번째도 부족한 부분이 있다. 특별한 의미 없는 디자인 이미지보다는 직원들과 같이 찍은 대표의 사진이나 회사 사무실의 모습을 담은 사진이 들어가고 그 사진 밑에 간단한 설명이 들어간다면 고객의 신뢰를 더 높일 수 있을 것이다.

2) 약도

약도는 주로 회사소개 페이지에 같이 들어가 있다. 약도 또한 차별화된 모습으로 그 업체만의 특성을 살릴 수 있다. 특히 고객의 방문이 필요한 업체의 경우는 매우 중요하므로 신경 써서 제작하여야 할 것이다.

일반적인 기본 약도 사례

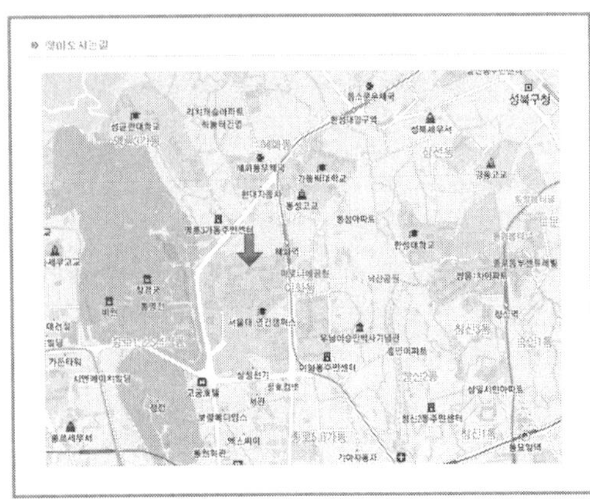

고객의 입장에서 만들어진 차별화된 약도 사례

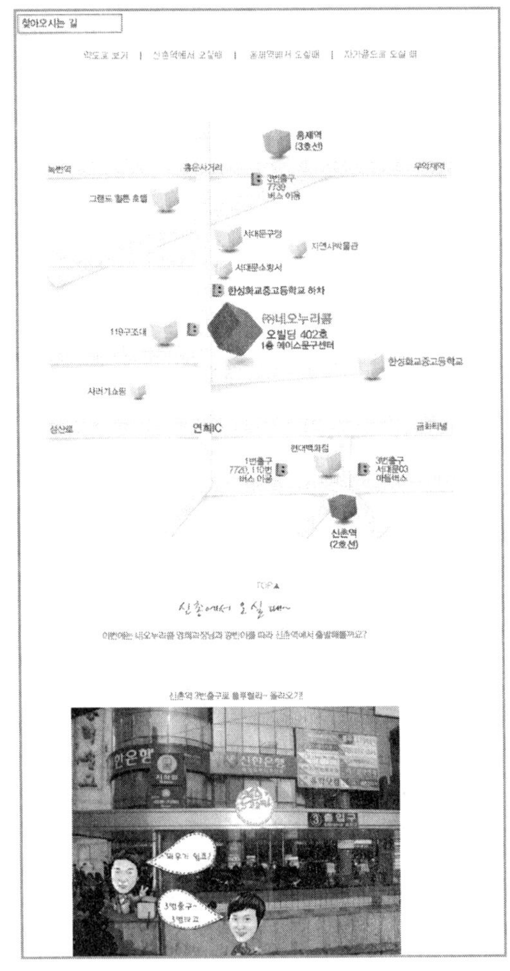

앞의 두 가지 약도 중 어떤 것이 고객이 쉽게 찾아오는 약도이겠는가?

첫 번째 약도는 포털사이트의 지도검색을 활용하여 제작된 약도이다. 별 고민 없이 간단히 만들 수 있는 약도이다.

두 번째 약도는 자체적으로 약도를 작성하였고, 하단에는 캐리커처를 이용하여 실제 찾아오는 길목을 실제사진으로 설명하고 있다(캐리커처 사례는 지면이 모자라 전부 보여주지 못하고 첫 이미지만 실었다.). 자체적으로 제작하였기에 목적지 주변이 상세히 설명되어 있다. 그리고 다른 홈페이지에서는 찾아보기 힘든 실제사진과 직원 캐리커처를 이용하여 차별화하고 고객의 이해도를 높였다.

약도는 고객이 업체를 찾아가는 중요한 길잡이이다. 고객이 쉽게 찾아갈 수 있도록 최대한 구체적이어야 한다. 약도만 보아도 누구든 찾아갈 수 있어야 그 기능을 다한 것이다.

위 두 약도는 공통적으로 미흡한 부분이 있다. 요즘은 차량에 내비게이션 탑재가 보편화 되어 내비게이션을 활용하여 길을 찾아간다. 그렇다면 약도에 무엇이 필요하겠는가? 주소와 연락처가 필요하다. 약도 하단에는 반드시 주소와 연락처를 기재하여 내비게이션을 이용하는 고객의 편의를 도모하라. 물론 홈페이지 어딘가는 주소나 연락처가 기재되어 있을 것이다. 하지만 약도가 아닌 다른 곳에 있는 주소와 연락처는 또 한 번 그곳을 찾아야 하는 고객의 불편함을 더할 뿐이다. 고객에게 불편함을 주는 순간 매출은 떨어진다는 점을 명심하라.

약도는 신뢰가 떨어지는 인터넷 상에서는 유령업체가 아니고 실존하는 업체임을 보여주어 고객신뢰를 높이는 또 다른 역할도 있으니, 고객방문이 거의 없는 업체라도 작성하여 올려놓는 것이 좋다.

3) 게시판

게시판에는 공지사항, 문의/답변, 고객후기, 제작사례, 인쇄시안, 자유게시판 등 여러 목적의 게시판이 있다. 게시판을 작성할 때에는 크게 아래 두 가지 정도를 유념하면 된다.

첫째, 게시판 세부페이지 상단에 이 게시판은 어떤 취지로 만들어졌고 어떻게 운영 되며, 어떠한 글들이 올라와야 하는지를 구체적인 설명카피로 명시하라.

게시판의 특성에 따라 관리자만이 글을 올릴 수도 있고, 고객이 글을 올릴 수도 있다. 아무런 설명 없이 게시판이 만들어 졌다면 고객이 그 게시판의 취지와 다른 글을 올릴 수도 있다. 또 고객의 글이 올라와서는 안 되는 곳에 글이 올라올 수도 있다. 이렇게 되면 나중에 관리하는데 손이 더 갈 수 있다.

무엇보다도 게시판의 기본적인 설명은 고객에 대한 기본 서비스임을 인식해야 한다.

둘째, 꼭 필요한 게시판만 작성하라. 굳이 자신의 홈페이지에 필요치 않은 게시판을 만들지 마라. 이런 게시판은 이후에 활성화가 안 된 죽은 게시판이 될 수 있다.

게시판 설명이 없는 일반게시판 사례

게시판의 특성과 이용방법 등 구체적인 설명이 들어간 게시판

앞의 두 사례는 고객후기 게시판의 서로 다른 사례이다. 두 가지 사례를 비교해 보자.

우선 첫 번째 구체적인 설명이 없는 게시판은 후기를 쓰고자 하는 고객이나 후기를 참고하고자 하는 고객에게 아무런 메시지가 없다. 반면 두 번째 게시판은 고객에게 이 게시판의 목적과 후기 작성 시의 오퍼까지 상세히 설명되어 있어 고객이 게시판을 이용하는데 도움을 주고 있다. 그리고 흔한 일은 아니지만 구체적인 설명이 없으면 첫 번째 게시판처럼 고객후기가 아닌 글 다시 말해 다른 게시판에 올려져야 할 글들이 올라오는 경우가 있다. 이렇게 되면 홈페이지 관리자가 해당 게시판으로 일일이 옮겨야 하는 번거로움이 있는 것이다. 시간이 돈임을 생각할 때 불필요한 비용이 들어가는 것이다. 고객의 이용에 도움을 주면서 불필요한 비용까지 절감할 수 있는 상세설명 게시판을 만드는 것이 당연하지 않겠는가?

4) 전문가 소개(직원 소개)

메인페이지 작성 노하우 중 신뢰부분에서 언급되었듯이 전문가로 포지셔닝을 하면 고객에게 신뢰를 주게 된다. 세부페이지에서 전문가 소개를 통해 메인에서의 신뢰를 극대화하자. 전문가 소개는 단지 대표나 직원의 간단한 소개로 만드는 것이 아니라 각각의 이미지와 전문가 포지셔닝, 이 일을 임하는 자세, 개인적인 생각 등을 넣어주는 것이 더욱 효과적이다.

이미지와 적절한 내용이 표시된 전문가 소개 세부페이지 사례 1

이미지와 적절한 내용이 표시된 전문가 소개 세부페이지 사례 2

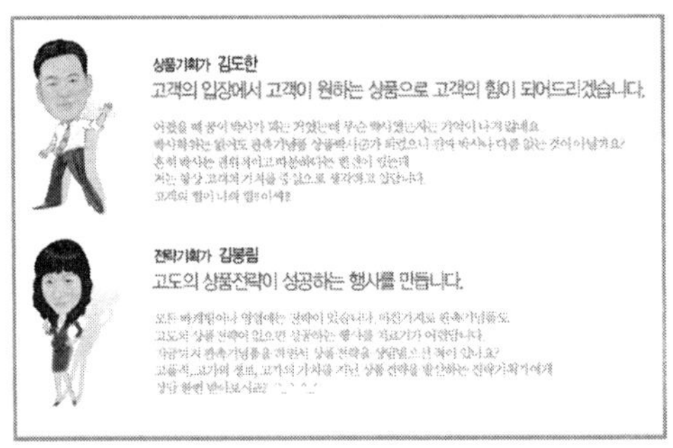

위 두 가지 전문가 소개 사례는 전문가의 모습으로 고객에게 다가가 신뢰를 주는 요소가 된다.

첫 번째 사례는 사진 전문점답게 자연스러운 개인의 사진들을 흑백, 칼라 제한을 두지 않고 올렸고, 대표자의 경우는 개인 인적사항까지 기재하여 고객에게 친밀감을 유도하는 좋은 사례이다. 두 번째 사례는 사진이 아닌 캐리커처를 이용하여 또 다른 차별화와 친근감을 높였다. 또한 각 전문가들의 구체적인 포지셔닝과 고객을 대하는 신념 등을 기재하여 전문적인 요소를 높임으로써 고객의 신뢰를 이끌어 낸다.

당신의 홈페이지가 이러한 전문가 소개 세부페이지가 없는 홈페이지라면 지금이라도 작성해서 당신의 홈페이지에 올려라. 성공홈페이지로 한 발짝 나아갈 것이다.

5) 회원가입

가장 기본적인 세부페이지 중 하나이다. 회원가입을 통해 구체적인 고객의 정보를 모을 수 있다. 고객정보의 중요성은 메인페이지 오퍼에서 이미 언급하였다. 최대한 많은 고객이 회원가입을 하도록 하여 고객의 정보를 최대한 많이 모으는 것이 목적이다. 인터넷을 이용하는 사람이라면 누구나 회원가입을 해보았을 것이다.

어떤가? 사실 회원가입은 고객의 입장에서 굉장히 불편하고 하기 싫은 것이다.

그리고 개인정보가 고스란히 입력되어지므로 개인정보 유출이 빈번한 상황에서 꺼려지는 일이기도 하다. 하기에 되도록 가입절차를 간소화하고 특히 주민등록번호와 같이 중요한 개인정보는 요구하지 않도록 하자. 사실 특별한 경우가 아니면 주민등록번호를 요구할 이유가 없다(고객정보를 팔아먹을 생각이 아니라면).

회원가입 사례 1

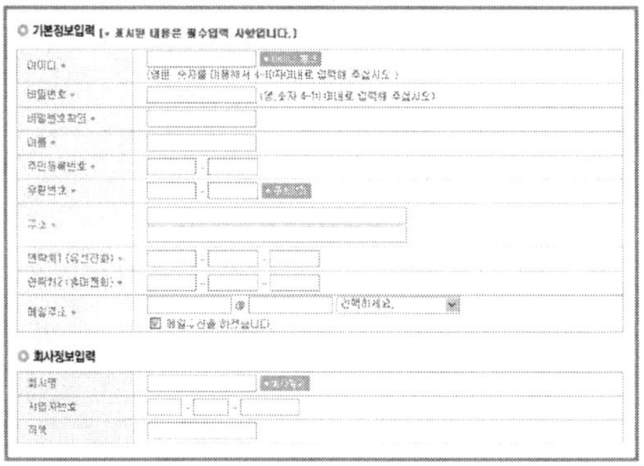

회원가입 사례 2

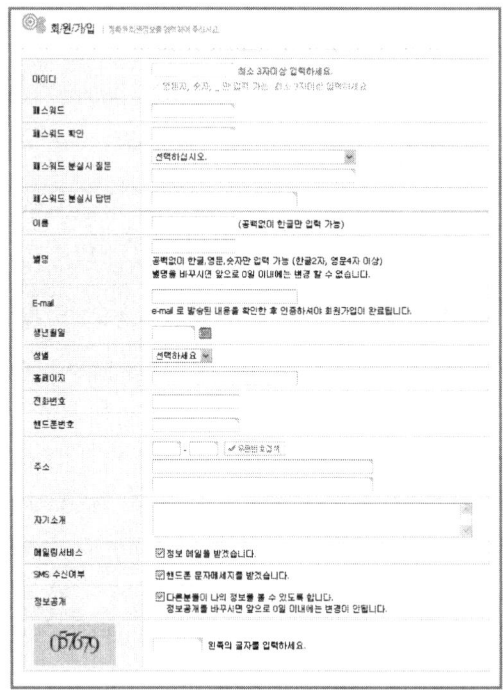

위 두 가지 사례에는 모두 보완해야 할 점들이 있다. 어떤 부분이 보완 되어야 하는지 알아보자. 첫 번째 사례부터 살펴보자. 첫 번째 사례는 나름대로 정리되어 기재사항을 최소화시켜서 고객의 회원가입 편의를 도모하였다. 필수기재사항과 선택기재사항으로 나누어 기재하도록 한 것도 고객의 가입편의를 제공한 것이라 할 수 있다. 그러나 무엇보다도 고객이 꺼리는 주민등록번호를 기재하게 하게 된 부분은 보완되어야 할 부분이다. 이것은 고객에게 회원가입을 망설이게 하는 가장 큰 원인이 된다.

두 번째 사례는 고객이 기재해야 할 사항이 너무 많다. 다시 말해 회원가입이 불편하다. 고객에게 불편을 주어 회원가입을 꺼리게 하는 중요한 요인이 된다. 하나씩 살펴보면 굳이 패스워드 분실 시 질문, 답변, 별명, 생년월일, 성별, 홈페이지, 자기소개, 스팸방지 글자입력 등은 기재사항에 들어가지 않아도 된다. 패스워드 분실 시는 이메일로 패스워드를 알려주면 되고, 스팸방지 글자입력은 게시판에 스팸 글이 올라오지 못하는 용도로는 사용해도, 회원가입에 스팸회원 방지 기능으로는 별 필요가 없다.

최대한 기재사항을 축소하고, 필수적인 고객 정보만을 요구하여 회원가입의 편리를 도모하라. 회원가입 세부페이지의 목적이 최대한 많은 회원의 정보를 모집하는 것임을 잊지 말아야 할 것이다.

6) 이용안내

이용안내는 고객이 홈페이지를 이용하는데 필요한 기본적인 이용정보를 상세하게 설명하여 고객의 홈페이지 이용을 도와주는데 목적이 있다. 고객이 홈페이지를 이용하면서 궁금해 할 사항들을 일목요연하게 정리하면 된다.

이용안내 사례

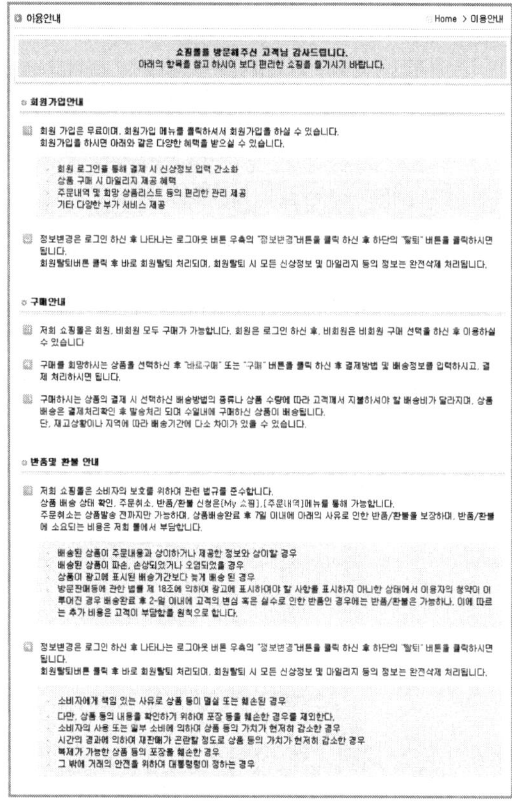

위 사례를 보면 각 단계별로 고객의 이용에 대한 자세한 설명이 나와 있다. 회원이 이용하면서 궁금해 할 비회원구매안내, 반품, 환불안내, 회원탈퇴안내 등은 고객의 홈페이지 이용에 많은 도움이 될 것이다.

7) 풋터(footer), 카피라이트(copyright)

이 부분은 세부페이지는 아니다. 홈페이지에서 일반적으로 들어가야 할 기본사항이기에 여기서 간단히 설명하고자 한다.

풋터(footer) 혹은 카피라이트(copyright)란 홈페이지 하단에 위치한 홈페이지 운영업체에 대한 기본적인 정보와 저작권을 표시한 부분을 말한다. 이 부분은 메인페이지는 물론 세부페이지에서도 항상 하단에 표시 되어진다. 일반적으로 회사명, 대표자, 사업자등록번호, 이메일, 전화번호, 팩스번호, 개인정보보호담당자 등이 표시된다. 특히 통신판매업을 하는 업체는 매우 중요하다. 법률로 이 부분에 기본사항을 표시하게 되어 있다. 만약 통신판매업을 하는 업체의 홈페이지에 기본사항이 표시되지 않으면 홈페이지가 웹상에 나타나지 않는다. 포털사이트 같은 경우는 이 사항을 위반했을 시 검색은 물론 사이트 등록도 거부되므로 반드시 표시되어야 한다.

통신판매업을 하는 홈페이지의 필수표시사항은 회사명, 대표자, 사업자등록번호, 연락처, 사업장주소, 통신판매업 신고번호, 개인정보보호담당자 등이다.

풋터, 카피라이트의 사례 1

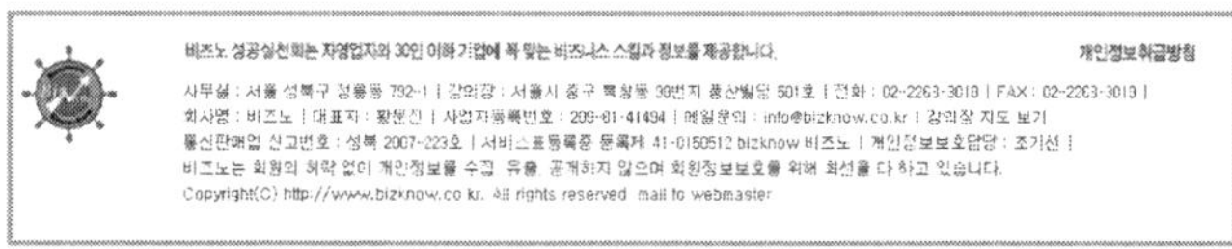

풋터, 카피라이트의 사례 2

첫 번째 사례에서처럼 기본사항을 넣는 것 외에 개인정보보호에 최선을 다한다는 문구를 삽입하여 고객이 안심하고 고객정보를 남길 수 있도록 하는 것이 좋다.

두 번째 사례는 일반적인 풋터를 약간 변형하여 차별화된 풋터를 보여주고 있다.

풋터에 기본적인 사항은 물론 입금계좌, 웹하드 정보, 업무시간, 운영 블로그, 이 업체가 운영하는 다른 홈페이지 등을 기재하여 고객에게 정보를 주는 공간으로 활용하고 있다. 일반적으로 들어가는 부분이라도 업체 특성에 맞게 내용을 첨가하고 디자인을 접목시키면 이 부분에서도 다른 경쟁업체와의 차별화를 꾀할 수 있는 것이다.

최근 리뉴얼한 사이트들에서 페이지 하단의 풋터를 보면, 많은 웹사이트에서 공통으로 나타나는 재미있는 디자인 경향을 볼 수 있다. 풋터 영역을 단순히 메인페이지로 가는 링크나 저작권 정보를 표시하는 용도로만 사용하지 않고 연락처 정보, 추가 메뉴, 블로그 링크, 일반 사이트 링크, 플리커 배지(Flicker badge) 등 추가 콘텐츠들을 넣는 영역으로 활용한다. 하지만 이곳에는 '덤'으로 몇몇 메뉴를 넣는 곳이지, 메인 내비게이션을 풋터에 넣는 것은 결코 좋은 생각은 아니다.

마케팅지도사 김기수의 핵심포인트

1. 세부페이지에 들어온 고객은 구매전환 가능성이 높은 고객이다.

2. 세부페이지에서 형성된 신뢰와 안심의 요소를 세부페이지에서 극대화하라.

3. 세부페이지는 꼭 필요한 부분만 제작하여 고객의 편의성을 높이고 비용을 절감하라.

4. 나만의 차별화된 세부페이지 작성으로 고객의 구매를 이끌어라.

5. 세부페이지는 하나의 페이지에 하나의 콘셉트와 목적을 가지고 만들어라.

6. 세부페이지의 디자인은 메인페이지와 동일한 콘셉트로 하여 일체감을 나타내라.

7. 모든 세부페이지 작성의 기본원칙은 고객의 입장에서 고객의 불편을 최소화하는 것이다.

6. 홈페이지 운영의 기본 노하우 11가지

이제 홈페이지의 제작은 마무리 되었다. 앞에서 설명한대로 모든 요소들을 넣어서 만들었다면 성공홈페이지의 50%는 진행된 것이다. 이제 이렇게 만들어진 성공홈페이지를 어떻게 운영하여야 고객의 반응을 극대화하고 매출로 이어질 수 있는지에 대하여 알아보자.

1) 살아있는 홈페이지! 활성화 게시판 운영 노하우

오프라인 매장에서 고객이 자리가 없을 정도로 바글바글하면 "이 매장은 장사가 잘되는 곳이구나, 이 매장에서 구매 하면 별문제가 없겠구나."하는 신뢰가 생긴다. 이러한 모습을 온라인 홈페이지에서는 어떻게 보여줄 수 있을까? 온라인에서는 오프라인처럼 활발하게 운영되어지는 모습을 직접 보여줄 수는 없다. 하지만 그런 효과를 낼 수 있는 방법은 있다. 바로 게시판의 활성화를 보여주면 되는 것이다. 이 말은 반대로 활성화되지 못한 게시판을 고객에게 보여준다면 고객은 바로 "여기는 장사가 잘 안 되는 곳이구나, 이곳에서 구매를 하고 싶지 않다." 등의 생각을 하고 나가버린다는 것이다. 생각해보라. 고객이 한 달에 하나의 글도 올라오지 않는 게시판을 본다면 그 홈페이지에 신뢰를 하겠는가? 게시판의 활성화란 이렇듯 중요하다. 게시판에 고객의 글이나 관리자의 글이 꾸준히 많이 올라온다면 고객의 신뢰를 얻을 것이다. 오퍼신청이나 문의사항, 답변 등이 활발하게 이루어지는 모습을 보이는 것이 중요하다.

하지만 게시판의 활성화가 쉽지만은 않다. 게시판 하나 활성화시키기 위해서 많은 노력과 관리가 필요하다. 이런 이유로 처음 홈페이지를 만들 때는 게시판의 수를 최소한으로 줄여서 만들어야 한다. 고객문의, 공지사항, 자유게시판 등을 각각 만들 것이 아니라, 하나의 게시판으로 만들어 게시글을 집중시켜 활성화되는 게시판의 모습을 보여주어야 한다.

예를 들어보자. 한 달에 고객문의가 5건, 답변이 5건, 공지사항이 3건 등 자유게시판에 올라오는 글이 5건 정도라 했을 때 이 내용들을 하나의 게시판에 모아놓으면 한 달에 18건의 게시글이 올라오는 게시판이 만들어지는 것이다. 당신이 고객이라면 한 달에 3~5건씩 정도 글이 올라오는 게시판 3개가 있는 홈페이지에 신뢰가 가겠는가, 아니면 한 개의 게시판이라도 한 달에 18건씩 글이 빈번하게 올라오는 홈페이지에 신뢰가 가겠는가? 우선은 게시판을 통합하여 집중적으로 활성화시키고, 이후에 게시글이 많이 올라올 때 게시판을 2~3개로 나누어 진행하는 것이 현명한 게시판 운영 방법이다.

그리고 활성화하기 어려운 게시판은 게시판의 형식으로 놔두지 말고 고정형으로 전환하라. 한 달에 하나 있을까 말까 한 고객문의 게시판을 만들어 굳이 고객의 신뢰를 떨어뜨릴 필요는 없는 것이다.

고객문의 게시판 사례

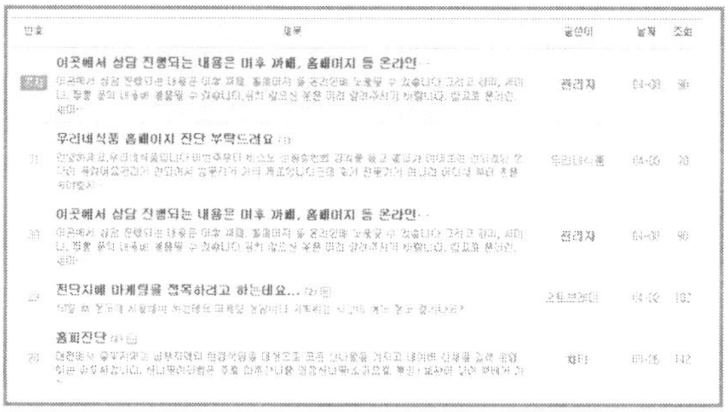

고객문의 고정형 사례

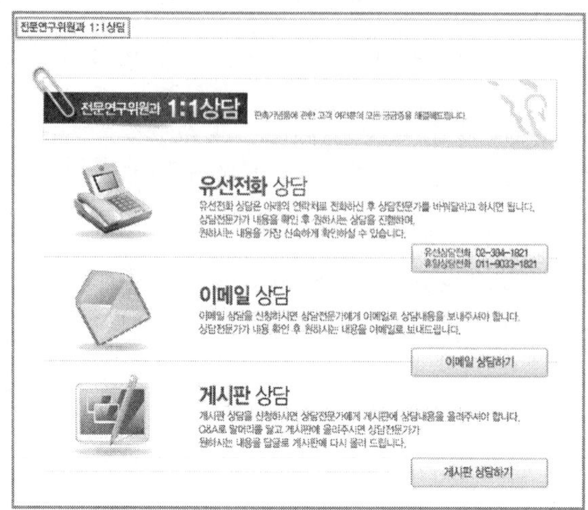

기본적으로 있어야 될 게시판으로는 고객후기와 사례(납품, 상담, 계약 등) 게시판, 질문/답변, 공지사항, 자유글을 쓰는 게시판 이 두 가지이다. 일단 이 두 가지만 있으면 홈페이지를 운영하는 데는 큰 무리가 없다.

고객으로부터 받은 문의와 고객후기는 형식에 구애받지 말고 최대한 받아서 게시판에 올려라. 고객문의의 경우 게시판에 글을 남기는 것은 물론 이메일이나 전화, 편지, 팩스 등 가능한 방법을 다 동원하여 고객이 편한 방법을 선택하게 하면 좀 더 많은 내용을 받을 수 있다. 일단 문의가 들어오면 그 내용을 게시판에 올려라. 이메일은 그 내용을 캡처해서, 전화는 그 내용을 그대로 적어서 올리고, 편지나 팩스의 경우는 스캔해서 올리면 된다. 고객후기 또한 비슷한 방법으로 올리면 된다. 앞서 메인페이지 안심요소에서 얘기했듯이 고객후기 게시판의 경우는 이미지와 같이 보이게 하는 것이 효과적이다. 텍스트만 있는 것이 아니라 고객이 올려준 이미지나 고객이 신청했던 상품이미지라도 같이 보이게 하는 것이 고객후기를 보는 고객들에게 반응을 더 일으킬 수 있다.

2) 정보를 발산하라.

끊임없이 정보를 발산하라. 고객은 상품이 아닌 고객이 필요로 하는 정보에 반응한다. 그러므로 오퍼로 상품과 관계되는 정보를 소책자로 제공하는 것이 많은 효과를 낼 수 있다. 꼭 소책자가 아니더라도 최대한 정보를 올려라. 게시판이든 세부페이지든 본인이 취급하는 상품과 관계되는 정보를 꾸준히 올려라

예를 들어 아기사진전문점의 경우는 아기사진 잘 보관하는 법, 집에서도 아기사진 잘 찍는 법, 아기사진 찍을 때 꼭 알아야 할 것들, 아기사진 업체 선정 시 주의사항, 야외에서 아기사진 찍을 때 디카 활용법 등 이런 정보들을 올려놓으면 정보에 목마른 고객들이 홈페이지를 방문하게 된다. 내용이 마음에 들면 게시판에 글도 남기고, 계약까지도 이루어지는 것이다.

이때 주의할 것은 정보의 내용을 한 번에 다 올리지 말고 시리즈 형식으로 몇 번에 나누어서 올리라는 것이다. 그래야 그 다음 내용을 궁금해하고 자주 방문하게 된다. 그리고 이런 글들이 모아지면 자연스레 소책자가 되는 것이다. 처음부터 소책자를 쓰려면 부담이 가니 아는 내용을 하나씩 정리해서 올리다가 어느 정도 내용이 되었을 때 소책자를 만들면 된다.

물론 홈페이지 전략에서 진행한 고객한정, 상품한정, 지역한정을 활용하여 세분화된 고객이 반응할 수 있는 구체적인 정보를 올리는 것은 기본적으로 전제되어야 한다.

3) 홈페이지 개편(리뉴얼)

아무리 잘 만들어 놓은 홈페이지도 2년, 3년이 지나도 그대로인 홈페이지는 고객에게 변화되지 못한 모습으로 보여질 수 있다. 그렇다고 너무 자주 바꾸어서는 안 된다. 비용도 비용이지만 너무 자주 바꾸면 고객이 혼란스러워 한다.

2~3년 이상 되어 변화가 필요한 홈페이지는 개편이 필요하다. 홈페이지 개편

은 단순한 디자인 개편이 아닌 그간 운영하면서 파악되었던 개선되어야 할 부분들을 수정해 나가는 것이다. 게시판의 분할이나, 새로 생긴 신뢰요소들, 강조될 사항들의 변경, 고객의 욕구나 트랜드의 변경 등을 반영하여 개편하면 된다. 개편 또한 제작만큼은 아니지만 비용이 많이 들어가므로 신중하게 개편의 목적과 방향을 설정하여 철저한 계획 속에서 진행하여야 한다. 홈페이지 개편은 마케팅적으로 이벤트 등에 활용될 수 있으니 참고하기 바란다.

4) 글 올리기

홈페이지에 올려지는 모든 글은 인터넷 검색사이트에서 검색이 된다. 인터넷 검색을 해보면 하단에 웹 문서라는 부분이 있는데 이 부분이 홈페이지에 올려진 글들이 검색되어 표시되는 곳이다. 이 부분은 별도의 비용을 들이지 않고 홈페이지에 정보만 올리면 자연스럽게 광고, 홍보되는 부분이다. 때문에 이 부분을 잘 활용하면 의외로 많은 고객방문과 매출이 연결되는 성과를 낼 수 있다.

글 하나를 게시판에 올리더라도 이런 내용을 숙지하고 올려야 할 것이다.

★ 검색이 잘되는 글 작성하는 방법(236법칙) ★

검색은 사람이 하는 것이 아니라 검색사이트(네이버, 다음, 야후 등)의 로봇이 하는 것이다. 그러다 보니 일정한 법칙이 있는데 그 법칙을 잘 활용하면 검색이 좀 더 잘되는 글을 만들 수 있다. 검색로봇은 키워드를 통해서 검색을 한다. 키워드란 검색 되어지는 글에 포함되어 있는 주요 단어들을 말한다. 이 키워드가 어느 위치에 몇 번의 반복이 되느냐에 따라 검색이 잘될 수도 안 될 수도 있다. 검색은 반드시 텍스트화 된 글만 적용되며, 이미지화한 글들은 검색에서 제외된다.

키워드 정하기

키워드는 미리 진행한 홈페이지 전략의 내용을 기초로 정한다.

예를 들어 성동구 지역의 아기사진 전문 사진관으로 고객, 상품, 지역을 한정하였다고 하자.

이때 키워드는 아기사진, 돌사진, 백일사진, 성장앨범, 성동구 아기사진 전문점 등이 될 것이다.

제목 작성하기

먼저 제목을 정해야 하는 데 제목에는 선정한 키워드를 2번 정도 반복하여 적고 20자 이내로 작성한다.

예를 들어 아기사진을 키워드로 했다면,

"아기사진 잘 찍는 방법"이라는 제목보다는 "아기사진 전문가가 말하는 아기사진 잘 찍는 방법" 이라는 제목이 검색에 유리하다.

내용 작성하기

제목을 정하였으면 내용을 작성하는데 여기서도 간단한 노하우가 적용된다.

본문의 문장은 가능한 3줄에서 단락을 나누고 그 안에 키워드를 3번 정도 반복한다. 그리고 문장의 글자 수는 가능한 600자가 넘지 않게 한다.

예를 들어 제목을 "**아기사진** 전문가가 말하는 **아기사진** 잘 찍는 방법"으로 정했다면 내용을 아래와 같이 작성해 나가면 되는 것이다.

"많은 고객들의 요청으로 **아기사진** 잘 찍는 방법을 올립니다. 앞으로 야외에서나 집에서 귀여운 모습의 **아기사진**을 찍고자 하실 때에는 다음의 몇 가지 사항을 잘 숙지하시고 찍으시면 원하는 모습의 **아기사진**을 얻을 수 있을 것입니다.

아기사진을 잘 찍는 방법 중 첫 번째는 ~ ~"

이제 이해가 되었는가? 기왕 올려야 할 글이라면 검색까지 잘되게 올리는 것이 당연한 것이다. 단, 주의할 점은 검색에 잘되게 하려는 욕심으로 키워드를 무리하게 반복하면 검색로봇이 광고성 글로 인식하여 아예 검색이 안 되는 경우가 있으니 조심하라. 지나친 욕심은 금물이다.

5) 댓글이 중요하다

게시판에 글 쓰는 것만큼 중요한 것이 댓글이다. 댓글이라 함은 이미 쓰인 글에 자신의 의견을 짧게 적어 글 하단에 붙이는 것을 말한다. 댓글이 많이 달린 글에는 신뢰가 가서 많이 읽히게 된다. 하여 될 수 있는 대로 댓글은 많이 다는 것이 좋다. 특히 고객이 올린 글에 댓글은 필수이다. 사람은 자신이 작성한 글에 다른 사람이 얼마나 반응하는지 알고 싶어 한다. 고객이 글을 작성하여 올렸는데 한참을 지나고 다시 들어가 확인했더니 아무 댓글이 안 달려있다면 고객은 다음 글을 쓰는데 주저할 것이다. 자신이 글을 올리는 경우는 글의 마지막에 댓글을 유도하는 한마디(정보가 마음에 드시면 격려 한마디 댓글로 부탁해요.^^)를 넣어 주면 댓글이 쉽게 달릴 수도 있다. 이렇게 달린 댓글들은 홈페이지 활성화에도 많은 도움이 되니 신경 쓰기 바란다.

6) 스팸성 글 안 올라오게 하기

홈페이지를 운영하다보면 스팸성 글들이 많이 올라오는 경우가 있다. 어떤 프로그램에 의해서 진행되는 것 같은데 이런 글들이 올라와 있으면 홈페이지 관리가 소홀한 것 같이 보여 고객의 신뢰가 떨어질 수 있다. 스팸글은 주로 댓글 형태로 올라오는데 이것을 방지하는 대표적인 2가지 방법이 있다.

하나는 스팸글 방지 프로그램을 쓰는 것인데 이 방법은 일정비용이 들어가고 간혹 방지 프로그램을 피해 들어오는 스팸글을 못 막을 때가 있을 수 있다는 단점이 있다.

다른 하나는 글쓰기에서 아래 보이는 것과 같은 숫자나 알파벳을 입력하도록 하는 스팸방지장치를 하는 것이다. 이것은 홈페이지 제작 시 진행하면 별도의 비용 없이 진행할 수 있는데 글 쓰는 고객에게 번거로움을 준다는 단점이 있다.

게시판 글쓰기에 설치된 스팸방지장치 사례

7) 로그분석하기

홈페이지를 운영하면서 운영자들이 가장 궁금해 하는 부분은 어떻게 방문자들이 들어왔고, 어떤 부분에서 방문고객이 반응을 하고, 어떤 페이지를 많이 보는가 등이다.

로그분석이란 바로 이런 내용들을 분석해서 알기 쉽게 정리하는 것을 말한다.

보통 홈페이지 제작을 하면 관리자 프로그램에 기본 프로그램으로 들어가 있다. 그 내용이 부족하다면 전문업체에 맡겨서 보다 상세하게 진행하는 방법이 있다.

로그분석은 왜 중요한가?

로그분석은 현재 자신의 홈페이지가 제대로 효과를 내고 있는지를 판단할 수 있는 중요한 객관적인 자료가 된다. 로그분석을 하게 되면 누가, 언제, 어디서, 무엇을, 어떻게 했는지를 알 수가 있다.

첫째, 누가 방문했는가? 홈페이지제작을 하면서 설정하였던 한정된 고객(타깃팅된 고객)이 제대로 들어오고 있는가를 파악할 수 있다.

둘째, 언제 방문하는가? 고객의 홈페이지 방문 시기를 시간대별, 일별, 월별, 연별로 파악하여 고객의 방문 시기에 따른 특성을 알 수 있다.

셋째, 어디서 머물다 갔는가? 고객이 방문하여 관심 있게 본 페이지를 분석하여 각 페이지들의 고객반응도를 알 수 있다.

넷째, 무엇을 하고 갔는가? 고객이 홈페이지에서 어떤 행동을 하고 갔는지(정보를 남겼는지, 구매를 했는지, 그냥 나갔는지 등)를 분석하여 고객의 행위를 알 수 있다.

다섯째, 어떻게 들어왔는가? 어떤 키워드로 들어왔는가(지식인을 통해 들어왔는가, 블로그를 통해 들어왔는가, 직접 홈페이지주소를 입력하고 들어왔는가 등)를 분석하여 효과적인 마케팅 요소들을 적용할 수 있다.

이렇게 분석된 내용을 정리해 보면 내 홈페이지의 고객 타깃팅, 장단점, 세부페이지 구성, 마케팅 방향과 효과, 고객이 요구하는 제품과 서비스 등이 나온다.

이런 분석들을 보면서 향후의 홈페이지 전략이나 마케팅방향, 홈페이지 콘셉트 등을 수정, 보완할 수 있는 것이다.

로그분석사례(다음인사이드)

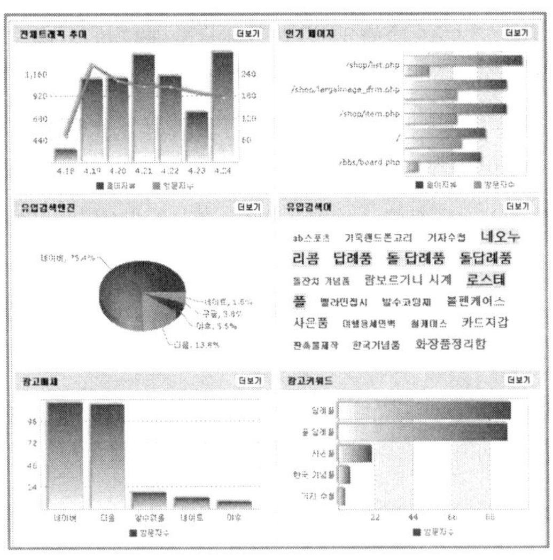

8) 온라인 마케팅(지식인, 블로그, 카페, 키워드, 바로가기, 연관검색어, 랭킹 등)

성공하는 홈페이지를 만들었으니 이제는 고객을 불러들이기만 하면 고객의 반응으로 매출이 이루어질 수 있을 것이다. 온라인상에서 고객을 불러들이는 것, 이것을 온라인 마케팅이라 한다. 온라인 마케팅은 비용을 기준으로 비용이 들지 않는 무료 마케팅과 비용을 지불하면서 진행되는 유료 마케팅으로 크게 나눌 수 있다.

무료 마케팅에는 지식인 마케팅, 블로그 마케팅, 카페 마케팅, 연관검색어, 웹문서검색 등이 있으며, 유료 마케팅에는 대표적으로 키워드광고와 제휴 마케팅 등이 있다.

보다 구체적인 내용은 이후에 진행되는 온라인 마케팅을 참고하면 될 것이다.

9) 일상을 나타내라. 대표와 직원, 회사의 일상을 알려서 감성을 자극하라

간혹 정보가 중요하다고 하니까 딱딱한 정보만 계속해서 올리는 운영자들이 있다. 물론 정보는 중요하지만 고객도 사람인지라 딱딱한 정보만 올라가 있는 홈페이지보다는 사람냄새가 나는 홈페이지에서 좀 더 많은 반응을 한다. 고객은 감성으로 구매하고 이성으로 구매를 정당화한다는 말이 있다. 감성이 중요하다는 것이다. 얼마나 중요하면 감성 마케팅이란 용어와 마케팅 영역이 생겼겠는가?

그럼 감성을 자극하는 내용은 어떤 것일까? 간단하다. 지극히 일상적이고 개인적인 글들을 수필이나 편지, 일기를 쓰듯이 그냥 대화하듯이 써서 올리면 되는 것이다.

예를 들어 직원들과 회식한 이야기, 야유회 갔다 온 이야기, 직원들과 교육받은 이야기, 일을 진행하면서 고객과 있었던 에피소드, 업무상의 실수로 가슴 졸인 이야기, 감동적인 고객후기에 가슴 설레었던 이야기 등의 내용이면 되는 것이다.

이러한 내용들이 게시판에 올라가 고객에게 읽혀진다면 고객의 감성을 자극시켜 또 다른 반응을 일으킬 것이다.

10) 이벤트

이벤트는 홈페이지 활성화와 단기간의 매출 상승, 고객의 정보수집 등 여러 가지 효과가 있다. 하지만 단발성의 이벤트나 가격할인 이벤트, 뚜렷한 목적이 없는 이벤트는 자칫 잘못하면 기업이나 상품의 이미지 손상, 성과 없는 비용지출 등 부작용도 만만치 않다. 이벤트를 진행할 때는 정확한 목적을 가지고 그에 맞는 이벤트를 진행해야 성과를 낼 수 있다. 이벤트 중에서 추천할 만한 이벤트는 체험이벤트이다. 체험이벤트란 고객에게 제품을 체험하게 하고 체험 수기를 받는 것이다.

체험이벤트로 다양한 마케팅 효과를 얻을 수 있다. 체험신청을 받으면서 고객의 정보를 수집하고, 고객이 직접 체험함으로써 입소문도 유도하고, 체험 후 올라오는 고객후기를 모으는 등 여러 가지의 효과를 얻을 수 있다. 반면 될 수 있으면 안 했으면 하는 이벤트는 가격할인 이벤트이다. 가격할인 이벤트는 이벤트 기간 중에는 매출이 올라가는 효과가 있을 수 있지만, 가격을 할인하다 보니 이윤이 적어지고, 이벤트를 마치고 난 후에는 매출이 급감하는 부작용이 있다. 그리고 구매예정 고객들에게 다음 가격할인을 기대하게 만들어 구매를 미루는 부작용과 상품의 이미지가 할인된 가격의 이미지로 굳어져 장기적으로 문제가 되는 부작용이 있다.

이벤트를 진행할 때에는 목적에 맞추어 단발이 아닌 연속성을 가지고 진행하며, 상품의 가격에 영향이 없도록 진행되어야 한다.

11) 고객의 반응에 즉각 대응하라

요즘같이 바쁜 시기에 고객을 기다리게 해서는 안 된다. 바쁜 시간을 쪼개서 홈페이지에 방문하고 글까지 남겼는데 운영자가 반응이 없다면 고객은 바로 경쟁사 홈페이지로 넘어간다. 고객이 매장으로 들어와서 상품에 대해 묻는데 아무 반응을 안 하는 것과 같은 것이다. 이 얼마나 말도 안 되는 이야기인가? 경쟁업체에서 고객을 빼와도 시원찮을 판에 내 홈페이지에 방문한 고객을 쫓아내는 어리석은 짓을 해서는 안 된다. 고객의 게시글이나 댓글, 문의, 구매 등에 바로바로 반응하라. 아무리 늦어도 반나절 이내에는 반응을 해야 한다. 특히 문의나 구매와 같이 중요한 고객행동에는 30분 이내에 반응을 해야 한다. 만약 바로 반응이 어려운 경우에는 빠른 시간 내에 자세한 상황을 설명하고 시간을 얻어야 한다.

이러한 즉각적인 반응을 돕기 위해 몇 가지 기능적인 프로그램들이 있는데 여기서는 대표적인 두 가지만 소개한다.

하나는 고객의 글이 올라오면 컴퓨터 하단에 조그마한 창이 뜨면서 그 사실을 알려주는 것으로 이 프로그램을 사용 시에는 매월 별도의 비용이 들어간다. 다른 하나는 고객의 글이 올라오면 지정된 이메일로 통보해 주는 것으로 이것은 홈페이지 제작 시 얘기하면 큰 추가 비용 없이 설치하여 계속 쓸 수 있다. 이 프로그램을 쓸 때는 이메일이 오면 컴퓨터 하단에서 알려주는 '하얀편지' 같은 무료프로그램과 같이 쓰면 효과적이다. 고객이 글을 쓰면 이메일로 통보가 되고 이메일로 통보가 되면 '하얀편지'가 알려주는 것이다.

마케팅지도사 김기수의 핵심포인트

1. 게시판은 활성화되기 전까지는 최소한의 개수로 집중하여 운영하라.

2. 고객은 정보에 목마르다. 끊임없이 정보를 발산하라.

3. 홈페이지의 글을 작성할 때도 웹 검색에 잘 검색되도록 작성하라.(236법칙)

4. 정확한 로그분석으로 고객의 반응을 체크하고 부족한 부분을 개선하라.

5. 일방적인 홈페이지가 아닌 고객과 소통하는 홈페이지를 지향하라.

6. 고객을 모으는 온라인 마케팅을 지속적으로 진행하라.

7. 일상적이고 개인적인 글로 고객의 감성을 자극하라.

8. 고객은 기다려주지 않는다. 고객의 반응에 즉각 대응하라.

7. 고객의 반응을 일으키는 성공홈페이지 사례

지금까지 고객이 반응하는 성공홈페이지의 제작 노하우에 대하여 알아보았다.
마지막으로 성공홈페이지 제작과 운영 노하우를 잘 적용하여 매출로 이어진 성공사례를 살펴보고자 한다. 이러한 성공사례들이 이 책을 읽는 소기업 소상공인들에게 타산지석이 될 것이라 믿어 의심치 않는다. 또한 이 성공홈페이지 업체들도 처음에는 지금의 당신 홈페이지와 다를 바 없었음을 밝힌다.

1) 마리하우스(커튼전문점)

개편 전 홈페이지

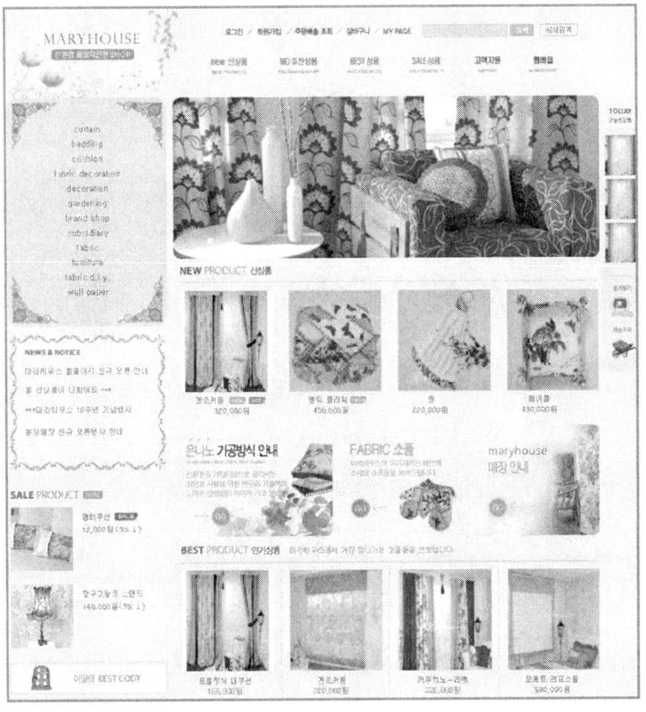

개편 후 현재 홈페이지

위 성공사례는 경기도 분당에 있는 커튼 전문점의 사례이다.

보는 바와 같이 홈페이지를 개편 전에는 상품을 중심으로 하는 아주 일반적인 홈페이지였다. 그 후 몇 번의 홈페이지 개편을 통해 현재의 홈페이지로 변화하였다. 사실 디자인적으로 보았을 때 두 홈페이지는 별 차이가 없다. 하지만 현재의 홈페이지를 보면 앞에서 언급한 고객반응 요소(결과, 안심, 신뢰, 오퍼 · 긴급)를 적절히 배치하였다.

결과

커튼을 구매하려 방문한 고객의 고민과 고통을 카피로 잘 표현해 주고 있다.

"우리 집에 잘 어울리는 커튼을 찾고 계세요?"(고민)

"커튼비용을 많이 투자했는데 만족스럽지 못하다고요?"(고통)

신뢰

"친환경 커튼디자이너 전문가"로 포지셔닝한 대표자 본인의 자연스레 웃고 있는 모습은 고객의 신뢰를 높여준다.

상단 우측의 "마리하우스 이야기"는 매장의 모습과 전문가들의 소개, 작업장 소개의 이야기로 역시 신뢰를 높이는 요소이다.

특히 커튼구매를 하고자 하는 고객이 알면 유용하게 쓰일 정보들이 곳곳에 위치해 있어 고객에게 전문가로 인식되어 신뢰를 준다.

"커튼/침구 주문 시 알아두세요", "커튼사이즈 수선안내", "예비신부를 위한 똑소리 나는 알뜰정보", "펜션스토리" 등이 그것들이다.

안심

우선 메인에서 보이는 안심요소는 하단에 위치한 "우리 집 자랑하기"이다.

고객후기라는 명칭은 안 썼지만 오히려 자연스럽게 우리 집 자랑이라는 콘셉트로 후기를 유도하고 있다. 메인에서는 안 보이지만 이 홈페이지 안심요소는 특징이 있다. 각 판매제품마다 고객후기를 올렸다는 것이다. 상품을 클릭하여 들어가면 각각의 상품에 대한 고객후기가 상품설명에 이어서 위치하고 있다. 그 상품을 사고 싶은 고객이 바로 그 자리에서 고객후기를 확인하여 안심하고 구매하게 한 것이다. 또 다른 차별화인 것이다.

오퍼 · 긴급

오퍼의 요소로는 상단 우측에 "커튼침구에 관한 유용한 정보를 소책자로 드립니다."라고 하여 소책자를 신청하게 하였다. 물론 소책자를 다운받기 위해서는 기본적인 정보를 입력해야 한다. 아쉽게 긴급의 요소는 넣지 않았지만 이만하면 고객의 반응을 확 일으키지 않겠는가?

이러한 홈페이지 개편 결과 이 업체는 매년 100% 이상의 매출성장을 만들어가고 있다(물론 다른 마케팅과 접목하여 나온 결과이지만 홈페이지의 영향이 컸다고 한다). 그럼에도 불구하고 이 업체의 대표는 요즘 들어 아직 부족하다며 다시 마케팅 교육을 신청해서 수강 중이다. 어느 정도의 성장이 되고 위치에 이르면 안일한 마음을 갖는 것이 인지상정이거늘….

이 업체의 대표를 보면 성공은 끊임없는 도전과 노력으로 이루어진다는 것을 다시 한번 느끼게 된다.

지금까지 성공하는 홈페이지 제작 및 운영에 대한 노하우에 대하여 살펴보았다.

어떤가? 이 글을 읽고 나니 자신의 홈페이지가 어느 부분이 잘못되었고, 어떤 부분을 개선해야 하는지 명확히 나타났는가? 만약 이 글을 읽고 지금이라도 그 부분을 느꼈다면 정말 다행이다. 혹 아직 이해가 안 되는 분들은 다시 한번 천천히 읽으면서 자신의 홈페이지와 비교해보기 바란다. 그래도 이해가 안 되는 분들은 "3251823@hanmail.net"으로 이메일 문의를 해주기 바란다. 문의사항에 대하여 성심성의껏 답변해 줄 수 있을 것이다.

여기에서 내가 알려준 모든 내용은 "고객의 입장에서 시작해서, 고객의 입장에서 끝난다"는 기본원칙의 바탕에서 나온 내용이다. 항상 고객을 중심에서 생각하고 진실한 모습을 보인다면 성공은 멀지 않은 곳에서 자신을 기다릴 것이다. 이 책에 실린 나의 조그마한 노하우가 여러 소기업, 소상공인들에게 전파되어 그들의 성공에 기여하기를 바란다. 이 책을 성공홈페이지 실용지침서로 생각하고 주변에 두어 문제가 생길 때마다 읽어보기 바란다.

소기업 소상공인의 성공은 사장의 업무시간과 비례한다고 하였다. 끊임없이 노력하고, 연구하여 실천하는 길만이 소기업 소상공인의 성공지름길일 것이다.

자! 이제 모든 준비는 끝났다.

성공이라는 목표를 향해 돛을 높이 올려라.

마지막으로 강의나 세미나 상담을 진행할 때 항상 강조했던 말을 하면서 마치고자 한다.

98 : 2!!!

100명 중에 2명!!!

세미나 강의를 듣고, 또는 책을 읽고

실천에 옮기는 사람의 확률입니다.

실천은 성공으로 가는 지름길입니다.

오늘도 엄청난 이론보다

백만 배 중요한 작은 실천을 위하여!!!

소기업 소상공인 파이팅!!!

제6장

온라인 마케팅

1. 온라인 인터넷이 우리의 일상을 바꾸고 있다

TV의 아성을 밀어내고 있는 인터넷

1990년대 후반의 당신의 일상과 오늘날 당신의 일상에서 인터넷이 차지하는 비중이 얼마나 바뀌었을까?

1990년대 후반에는 인터넷이 집집마다 연결되기 시작하였고, 많은 회사에서 홈페이지 사이트를 만들어 열심히 홍보하던 시기였다. 이메일을 만들고 나서 내 이메일 함에 몇 개의 이메일들이 들어오는 것이 신기할 정도로 인터넷은 새로움 그 자체였고 탐구대상이었다.

하지만 오늘날의 인터넷은 어떠한가?

인터넷이 없으면 일상이 없어질 정도로, 기본적인 생활 자체를 유지할 수 없을 정도로 우리의 생활 깊숙이 들어와 있다.

유아는 5~6세만 되어도 인터넷으로 게임을 하고 초등학생은 학교 숙제를 인터넷으로 진행한다.

중·고등학생은 온라인에서 과외를 하고 친구를 인터넷에서 사귄다.

대학에서 인터넷 없이 정보를 검색하려면 수십 배의 시간과 노력이 허비되며, 영화를 다운받아 보기 시작하면서 비디오가게, DVD 대여점이 사라지고 있다.

전자제품을 구매하기 위해 인터넷에서 가격비교를 하고 대리점이나 영업점에 가서 같은 모델을 무료 체험해 보고 다시 인터넷에서 최저가의 같은 모델 제품을 구매한다.

정보통신정책연구원이 2010년 3월에 발표한 "미래 소비자 20대의 미디어 이용자 트렌드 보고서"에 따르면, 우리 일상생활 속에서 꼭 필요한 매체가 10대, 20대는 인터넷이라고 답한 반면에, 30대 이상은 TV라고 응답한 것으로 나타났다.

10대와 20대는 거의 70%에 가깝게 인터넷이라고 답한 반면에 30대에서는 TV와 인터넷을 각각 50.5%, 43.7%로 응답하였으며, 40대에서는 각각 63.9%, 23.9% 그리고 50대, 60대에서는 TV로 답한 응답이 훨씬 더 높게 나타났다.

라디오에서 TV로 옮겨갔던 매스미디어의 강력한 영향력은 이제 인터넷에게 그 자리를 물려주게 된 것이다.

몇 개월 전에 출시된 아이폰의 열풍과 스마트폰으로 대변되는 모바일인터넷의 세계는 이제 언제 어느 곳에서도 인터넷이 손 안에서 가능한 것으로 바뀌었으며 인터넷은 이제 의식주와 마찬가지로 없으면 일상의 생활이 안 되는 것으로 여겨질 정도가 된 것이다.

온라인 인터넷 공간에 고객이 있다

옥션과 G마켓으로 대변되는 오픈마켓은 온라인 쇼핑몰의 지형도를 바꾸어 놓았다.

동네 슈퍼는 한편으로는 대형할인점이라는 대기업의 오프라인 매장과 싸워야 하고, 다른 한편으로는 수많은 판매자들을 거느리고 있는 온라인의 대형 오픈마켓들과 경쟁을 해야 하는 상황이다.

동네에서 점포 하나를 운영한다고 하더라도 당신의 경쟁업체는 길 건너의 경쟁업체가 전부가 아닐 수 있다는 것이다.

요즘은 맛있다고 소문난 식당을 찾아서 차를 타고 20분, 30분도 달려간다. 서울에서 제주도의 수산물 가게로 주문을 하고 수산물을 택배로 받는다.

온라인 쇼핑몰의 성장에 힘입어 택배시장은 해마다 10% 이상씩 성장하고 있다.

인터넷이 우리의 생활과 밀착되면서 시장은 급속하게 오프라인에서 온라인으로 바뀌어 가고 있다.

당신의 점포나 회사는 이러한 시장의 변화에 얼마나 대처하고 있는가?

당신이 지금 창업을 준비하고 있다면 온라인 마케팅에 대한 준비는 얼마나 되어 있는가?

온라인의 공간에서 상품을 구매하고자 하는 고객은 인터넷의 발전과 더불어 더욱 더 그 수가 늘어나고 있다.

고객은 지금 이 시간에도 온라인의 공간에서 당신의 상품을 구매하고자 하지만, 당신의 상품과 회사는 온라인 어느 곳에도 노출이 되어 있지 않다.

당신은 오래 지나지 않아 망하거나 극심한 매출 부진에 허덕일 수밖에 없다.

아니면 동네의 작은 점포를 운영하며 생활비 정도에 만족할 수밖에 없을지 모른다.

이 글에서는 소기업 소상공인들에게 꼭 필요한 온라인 마케팅에 대하여 기본적인 이론과 사례를 중심으로 기술을 할 것이며 지면의 제약 때문에 상세한 내용을 전달하기에는 어려움이 있을 것이다.

이에 대해서 양해를 부탁드리며 향후에 나올 가칭 『소기업 소상공인을 위한 온라인마케팅 실전기법』 단행본에서는 더욱 상세한 내용이 다루어질 예정이므로 이후에 발간될 책을 기대해 보는 것도 좋을 듯하다.

2. 온라인 마케팅의 핵심, 키워드를 잡아라

온라인 공간에서 상품을 구매하고자 하는 고객을 자신의 고객으로 모집하고자 한다면, 자연스럽게 온라인 마케팅의 기본적인 핵심단어와 프로세스를 확인하여야 한다.

온라인 마케팅을 진행하고자 할 때, 키워드의 핵심의미와 역할을 명확히 정립하지 않는다면 적지 않은 시행착오를 겪게 된다.

온라인 마케팅의 모든 고리는 키워드를 중심으로 움직이고 있기 때문이다.

키워드의 사전적인 의미는 컴퓨터에서 데이터를 검색할 때에, 특정한 내용이 들어 있는 정보를 찾기 위하여 사용하는 단어나 기호를 말한다.

이런 키워드를 일상에서는 어떤 경우에 많이 사용하고 있을까?

아래의 사전적 의미처럼 데이터 검색, 정보 검색을 하면서 제일 많이 사용하고 있다는 것을 알 수 있다.

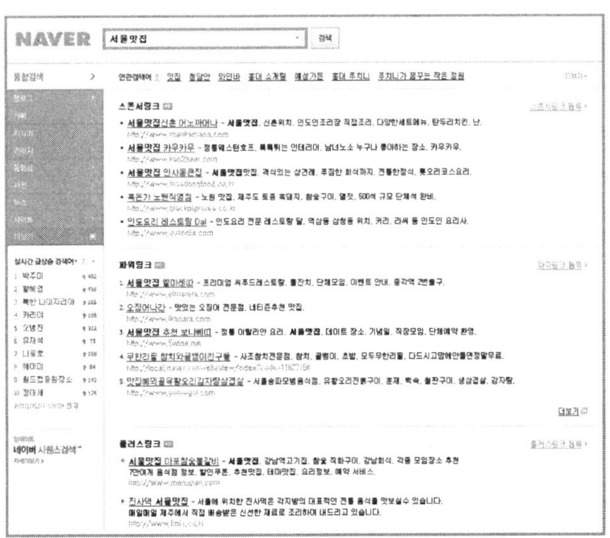

네이버에서 키워드 검색하는 모습

인터넷을 사용하는 사람치고 포털사이트에서 키워드를 입력하고 정보를 검색하는 행위를 해보지 않은 사람은 없을 것이다.

다음에 비해서 후발주자였던 네이버가 포털사이트의 최강자가 될 수 있었던 것도 키워드를 활용한 지식 검색 기능의 폭발적인 인기 때문이었다.

이러한 정보 검색, 지식 검색에서 단순히 정보를 찾기 위한 단어인 키워드는 온라인 마케팅을 진행하고자 하는 우리들에게는 다른 의미로 파악될 수밖에 없다.

온라인 마케팅을 진행하는 이들에게 키워드는 고객의 욕구를 파악하는 열쇠이며, 고객이 반응하는 콘텐츠의 핵심 문구이다.

온라인 마케팅을 진행할 우리들에게 고객이 자주 검색하는 키워드는 고객이 무엇을 원하고 무엇을 바라는지 금방 파악할 수 있는 아주 유용한 단서가 되는 것이다.

다이어트를 고민하는 고객은 단순히 다이어트라는 키워드를 검색하여 정보를 얻으려고 할 수도 있다. 하지만 어떤 고객은 '효과적인 다이어트 방법' 또는 '다이어트 운동비법'과 같이 더욱 세분화된 키워드로 자신의 부족한 정보를 얻으려고 노력한다.

요즘 고객은 자신이 원하는 단순 정보를 얻기 위해서 지식이 많은 사람에게 물어 보거나, 서점이나 도서관에 가서 책을 보거나 하지 않는다. 상품 구매에 대한 정보 검색일 때 그러한 현상은 더욱 두드러진다. 인터넷 상에서의 검색을 통하여 정보를 얻고 가격을 비교하고 구매로 이어진다.

다이어트 상품을 판매하는 사람이라면 고객이 검색하는 이러한 키워드를 자세히 살펴봄으로써 그 안에 들어 있는 고객의 욕구를 쉽게 파악할 수가 있다.

키워드가 고객의 욕구를 파악할 수 있는 열쇠였다면 또다시 키워드는 고객을 모으는 콘텐츠를 만들어 내는 데 있어서의 핵심 문구가 된다.

다이어트 상품을 파는 판매자가 키워드를 활용하여 고객의 욕구를 파악하였다

'효과적인 다이어트 방법' 이라는 키워드

면 이번에는 판매자가 고객의 욕구를 채워줄 수 있는 정보(콘텐츠)를 만들어내야 한다.

이 콘텐츠에는 당연히 고객의 욕구를 채워줄 수 있는 키워드가 들어가야 하는 것이며, 고객은 이러한 콘텐츠에 반응을 보이고 반복해서 정보에 노출됨으로써 결국에는 구매로 이어질 수 있는 것이다.

위의 그림에서 지식인이나 블로그, 웹문서에 노출된 키워드는 고객의 욕구를 파악하기 위한 열쇠가 되기도 하지만 바로 내가 만들어 낸 콘텐츠가 검색이 되는 핵심 단어이기도 한 것이다.

결국 다이어트 상품 판매자는 고객이 키워드로 검색하였을 때 자신이 만들어 낸

콘텐츠 내에 있는 핵심 문구들이 고객에게 얼마나 많이 검색되어지고 읽혀지느냐
가 관건이 되는 것이다.

 **Point** : 온라인 마케팅에서 키워드는 "고객의 욕구를 파악하는 열쇠이며,
고객이 반응하는 콘텐츠의 핵심 문구이다."

3. 온라인 키워드로 고객의 욕구를 파악하라

온라인 마케팅 전략에서 키워드의 의미와 중요성에 대해서 앞에서 언급하였다.

당신이 온라인 마케팅을 준비하고 있다면 현재 사업을 운영하고 있거나 창업을
준비하고 있거나를 떠나서 고객을 분석하는 작업이 필요하다.

자신의 고객을 모르고 어떻게 사업을 운영할 수 있겠는가?

하지만 많은 소기업과 소상공인들은 실제로 자신의 고객들을 잘 모르고 사업을
운영하고 마케팅 활동을 하거나 영업 활동을 하는 경우가 대부분이다.

내가 만두가게를 운영하고 있다고 해서 만두가게 앞을 지나가는 모든 고객을 자
신의 고객으로 착각하는 사장님들이 있다. 아니 그냥 있는 정도가 아니라 아주 많다.

만두가게 사장님처럼 생각한다면 강남역 인근이나 홍대역 인근의 점포들은 모
두 망하면 안 된다. 얼마나 많은 사람들이 그 점포 앞을 지나가고 있는가 말이다.

만두가게와 마찬가지로 온라인에서도 자신의 쇼핑몰 앞을 지나다니는 고객들은
너무나 많다.

네이버는 2009년 기준으로 하루 방문자 수가 약 1,700만 명, 1분에 대략 11,800
명 정도의 사람들이 방문하고 있으며, 페이지뷰는 10억 건이 넘는다. 이 가운데 네
이버의 키워드를 통하여 검색하는 방문자 수는 1,200만 명, 1억 3,000만 쿼리를 상

회하고 있다.

오프라인의 서울에 있는 점포에서는 경기도에 사는 고객을 대상으로 직접적으로 상품을 파는 것은 기본적으로 어렵다.

하지만 온라인에서는 오프라인의 거리는 마케팅이나 영업에서 아무런 제약조건이 되지 않는다.

네이버의 어마어마한 총 방문자 수, 키워드 검색 횟수 등이 오프라인의 내 점포 앞을 지나다니는 고객이나 별반 다를 바가 없다.

내 쇼핑몰 앞을 언제든지 지나다닐 수 있는 고객이라는 것이다.

그래서 그 고객들이 모두 나의 고객이란 말인가?

절대 그렇지 않다는 것을 얘기하는 데 시간이 너무 걸렸다.

따라서 내 쇼핑몰의 고객, 내 상품을 구매할 고객을 골라내기 위해서는 내 고객을 분석하고 그 고객의 욕구가 무엇인지를 상세하게 확인할 필요가 있는 것이다.

그리고 내 고객의 욕구를 파악할 수 있는 핵심 문구가 바로 키워드인 것이다.

10년 이상 상조회사에서 일하다가 그 경험을 살려서 상조회사 창업을 하신 분이 상담을 하러 왔다. 창업을 하고나서 온라인에서 본격적으로 마케팅 활동을 하고자 하는데 무엇부터 시작을 해야 하느냐는 물음이었다.

그래서 창업하고 나서 어떤 고객들을 대상으로 마케팅이나 영업을 진행하였느냐고 물었다. 사장님은 60세 이상 노인이나 부모님을 모시고 있는 자식들이 회사의 고객이라고 한다.

그러면 그 고객들이 상조회사에 원하는 사항들이 무엇이냐고 묻자, 저렴한 가격과 좋은 서비스, 신뢰할 만한 회사 등을 얘기한다.

10년 이상의 경험과 노하우가 있음에도 불구하고 대부분의 사장님이 위와 같이 얘기하고 있는 것이 현실이다. 소기업 소상공인은 자금과 인력이 부족하기 때문에 상품을 구매할 수 있는 모든 대상을 상대로 마케팅을 할 수가 없다. 그래서 마케팅을 전개할 타깃 고객을 정하는 것이다.

그리고 타깃 고객이 무엇을 원하는지 구체적이고도 상세한 데이터를 만드는 것이다. 그러나 대부분의 소기업 소상공인들은 이러한 데이터가 없다. 사장님의 경험과 머릿속에만 있다. 그동안 느낌으로 마케팅과 영업을 해 왔기 때문이다.

상품을 구매하는 사람이 가격은 저렴하면서, 좋은 서비스를 원하고, 신뢰할 만한 회사와 거래하고 싶은 것은 어느 업종이나 어떠한 상품이나 별반 다를 것이 없다.

자신의 고객들이 원하는 바를 상세하게 분석하지 않고서 좋은 마케팅 전략이 나올 수가 없는 것이다.

앞 장에서 언급한 것처럼 이러한 문제의식을 가지고 고객의 욕구를 파악하고자 할 때 키워드가 필요한 것이고 활용이 되는 것이다.

그러면 키워드를 활용하여 고객의 욕구를 파악하고 분석하고자 하는데 키워드를 가지고 어떻게 하는 것이 고객의 욕구를 파악하고 분석할 수가 있는 것인지 알아 보자.

키워드로 고객의 욕구를 파악하는 과정

키워드는 고객이 보통 포털사이트에서 정보 검색을 위하여 많이 사용하는 것이다.

키워드로 검색을 하였을 때 포털사이트에서 보이는 순서는 그림과 같다.

검색한 키워드가 광고를 많이 하는 키워드냐 아니냐에 따라서 순서는 많이 달라지기도 한다.

네이버와 다음 두 개의 포털사이트가 차지하는 점유율이 거의 90%에 육박하는 관계로 네이버와 다음의 구성만 살펴보도록 한다.

사이트명	네이버	네이버	다음	네이버	다음
키워드	김연아	김연아스타일	김연아	판촉물	판촉물
순서 1	연관검색어	연관검색어	관련검색어	추천비즈니스키워드	관련검색어
순서 2	인물정보	파워링크(광고)	바로가기	스폰서링크(광고)	스폰서링크(광고)
순서 3	작품활동	블로그	인물	파워링크(광고)	프리미엄링크(광고)
순서 4	뉴스	카페	주요작	플러스링크(광고)	스페셜링크(광고)
순서 5	사이트	지식쇼핑	사이트	비즈사이트(광고)	와이드링크(광고)
순서 6	동영상	지식인	뉴스	지식인	사이트
순서 7	블로그	웹문서	실시간검색	웹문서	지식
순서 8	지식인	동영상	게시판	지도	웹문서
순서 9	이미지	뉴스	블로그	뉴스	지도
순서 10	카페	책본문	이미지	동영상	블로그
순서 11	사전	전문정보	동영상	이미지	뉴스
순서 12	웹문서	이미지	카페글	지식쇼핑	카페글
순서 13	책	책	카페이름	책본문	카페초이스
순서 14	지식쇼핑		지식	책	책
순서 15	전문정보		웹문서	사이트	쇼핑하우
순서 16	음악		책		
순서 17	책본문		뮤직		
순서 18	지도		전문자료		

네이버와 다음에 키워드로 검색하였을 때 보이는 순서

일반적으로 네이버와 다음에서 키워드로 검색을 하면 위의 그림과 같은 순서로 보이게 된다.

인물 키워드로 검색을 하였을 때와 상품 정보를 위한 키워드로 검색하였을 때,

나타나는 카테고리와 순서가 많이 차이가 나는 것을 알 수가 있다.

일단 가장 큰 차이는 상품명 또는 상품과 관련된 키워드는 키워드 광고 자리가 보통 제일 상단에 4개의 카테고리를 차지하는 것을 알 수가 있다.

그리고 다음과 달리 네이버에서는 고객들이 많이 사용하고 있는 카테고리인 블로그와 카페가 '판촉물' 이라는 키워드로 검색을 하였을 때는 노출이 되고 있지 않다. 이는 '판촉물' 이라는 대표 키워드로 검색이 되었을 때 노출이 되고 싶으면 키워드 광고를 하도록 유도하는 네이버의 광고 촉진 전략이라고 보면 된다.

위와 같은 기본적인 카테고리 중에서 고객과 판매자와의 정보 교류가 활발하게 이루어지고 있는 대표적인 카테고리가 바로 지식인, 블로그, 카페이다.

나머지 카테고리는 교류보다는 일방적인 전달인 경우가 대부분이며 고객과의 쌍방향 소통이 어려운 곳이다.

따라서 고객의 욕구를 파악하기 위해서는 지식인, 블로그, 카페 카테고리 중에서 고객이 올려놓은 게시글을 하나하나 확인하고 분석하는 과정이 필요한 것이다.

 **Point : 고객의 욕구를 파악하기 위해서는 키워드를 활용하여 지식인, 블로그, 카페 카테고리의 게시글을 분석하라.**

지식인, 블로그, 카페에서 게시글 확인하고 분석하기

지식인, 블로그, 카페에서 게시글을 확인하기 위해서는 관련된 키워드를 먼저 정리하여 리스트를 만들 필요가 있다.

인쇄소를 운영하는 사장님이 고객의 욕구를 파악하고자 한다면 인쇄소 관련 키워드 리스트를 먼저 만들어 본다.

키워드 리스트

인쇄 키워드 – 인쇄소, 소량인쇄, 대량인쇄, 긴급인쇄, 디지털인쇄, 책자인쇄, 명함인쇄, 전단지인쇄, 포스터인쇄, 카탈로그인쇄, 인쇄제작 등

상품명 키워드 – 명함, 전단지, 봉투, 포스터, 카탈로그, 리플렛, 책자, 자료집 등

디자인 키워드 – 명함디자인, 전단지편집, 포스터디자인, 디자인책자, 인쇄디자인 등

기타 – 서대문인쇄소, 명함만들기, 전단지제작, 명함샘플 등

위와 같이 대표적으로 많이 사용하는 키워드를 중심으로 키워드 조합을 통하여 고객들이 많이 사용하는 키워드 리스트를 정리하였으면 정리한 키워드를 지식인, 블로그, 카페 카테고리로 가서 직접 입력하여 관련 게시글을 확인하고 분석하면 된다.

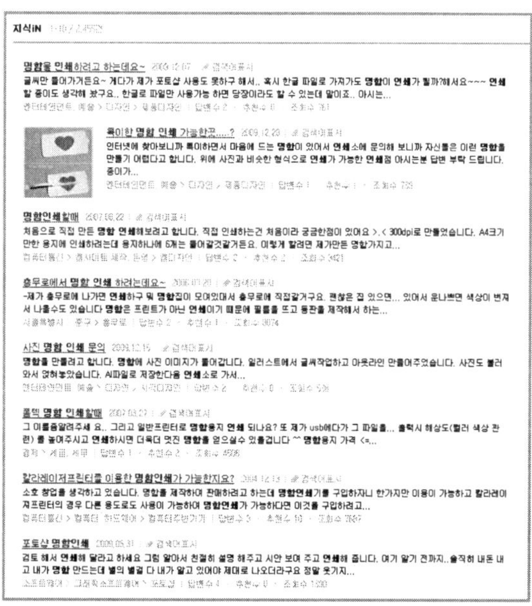

지식인 카테고리에서 키워드 검색

블로그 카테고리에서 키워드 검색

　지식인의 질문은 대부분 고객의 욕구라고 생각하면 거의 틀림없다. 물론 인쇄업체에서 지식인을 상업적으로 이용하기 위하여 질문이나 답변을 하는 경우가 있으나, 이러한 경우에도 고객들이 많이 궁금해 하는 내용을 보통 질문으로 하기 때문에 그런 부분은 염려하지 않아도 된다.

　그리고 노골적이고 상업적인 티가 많이 나는 질문과 답변은 누가 봐도 눈에 들어오기 때문에 그런 게시글은 그냥 지나쳐 버리면 된다.

　블로그와 카페의 게시글을 확인할 때에도 인쇄업체에서 올린 글들이 상당히 많은 것을 볼 수가 있다.

　그런 글들은 경쟁업체의 글이므로 경쟁업체에서 왜 그런 게시글을 올리고 있는지 확인해 보고 분석해 놓는 것이 좋다.

　지금 지식인, 블로그, 카페의 게시글을 확인하는 목적이 고객의 욕구를 파악하는 것이지만 실제로 이러한 작업을 하다보면 경쟁업체의 글들을 더 많이 보는 경우가 대부분이다.

경쟁업체의 글들 또한 그냥 지나치는 것이 아니라 경쟁업체를 분석하는 데 아주 유용한 자료가 되므로 별도로 분석표를 만들어 놓는 것이 좋다.

실제로 위와 같은 과정으로 게시글을 확인하고 분석할 때 경쟁업체들이 어떻게 온라인에서 움직이고 있고 고객을 확보하기 위하여 노력하고 있는 지를 확인할 수가 있기 때문에 이러한 작업은 똑같은 방식으로 경쟁업체의 분석에도 아주 용이하다고 할 수가 있다.

블로그, 카페의 게시글을 통하여 고객의 욕구를 분석할 때는 고객의 게시글에 달린 댓글까지 확인하는 것이 좋다. 댓글의 내용도 내용이지만 어떠한 글에 댓글이 많이 달렸다면 댓글이 많이 달린 이유까지도 확인해 놓는 것이 필요하다.

고객의 욕구와 경쟁업체에 대한 확인과 분석이 끝나면 꼭 자료로 남겨두어야 한다. 머릿속에 있는 자료는 없는 것과 다를 바가 없다.

자료는 구체적이고 상세할수록 좋고 그 자료를 바탕으로 고객들의 욕구를 채워주기 위해서는 무엇을 할 것인지, 타깃 고객은 어떻게 설정할 것인지, 경쟁업체들 속에서 차별화 전략을 어떻게 설정할 것인지 등의 마케팅 전략을 짜는 것이 필요하다.

다음의 표는 판촉물 업체를 운영하고 있다는 가상의 시나리오를 가지고 간단한 표를 작성해 보았다.

고객의 욕구와 경쟁업체를 분석한 내용들을 정리하고 그 결과를 가지고 타깃 고객과 차별화 할 수 있는 전략까지 모색해 보는 것이다.

여기에서는 간단하게 정리해 보았지만 실제 회사에 적용할 때는 구체적이고 상세하게 기술하고 그 자료를 토대로 적지 않은 시간을 고민해야 할 내용이다.

확인 및 분석내용	예) 판촉물
고객의 욕구 확인	가격이 저렴한 판촉물을 원한다. 신뢰할 만한 업체를 원한다. 서비스가 좋은 업체를 원한다. 행사에 맞는 상품을 어떻게 선정해야 하는지 제안을 해준다.
고객의 욕구 구체화하기	다른 쇼핑몰과 가격을 비교했을 때 더욱 저렴한 가격 납품실적이 우수한 업체 샘플을 잘 보내주고 빠른 시간 내에 피드백이 되는 업체 행사에 꼭 맞는 판촉기념품의 선정 노하우를 알려주는 업체 행사의 성격에 알맞은 상품을 잘 제안하여 주는 업체
게시글에서 자주 보는 업체의 사이트	www.gift1.com www.gift2.com
고객이 자주 언급하며 칭찬하는 업체의 특징	홈페이지가 고객이 이용하기 편하도록 해 놓았다. 가격이 저렴하다. 고객의 문의나 질문에 빠르고 상세한 답변을 해준다. 먼저 이용했던 고객의 상품 평이 좋아서 신뢰를 할 수 있다.
경쟁업체의 베스트 커뮤니티 분석하기	블로그 카페 홈페이지
기타 예) 경쟁업체들의 온라인 마케팅 동향	홈페이지는 주로 상품이 메인페이지 전면에 배치되는 형태가 일반적임 카페와 블로그, 지식인에는 상업적인 티가 많이 나는 글들이 주로 올라와 있으며, 고객에게 정보를 줄 수 있는 콘텐츠는 별로 없는 상태임
고객 세분화 전략 (타깃 고객)	
차별화 전략	

4. 온라인 마케팅의 유형과 실전기법들

온라인에서 키워드를 통하여 고객의 욕구를 분석하고 경쟁업체 분석까지 진행하였다면 그 다음에는 마케팅 전략을 짜야 한다.

앞 장에서 잠깐 언급한 것처럼 타깃 고객과 차별화 전략 등을 활용하여 마케팅 전략을 짜야 하는데 이 지면은 마케팅 전략을 위한 지면이 아니기에 언급만 하고 지나가도록 한다.

잘 짜인 마케팅 전략은 그 다음에 이루어지는 온라인 마케팅의 실전기법들이 효과적으로 적용되고 고객모집과 매출상승의 결과물로 이어지는 데 상당히 중요한 역할을 한다.

– 키워드 광고

키워드 광고의 이해

포털사이트에서 운영하는 검색 화면에서 키워드를 입력하면 검색 결과가 나온다.

이때 화면에는 미리 해당 키워드의 키워드 광고를 등록해 놓은 업체의 광고가 노출되는 데 이러한 광고 기법을 키워드 광고라고 한다.

다음 그림과 같이 '여성정장' 이라는 키워드를 입력하자 그 밑으로 4종류의 광고가 제일 먼저 노출이 된다. 키워드 광고의 장점은 특정한 상품이나 상품의 정보에 관심이 있는 사람에게만 광고가 노출이 된다는 점에서 상당히 효과가 큰 광고 기법이다.

기존의 TV광고나 신문광고, 온라인에서 이루어지던 배너 광고 등은 불특정 다수에게 광고가 노출이 됨으로써 실제 방문이나 구매로 이루어지는 확률이 매우 낮

'여성정장' 키워드의 키워드 광고 사례

은 데 비해서 키워드 광고는 관심이 있는 사람들에게만 노출됨으로써 쇼핑몰의 방문이나 구매율에서 상대적으로 현저하게 높은 효율성을 나타내고 있다.

또한 소액으로도 광고를 집행할 수 있는 장점이 있어서 소기업 소상공인들에게는 잘만 활용하면 상당히 좋은 매출효과를 가져오기도 한다.

키워드 광고 초기에는 대표키워드의 경쟁이 심하지가 않아서 저렴한 비용으로 키워드 광고를 집행하고 상당히 많은 매출상승의 효과를 보았지만 현재의 키워드 광고는 워낙에 많은 업체들이 경쟁을 심화시키고 있어서 대표키워드의 효과를 기대하기가 힘들다.

점유율이 높거나 규모가 큰 회사들이 아닌 경우에는 대표키워드로 키워드 광고를 해보았자 매출만 오르고 수익은 없이 빛 좋은 개살구 신세가 되기 십상이다. 매출에서 광고비의 비중만 커지니 내 몫은 없고 포털업체 배만 불리는 결과를 초래하고 만다.

키워드 광고를 이해하고 진행하기 위한 기본 용어들

온라인 마케팅 중에서도 키워드 광고는 인터넷에 익숙하지 않은 사업주들에게는 용어부터 너무나 생소해서 힘들어 하는 경우가 많다.

40~50대 사업주들과 상담을 하다보면 우리보고 알아서 해달라고 하는 경우가 많은데 키워드 광고는 온라인 마케팅에서도 차지하는 비중이 높고 사업주가 관리를 하지 않으면 예상치 않게 광고비가 많이 나가게 되므로 사업주가 직접 챙기면서 믿을만한 직원이나 대행업체에 의뢰하는 것이 좋다.

키워드 광고에서 많이 사용하는 기본 용어들은 아래와 같다.

□ 노출 수 : 인터넷 사용자가 키워드로 검색하였을 때 광고주의 키워드 광고가 노출된 횟수

□ 클릭 수 : 인터넷 사용자가 키워드로 검색한 후 키워드 광고에 의하여 노출된 키워드를 클릭한 횟수

□ 클릭률(CTR, Click through rate) : 클릭 횟수를 노출 횟수로 나눈 값
(클릭 횟수/노출 횟수×100)

□ 종량제(CPC, Cost per click)광고 : 인터넷 사용자가 노출된 키워드 광고를 클릭하였을

때 광고비를 지불하는 방식. 보통 CPC 키워드 광고라고도 한다. 오버추어, 구글 애드워즈, 네이버 클릭초이스, 다음 프리미엄링크 등이 있다.

□ CPC(Cost per click) : 인터넷 사용자가 노출된 키워드를 한 번 클릭했을 때 지불하는 광고 단가를 말한다. 즉 클릭당 단가이다.

□ 정액제(CPM, Cost per millenium)광고 : 인터넷 사용자가 키워드로 검색하였을 때 해당 키워드가 1,000회 노출되었을 때를 기준으로 가격을 책정하는 키워드 광고 방식. 보통 CPM 키워드 광고라고도 하며 클릭당 비용을 지불하지 않고 일주일 또는 한 달 단위로 일정액을 지불하는 형태이다. 네이버 타임초이스, 다음의 스페셜링크 등이 있다.

□ CPM(Cost per millenium) : 인터넷 사용자가 키워드로 검색하였을 때 해당 키워드가 1,000회 노출되었을 때를 기준으로 정하는 광고 단가를 말하며 전월 노출 수를 기준으로 단가를 정한다.

□ 오버추어 : 미국에 본사가 있으며 키워드 광고를 전문으로 하는 인터넷 광고 업체이다. 이 회사가 처음에 운영한 CPC 방식의 키워드 광고가 전 세계적으로 키워드 광고의 한 축을 점령하면서 키워드 광고의 대명사처럼 사용하게 되었다. 세계의 포털사이트와 제휴하여 검색엔진의 최상단에 위치한 CPC 키워드 광고를 독점하고 있는 경우가 많으며 국내에서도 네이버, 다음, 야후, 네이트 등 대부분 포털사이트의 키워드 광고를 진행하고 있다.

네이버, 다음에서 '판촉물' 이라는 키워드로 검색하면 다음의 표와 같은 순서로 키워드 광고가 노출이 된다.

사이트명	네이버	다음
키워드	판촉물	판촉물
순서 1	추천비즈니스키워드	관련검색어
순서 2	스폰서링크(오버추어 종량제광고)	스폰서링크(오버추어 종량제광고)
순서 3	파워링크(클릭초이스 종량제광고)	프리미엄링크(클릭스 종량제광고)
순서 4	플러스링크(타임초이스 정액제광고)	스페셜링크(애드하우 정액제광고)
순서 5	비즈사이트(클릭초이스 종량제광고)	와이드링크(오버추어 종량제광고)
순서 6	지식인	사이트

네이버, 다음의 키워드 광고 명칭

소기업 소상공인들이 키워드 광고를 진행할 때 필자는 대표키워드를 권하지 않고 세부키워드를 권한다.

업종을 불문하고 현재 대부분의 메인키워드는 광고 단가가 너무 높다.

그 업종에서 어느 정도 자리를 잡았고 안정적인 매출을 통하여 자금 여력도 있는 업체가 아니라면, 매출이 점점 더 늘어나고 집중화 현상으로 인하여 일반관리비가 절감되며 광고비 지출에 대한 부담이 적은 업체가 아니라면, 메인키워드는 삼가는 것이 낫다. 특히 여러 가지로 열악한 환경의 소기업 소상공인들에게는 메인키워드는 마약과 같다.

메인키워드를 사용하면 매출은 늘지만 계속적으로 지출되는 고단가의 광고비 때문에 수익성은 더욱 안 좋아지는 현상이 발생하기 쉬운 것이다.

소기업 소상공인은 기본적으로 세부키워드를 활용한 키워드 광고를 먼저 진행하는 것이 낫다고 본다. 키워드 광고의 시스템에 익숙해진 후에, 그리고 회사의 여러 가지 제반 조건들이 호전되었을 때 하나둘씩 대표키워드를 늘려가면서 매출과 광고비 지출을 면밀히 따져가면서 진행하기를 권한다.

키워드	내용
대표키워드	상위 개념 또는 지시 범위가 넓어서 조회 수와 노출 수가 높은 키워드. 메인키워드, 핵심키워드라고도 하며 꽃 배달, 여성의류, 판촉물, 볼펜 등 기본적으로 광고 단가가 높으며 업체들의 경쟁이 심하여 단가가 지속적으로 높아지는 경향이 있음.
브랜드키워드	브랜드명을 그대로 사용하는 키워드. 조회 수도 높고 구매율도 높아서 광고 단가가 높더라도 추천하는 키워드이며 나이키, 아디다스, 파카, 아베크롬비 등. 브랜드키워드는 대표키워드의 개념으로도 사용됨.
1차 세부키워드	대표키워드에서 1회, 2회의 단어조합을 통하여 구체적이고 좁은 의미의 키워드를 구성. 조회 수와 노출 수는 낮지만 대표키워드에 비해서 상대적으로 클릭률이 높다. 리바이스청바지, 여성수입보세의류, 서대문판촉물제작, 설날사과선물 등. 상세키워드, 주변키워드라고도 한다.
2차 세부키워드	1차 세부키워드에서 1회, 2회의 단어조합을 통하여 더욱 구체적이고 더욱 좁은 의미의 키워드를 구성. 조회 수와 노출 수가 극도로 낮아지는 대신 상대적으로 클릭률은 더욱 높아진다. 일부 업종에서 업체들 간의 경쟁이 심해지면서 키워드의 광고 단가가 낮은 이런 2차 세부키워드를 찾는 광고주가 늘고 있는 추세다. 예쁜여성수입보세의류, 서대문병원판촉물제작, 명품설날사과선물, 명품남성청바지제작쇼핑몰 등. 확장키워드라고도 한다.
기타키워드	졸업선물, 입학기념품, 어버이날선물, 밸런타인데이초콜릿, 명절선물 등의 시즌키워드. 이효리치마, 권상우청바지, 김태희폰, 동방신기티셔츠 등의 스타키워드.

키워드 명칭의 종류

아무리 세부키워드를 많이 하더라도 대표키워드 한두 개 진행하는 것만 못한 경우가 대부분이다. 그래서 키워드 광고를 대행업체에게 의뢰하면 대행업체는 노출 횟수가 높은 대표키워드 위주로 광고 제안을 한다. 그러면서 아무리 세부키워드를 많이 해도 쇼핑몰의 방문자 수가 늘지 않으면 아무 소용없다고 한다.

하지만 더욱 중요한 것은 방문자 수가 늘고 매출이 늘어도 회사의 수익이 형편 없으면 그건 더욱 안 좋다는 것이다. 일 열심히 해서 포털사이트와 광고업체 매출만 늘려주는 꼴이기 때문이다.

활용팁!

소기업 소상공인이 키워드 광고를 시작할 때는 세부키워드 위주로 시작하라.

정액제(CPM) 광고와 종량제(CPC) 광고의 특징

정액제 광고는 기존의 배너 광고와 방식이 비슷하며 기존의 배너 광고의 운명을 닮아가고 있다. 종량제 광고가 등장하면서 광고주들은 배너 광고를 점점 외면하기 시작했는데 이는 정액제 광고도 마찬가지다.

네이버에서 먼저 두 개를 운영하던 정액제 광고를 하나로 줄인 이후로 다음도 최근에 두 개였던 정액제 광고를 하나로 줄이게 된 것이다.

이러한 흐름에서 알 수 있듯이 최근의 키워드 광고는 종량제 광고의 비중이 압도적으로 높다고 할 수 있다.

하지만 키워드 광고를 공략하는 전략에 따라서는 정액제 광고를 활용해야 할 필요가 있으므로 두 종류의 장, 단점을 잘 비교해 보고 선택하는 지혜가 필요하다.

	정액제 광고의 특징	종량제 광고의 특징
키워드 종류에 따라서	노출 횟수가 높은 대표키워드를 광고할 때 사용	노출 횟수가 낮은 세부키워드를 광고할 때 사용
키워드의 사용 개수에 따라서	업종별로 대표키워드는 많지가 않기 때문에 키워드 수가 제한적	세부키워드 수는 조합하기에 따라서 개수가 달라지므로 사용할 수 있는 키워드 무한대로 사용 가능
단점	대목 시즌에 구매할 경우 효과가 특히 높다. 추석선물 키워드를 전월 조회 수 기준으로 구매할 수 있기 때문에 광고 단가가 낮아진다.	일일예산한도 설정기능을 활용하면 경쟁 과다 또는 인기검색어로 키워드의 단가가 갑자기 상승했을 때 광고비 예산 초과를 방지할 수 있다.
단점	광고 지면이 작다. 총 4개의 광고지면 중에서 네이버와 다음 모두 1곳씩만 정액제 광고로 진행	광고주들의 종량제 광고로의 쏠림현상과 경쟁 심화로 광고비가 지속적으로 상승하고 있다.
매력적인 설명 문구 작성의 필요	클릭률이 높다고 해서 광고비가 더 나가는 것이 아니므로 함께 노출된 다른 사이트보다 클릭률을 높이기 위하여 설명 문구에 신경을 써야 한다.	다른 사이트와 동시에 같은 키워드로 노출 되었을 때 클릭률이 높은 광고주에게 적은 비용으로 상위에 노출될 수 있도록 품질지수 운영.

> 1. 광고할 키워드를 가지고 정액제 광고의 클릭당 단가를 계산하여 종량제 광고와 비교하여 저렴한 광고를 선택하는 것이 광고비를 절감하는 것이다.
> 2. 키워드 광고에서 제목과 설명 문구는 구체적이고 정확한 단어를 사용하며 타깃 고객이 반응할 문구를 사용하도록 한다.

키워드 광고를 진행할 때 유의사항

앞에서 언급된 내용들을 포함하여 전체적으로 키워드 광고를 진행할 때 유의해야 할 사항들이 있다.

● 오버추어와 정액제 광고, 일반 종량제 광고를 비교 검토하여 광고를 진행하라

오버추어와 정액제 광고는 키워드의 조회 횟수에 따라서 어느 곳에서 광고를 하는 것이 유리한 지가 결정이 된다. 클릭당 단가를 서로 비교하여 저렴한 곳에서 키워드 광고를 진행하는 것이 유리하다.

오버추어와 네이버의 클릭초이스, 다음의 프리미엄링크를 비교하면 일반적으로는 조회 횟수가 적을 때는 오버추어가 유리하고 조회 횟수가 많을 때는 일반 종량제 광고가 유리한 것이 사실이다.

하지만 항상 그렇게 적용되는 것은 아니기 때문에 오버추어와 정액제 광고의 클릭당 단가를 확인하고 광고를 진행한 것과 마찬가지로 CPC를 확인하고 키워드 광고를 진행하는 것이 안전한 방법이다.

● 오버추어 광고 진행 시 일일예산 설정기능을 활용하라

소액으로 키워드 광고를 진행할 경우에 보통 일일예산 설정기능을 활용하는 경우가 많이 있다. 일일예산 설정기능을 활용하는 것은 권장할 만하다. 하지만 이를 제대로 활용하기 위해서는 일일예산과 광고하고자 하는 키워드의 수와 조회 횟수 등이 맞아야 그 효과를 발휘할 수가 있다.

일일예산은 5만 원으로 해 놓았는데 키워드 광고는 대표키워드를 포함하여 하루에 20만 원 정도가 소요될 수 있는 키워드를 등록해 놓았다면 이는 오전이면 광고비는 모두 소진되고 오후부터는 키워드가 노출이 되지 않는다.

오전에 방문해서 정보만 보고 오후에 구매하고자 하는 고객이 그 키워드로 다시 검색하였다면 해당 키워드로는 다시 방문을 할 수가 없고 광고주는 광고비만 날린 셈이 되고 만다.

일일예산을 설정할 때 광고하고자 하는 키워드의 수와 조회 횟수를 함께 조절해 주는 것이 필요한 이유이다.

● 경쟁업체가 적을 때는 광고를 아래쪽에 하라

5개의 업체가 광고를 할 수 있는 오버추어 광고 공간에 2~3개의 업체만이 광고를 하고 있거나 오버추어는 광고를 모두 하고 있으나 일반 종량제 광고와 정액제 광고 공간에는 경쟁업체들이 없다면 굳이 오버추어의 상단에 광고를 할 필요는 없다.

오버추어의 하단이나 일반 종량제 광고를 진행하여도 클릭률에는 별반 영향이 없지만 광고비는 줄일 수 있기 때문이다.

'김연아스타일' 키워드로 검색했을 때 노출되는 모습

위의 그림에서 볼 수 있는 것처럼 굳이 더 비싼 오버추어에 광고를 하지 않고 일반 종량제 광고인 파워링크에만 광고를 하는 이유가 있다.

● 랜딩페이지를 최적화 하라

키워드 광고를 진행하였을 때 고객이 클릭하여 최초로 보게 되는 웹페이지를 랜딩페이지라 한다. 고객이 '빈티지청바지', '나이키모자'를 검색하여 사이트에 방문했을 때 상품을 찾을 수 없는 메인페이지로 연결이 되어 있다면 고객은 내가 원하는 상품의 이미지를 보기 위해서 메인페이지를 샅샅이 뒤져보아야 하는 수고로움이 필요하다.

이런 수고로움을 줄이고 찾다가 못 찾고 그냥 홈페이지에서 나가 버릴 수 있는 상황을 줄이기 위해서 세부 상품페이지로 연결될 수 있도록 설정하는 데, 온라인 마케팅에서는 이를 랜딩페이지를 최적화하는 것이라고 한다.

보통 세부키워드로 키워드 광고를 진행하고 있을 때 '빈티지청바지'를 치면 빈티지청바지만 보여줄 수 있는 사이트의 페이지로 연결을 해 놓는 작업을 말하며 이는 키워드 등록할 때 사이트 주소를 상세페이지의 주소로 등록을 해 놓으면 가능하다.

이는 고객이 움직이는 동선을 고려하여 불편을 최소화하고 구매 전환율을 높이고자 하는 의도가 숨어있는 것이다.

● **키워드를 지속적으로 관리하라**

한 번 키워드를 등록하였다고 해서 끝난 게 아니다. 오히려 키워드 광고의 시작은 처음 광고하고자 하는 키워드를 등록하고 나서부터이다.

키워드 광고를 위해서 키워드를 등록할 때도 항상 CPC 비용을 확인하면서 등록을 해야 한다. 마찬가지로 키워드를 등록한 이후에도 경쟁업체의 증가와 감소, 입찰단가의 조정 등으로 항상 순위가 바뀌게 되어 있다.

지난주에 오버추어 3위에 등록해 놓은 키워드가 오늘 확인했을 때 6위로 밀려 나 있는 걸 심심치 않게 볼 수 있다.

마찬가지로 애초에 예상했던 노출 횟수나 클릭률에 미치지 못하는 세부키워드는 삭제하고 클릭률과 구매 전환율이 높은 키워드는 더욱 확장하는 작업들이 필요하다. 따라서 키워드 등록 후 2~3개월은 필수 관심기간이며, 그 이후에는 선택적으로 관심을 갖는 기간이라고 생각하고 지속적으로 관리를 해야 한다.

● 오버추어에는 세부키워드를 많이 등록하고 너무 지시 범위가 넓은 키워드는 사용하지 마라

'세부키워드' 활용 사례

● 로그분석을 통하여 키워드 광고의 효과를 분석하라

키워드 광고를 통하여 얼마나 방문자 수가 늘었으며, 어떤 키워드로 방문하는지, 고객이 어떤 페이지를 많이 보고, 얼마나 사이트에 머물렀다 가는지 등을 확인하고 분석하기 위해서는 로그분석이라는 프로그램을 이용해야 한다.

쇼핑몰 사이트의 관리자모드에 기본적인 사항들이 포함되어 있는 경우도 있으나 세부적인 사항들을 확인하고 분석하기에는 무리가 있다.

많이 사용하는 로그분석 프로그램은 다음의 웹인사이드와 로거, 에이스카운터가 있다.

Point : 키워드 광고를 위한 키워드 관리는 지속적으로 이루어져야 하며 초기에는 사장 또는 책임자가 직접 관리해야 한다.

키워드 광고의 매력적인 설명 문구 만들기

- 무료 배송, 20% 할인과 같이 무료와 할인이라는 단어를
  활용하라.

- 2만 포인트 적립, 원플러스원, 장미꽃 사은품 등 이벤트,
  특전이나 오퍼를 구체적으로 명시하라.

- 제목과 설명 문구에 광고하는 키워드를 포함시킨다.

- 나이키, 아디다스 같은 브랜드 상품이 있는 경우에는 설명
  문구에 포함시켜서 신뢰도를 높인다.

- 수상경력이나 차별화 된 상품이나 콘셉트 등을 구체적으로
  명시한다.

- 블로그 마케팅

블로그의 이해

블로그는 보통 1인 미디어라고 하며, 일반인들이 자신의 관심사에 따라 자유롭게 글을 올릴 수 있는 웹 사이트를 말한다. 일반인들은 블로그를 위한 웹사이트를 별도로 제작하기 어렵기 때문에 포털사이트의 블로그 서비스를 주로 이용한다.

블로그의 어원은 웹(web) 로그(log)의 줄임말로, 1997년 미국에서 처음 등장하였다. 새로 올리는 글이 맨 위로 올라가는 일지(日誌) 형식으로 되어 있어 이런 이름이 붙었다. 일반인들이 자신의 관심사에 따라 일기·칼럼·기사 등을 자유롭게 올릴 수 있을 뿐 아니라, 개인출판·개인방송·커뮤니티까지 다양한 형태를 취할 수가 있어 각광을 받고 있다.

블로그 페이지만 있으면, 누구나 텍스트 또는 그래픽 방식을 이용해 자신의 의견이나 이야기를 올릴 수 있고, 디지털카메라를 이용해 사진 자료를 올릴 수 있는 새로운 개념의 미디어이다.

국내에서도 많은 검색엔진과 포털사이트에서 블로그 서비스를 진행하고 있으며 네이버의 블로그와 싸이월드의 미니홈피가 그 중 가장 활발하다고 할 수 있다.

네이버의 블로그에 비해서 싸이월드의 미니홈피는 다른 인터넷 공간에서 접근하기가 어려워 폐쇄적이고 개인적이며 신변잡기적이다. 미니홈피는 짧은 문장이나 이미지로 글을 채우기에 좋게 되어 있으며 1촌 형태로 지인과 인맥 중심으로 연결이 되는 특징이 있다. 그에 반해서 블로그는 긴 문장이나 주장, 소신, 전문적인 정보성 글을 게시하기에 용이하며 전혀 모르는 이웃이나 타인과의 인맥을 형성하면서 글을 쉽게 확산시킬 수 있는 장점이 있다.

미니홈피는 상대적으로 10대와 20대의 여성이용자가 많은 편이며, 짧은 문장과 이미지를 주로 활용하고 있기 때문에 온라인 마케팅의 활용 정도로 보았을 때는 블로그에 비해서 훨씬 적다. 전문자료나 정보성 콘텐츠를 주로 올리거나 마케팅을 염두에 두는 경우에는 블로그를 운영하며 블로그가 더욱 적극적으로 온라인 마케팅에 활용이 되고 있는 것이 현실이다.

블로그의 특징

1인 미디어로서 개인이 손쉽게 접근하고 정보를 빠르게 확산시킬 수 있는 블로그의 특징은 아래와 같다.

1. 누구나 블로그를 쉽게 생성하고 운영을 할 수 있으며 그 수요가 폭발적으로 늘어나고 있다

이메일이 처음 생길 때 그 수요가 폭발적으로 늘어났으며 현재는 이메일이 없는 사람이 없는 것처럼 현재 블로그는 개인 홈페이지의 기능과 함께 그 수가 폭발적으로 늘어나고 있다. 이메일이 개인 사이의 편지를 주고받는 용도에서 회사에서의 업무용으로 신속하게 확산이 되고 이메일 마케팅으로 활용이 된 것처럼 블로그 또한 1인 미디어에서 개인 사이의 커뮤니티로, 그리고 회사에서의 커뮤니티 마케팅 수단으로까지 급속히 확산이 되고 있다.

2. 콘텐츠의 스크랩이 용이하고 쉽게 확산시킬 수 있다

블로그 내에 있는 여러 가지 기능 중에서 RSS나 트랙백을 이용하면 어디든 콘텐츠를 쉽게 배포하거나 가져올 수 있다. 블로거들은 자신의 블로그에 글을 올리는 것뿐만 아니라 다른 블로거들의 다양한 콘텐츠에 관심을 쉽게 보인다. 따라서 자신의 콘텐츠를 열심히 퍼 나르기도 하지만 다른 블로거들의 글을 열심히 배포하는 역할도 하는 것이다. 블로그의 이러한 콘텐츠 배포와 확산 기능이 기업의 마케팅에는 아주 매력적인 요소가 된다.

> ### ◆ 용어설명 ◆
>
> RSS란?
>
> 뉴스나 블로그 사이트에서 주로 사용하는 콘텐츠 표현 방식으로 원하는 정보를 얻기 위해서 해당 사이트를 직접 방문하는 것이 아니라 관련 프로그램을 활용하여 자동 수

집을 하는 방식이다. RSS 관련 프로그램이나 또는 서비스를 이용하여 즐겨찾기와 흡사하게 설정을 해 놓으면 각각의 사이트 방문 없이 최신 정보들만 골라서 한 자리에서 볼 수 있다.

트랙백이란?

블로그에서 사용하는 주요기능 중 한 가지로, 간단히 역방향 링크를 자동적으로 생성해 준다. A포스트에서 B포스트로 정보를 보내면 B포스트에 A포스트로 연결되는 링크가 생기는데, 이런 과정을 트랙백이라고 부른다. 블로그 이외에 위키위키나 뉴스 사이트에서 제공하기도 한다.

트랙백은 철저한 1인 미디어를 지향하는 블로그들 사이의 연결고리를 만들어 주어 소통 네트워크를 만들어 내는 역할을 한다. 누군가의 블로그를 읽고 그에 대한 의견을 자신의 블로그에 써 넣은 후 트랙백을 주고받으면 원래 글 아래 새로운 글로 가는 링크가 붙게 된다.

3. 검색엔진이 잘 검색할 수 있는 구조로 되어 있다

네이버에서 키워드로 검색을 하면 중간에 블로거들의 글을 확인할 수가 있다.

블로그 카테고리 안에서 블로그 게시글을 검색하는 경우는 별로 없고 대부분은 검색엔진에서 키워드로 검색했을 때 노출이 되는 블로그 게시글을 보고 해당 블로그를 방문하는 경우가 대부분이다. 검색엔진에서는 키워드 광고가 아니더라도 블로그의 게시글이 통합검색 결과에 노출이 될 수 있도록 정책을 펴고 있으며 이는 많은 블로거들이 다양한 양질의 콘텐츠를 올리도록 적극 장려하기 위한 것이다. 그래야 검색엔진의 콘텐츠들도 풍성해질 수 있는 이점이 있기 때문이다.

기업들은 블로그의 게시글이 검색엔진의 통합검색 결과에 노출이 잘되기 때문에 키워드 광고 뿐만 아니라 블로그 마케팅에도 열심히 힘을 쏟고 있는 것이다.

4. 개인의 인지도 또는 회사의 브랜드 가치를 높일 수 있다

블로그의 게시글이 전문적이거나 양질의 정보를 제공하는 경우에는 쉽게 검색엔진의 통합검색 결과에 노출이 되기 때문에 블로그를 운영하는 블로거들이 금방 유명해지기가 쉽다. 네이버에서는 블로그의 방문자 수가 많고 댓글이나 인기가 많은 블로거들에게 기준에 따라서 파워블로거라는 명예를 주고 있다. 이들은 자신이 블로그에 올린 전문적인 콘텐츠를 묶어서 책을 발간하기도 하며 강연을 하기도 한다.

마찬가지로 기업이 운영하는 블로그는 통합검색 결과에 자주 노출됨으로써 회사 또는 상품의 브랜드 가치를 높일 수 있는 수단이 된다.

5. 자신이 운영하는 블로그의 콘텐츠에 대한 관심을 확인할 수 있다

블로그는 다른 사람들의 글을 스크랩하거나 가져와서 콘텐츠가 생길 수도 있지만 기본적으로는 운영자 자신의 콘텐츠가 얼마나 다른 사람들에게 관심이 있는 콘텐츠인지가 제일 중요하다. 콘텐츠에 대한 사람들의 관심은 얼마나 전문적인가, 감동적인가, 상세한 정보가 있는가, 재미가 있는가 등에 대해서 판단을 하는 것이며 그 판단은 댓글이나 스크랩 수, 방문자 수, 글 보내기 수 등에 의해서 관심을 확인할 수가 있다.

소기업 소상공인이 블로그 마케팅을 진행해야 하는 이유

앞에서 언급한 블로그의 특징은 소기업 소상공인이 블로그 마케팅을 진행해야 하는 이유하고 아주 밀접한 연관을 가지고 있다. 소기업 소상공인이 블로그 마케팅을 진행해야 하는 이유는 무엇인가?

그 이유는 다음과 같다.

1. 저비용으로 누구나 손쉽게 만들 수 있는 블로그는 소상공인에게 적합하다

소기업 소상공인은 창업을 하고 사업을 운영하는 데 항상 자금이 부족하다.

키워드 광고를 진행하면 쇼핑몰의 방문자 수도 늘고 매출은 늘어나지만 광고비가 나가는 비용이 너무나 많다. 그리고 홈페이지도 없는 소상공인은 온라인에서 마케팅을 펼치는 것 자체가 의미가 없다. 이럴 때 블로그는 실제로 구세주나 다름이 없다.

블로그 만드는 데 시간과 노동력이 투여될 뿐 비용은 들지 않는다. 그리고 블로그에 있는 기본적인 툴만 공부하면 아주 손쉽게 블로그를 만들 수 있으며 사업 현장에서 터득한 자신만의 노하우, 콘텐츠를 올릴 수가 있다.

펜션을 홍보하기 위한 블로그 게시글

2. 검색엔진 마케팅이 가능하다

소기업 소상공인들도 키워드 광고비로 수백만 원, 수천만 원씩 지출하고 있는 게 현실이다. 블로그를 만들고 콘텐츠를 올리는 것만으로 검색엔진의 통합검색 결과에서 쉽게 노출이 될 수 있다는 것은, 내가 열심히 사람들의 관심을 끌 수 있는 콘텐츠를 올릴 수 있다면 키워드 광고 못지않은 광고 효과가 있을 수 있다는 것을 말한다. 실제로 블로그를 진행하면서 매출이 10배나 오른 헌책방이나, 제주도의 펜션이 전국 각지에서 전화 주문을 받는 사례는 지금은 너무나 많아서 얘깃거리도 되지 않는다.

3. 회사와 상품에 대한 브랜드 구축과 홍보

블로그는 당신의 회사와 상품의 브랜드를 고객 앞에 내 놓을 수 있는 또 하나의 채널이 된다. 경쟁업체들이 블로그를 통해서 열심히 회사와 상품을 홍보하고 있는데 우리 회사만 블로그 마케팅을 진행하고 있지 않다면 경쟁에서 이기는 것은 쉬운 일이 아닐 것이다. 블로그는 또한 하나의 훌륭한 홍보기관이며 매체이다. 블로그를 1인 미디어라고 하는 것처럼 회사에서 운영하는 블로그는 회사의 홍보미디어가 되는 것이다. 자기 회사를 고정적으로 알릴 수 있는 이러한 홍보미디어가 없다면 경쟁에서 이기는 것은 요원할 뿐이다.

4. 고객과의 커뮤니티를 통하여 소비자의 신뢰를 획득한다

블로그에는 수많은 댓글이 올라온다. 그 댓글에는 또한 운영자의 답글이 모두 달린다. 자주 방문하는 블로거와는 서로 이웃을 맺어서 온라인 이웃이 되며 블로그는 내가 새로 올린 콘텐츠들을 이웃에게 알려주는 서비스도 제공한다. 이러한 고객과의 커뮤니티는 이미 회사와 고객과의 의미를 넘어서는 그야말로 이웃의 개념으로 발전하게 되며 커뮤니티를 통하여 자연스럽게 신뢰가 쌓이게 된다. 바로

옆집에 살아도 모르면 남이고 바다 건너 살아도 온라인상에서 자주 접촉을 하면
이웃이 되는 것이다. 남에게 물건 파는 건 어려워도 이웃에게 물건 파는 건 쉽다.
정보를 지속적으로 주고 자주 접촉하면 신뢰가 쌓이고 물건은 자연스럽게 팔린다.

서로 이웃한 블로거들의 글

5. 전문가 포지셔닝을 확고히 할 수 있다

소기업이든 소상공인이든 한 업종에서 오랫동안 일을 하다보면 그야말로 당신
이 전문가인 경우가 많다. 현장에서 마케팅 상담을 하다보면 블로그를 만들 때도
그렇지만 상담을 하러 오신 사장님들께 전문가 포지셔닝을 권하는 경우가 많다.
한 업종에서 5년~10년씩 근무를 했거나 사업을 하셨던 분들이기에 이미 그들은

전문가의 노하우를 모두 가지고 있다.

하지만 자신의 노하우를 어떻게 정리하고 발산할 수 있는지에 대해서는 전혀 모르는 경우가 대부분이다. 블로그를 운영하면서 자신의 노하우를 하나씩 정리하고 이를 칼럼이나 전문가 노하우의 형태로 콘텐츠를 올리면 이 콘텐츠에 관심 있는 많은 사람들이 블로그를 방문하게 된다.

당신의 블로그를 방문하여 전문적인 콘텐츠를 읽은 사람들은 운영자를 당연히 전문가로 여기게 된다. 또한 전문가 포지셔닝을 남들과 다르게, 경쟁업체와 차별화하여 확고히 하게 되면 그 업종이나 방면에서는 최고의 전문가가 될 수 있으며 강연이나 도서 발간으로 쉽게 이어질 수 있다.

블로그는 당신의 전문가 포지셔닝에 일조를 할 수 있는 아주 유용한 마케팅 수단인 것이다.

6. 블로그에서 상품의 직접 판매가 가능하다

블로그는 이미 개인의 사용을 넘어서 많은 회사와 소상공인들이 마케팅을 펼치는 공간으로 변화되었다. 블로그에 회사와 상품을 알리는 콘텐츠를 올리는 것뿐만 아니라 블로그에서 상품을 직접적으로 판매하는 것이 가능하게 되었다.

기존 쇼핑몰이 전형적인 제품 소개와 비슷한 화면 구성을 사용했다면, 블로그는 읽는 사람들로 하여금 글과 사진을 보면서 자연스럽게 상품에 노출되게 하는 것이 특징이다. 블로그에서는 사진과 동영상을 최대한 활용하여 고객이 상품을 어떻게 사용하고 있으며, 상품의 장점이 어떠한지를 상세하게 묘사하고 있는 것 또한 특징이다.

블로그에서 상품을 판매하기 위해서는 P2P 결제 방법을 활용하면 된다. (주)이니시스와 같이 P2P 결제 시스템을 제공하는 업체에게 서비스를 제공받아서 상품을 판매하면 블로그만으로도 상품의 직접 판매가 가능하다.

블로그 개설과 운영의 노하우

블로그를 개설할 수 있는 곳은 크게 포털사이트의 블로그 서비스를 이용하거나 티스토리와 같은 블로그 전문 사이트에서 개설하는 두 가지의 방법이 있다. 포털사이트의 블로그 서비스를 이용하면 포털사이트의 검색엔진에 노출이 잘되기 때문에 홍보 및 마케팅에 용이하다. 반면에 티스토리와 같은 블로그 전문 사이트는 검색엔진에 노출이 잘되지 않는 단점은 있으나 개인적인 블로그 운영을 통하여 블로그 커뮤니티에 유리한 면이 있어서 개인의 취미 활동을 위한다면 블로그 전문 사이트를 권장하기도 한다.

이 장에서는 홍보와 마케팅을 위해서 블로그를 운영하는 것이 목적이기 때문에 포털사이트의 블로그, 특히 포털사이트 중에서도 네이버의 방문자 수가 제일 많은 관계로 네이버의 블로그를 추천한다.

블로그는 회사에서 직접 운영하라

블로그는 미디어라는 특성상 회사에서 직접 운영하는 것이 좋고 양질의 콘텐츠를 생산해 낼 수 있는 사람이 운영해야 한다. 회사의 규모가 있어서 대행업체에게 의뢰를 할 수 있으나 회사에서 직접 운영하는 것과는 그 효과에 있어서 큰 차이가 있다. 대행업체는 블로그 방문자 수를 늘려줄 수는 있어도 양질의 콘텐츠를 통하여 회사의 잠재고객과의 커뮤니티를 형성하는 데까지는 나아가기가 어렵다.

블로그를 통하여 더 많은 홍보를 원한다면 회사에서 블로그를 운영하면서 파워블로거 체험단을 병행하는 것이 더 나은 방법이라고 할 수 있다.

블로그 제목은 검색엔진을 체크하여 정하라

블로그 개설에서 제목은 상당히 중요하다. 블로그 카테고리에서 블로그를 검색할 때 제목에 넣은 키워드가 노출이 되기 때문이다. 사진관을 운영하는 당신이 블로그 제목을 정할 때 '멋쟁이 사진관'이라고 한다면 멋쟁이와 사진관 두 개의 키워드로 검색이 될 수 있다. 하지만 '아기사진, 돌사진, 가족사진, 전문가의 사진여행'이라고 하면 아기사진, 돌사진, 가족사진, 전문가, 사진여행이라는 키워드로 모두 노출이 가능하다.

따라서 블로그에 제목을 정할 때는 노출하고 싶은 키워드와 몇 개의 키워드를 노출할 건지를 정해야 한다. 너무 욕심을 부려서 많은 키워드를 제목에 넣으면 제목이 이상해지는 경향이 있으니 노출 키워드를 고려한다고 하더라도 4~5개의 키워드를 넘지 않는 것이 좋다.

홈페이지를 운영하고 있다면 홈페이지의 제목과 통일감을 줄 수 있도록 신경을 쓰는 것도 필요하다.

블로그 메뉴는 크게 개인적인 내용과 전문 콘텐츠로 구성하라

블로그는 회사에서 홍보와 마케팅을 위해서 운영한다고 하더라도 개인 미디어라는 블로그의 성격 때문에 개인의 일상과 같은 개인적인 내용들이 기본적으로 들어가는 게 좋다. 그리고 홍보와 마케팅을 위해서 개설하였기 때문에 회사의 상품과 관련된 전문 콘텐츠로 구성을 하면 크게 문제는 없다.

단지 처음부터 욕심을 많이 부려서 게시판을 잔뜩 만들어 놓는 경우가 있는데 처음에는 메뉴와 게시판을 단순하게 구성해서 메뉴별로 글을 자주 올릴 수 있도록 하는 것이 좋다. 블로그에 글을 자주 올리는 것은 쉬운 일이 아니며 양질의 콘텐츠를 생산하는 것은 더욱 그렇다. 다른 게시글을 퍼오거나 스크랩해서 가져올 수는 있지만 그런 글로 게시판을 채우려고 하면 안 된다.

다음 그림과 같이 처음에는 메뉴와 구성을 간단히 해서 양질의 콘텐츠를 열심히 생산해 내는 데 집중하고 어느 정도 글이 많아졌을 때 필요에 따라서 게시판을 늘리는 것이 요령이다.

블로그 마케팅을 이제 시작한 블로그

게시판 제목과 콘텐츠는 고객 욕구를 채워주는 내용이어야 한다

블로그 마케팅에서 제일 중요한 것은 게시판의 제목과 양질의 콘텐츠이다. 온라인 마케팅의 서두에서 고객의 욕구를 분석하였는데 이러한 자료가 충실하게 업데이트 되어 있다면 게시판의 제목과 양질의 콘텐츠는 미리 분석해 놓은 고객의 욕구 분석 자료를 토대로 작성할 수가 있다.

위의 그림에서 예를 든다면 '아동미술교육정보'나 '산만한 남자아이 미술 가르치기' 게시판은 산만한 남자아이를 둔 엄마 또는 남자아이에게 미술교육을 시키고 싶어 하는 엄마가 알고 싶어 하는 내용을 게시글로 올리기 위한 게시판이다. 이는 고객의 욕구를 반영하는 게시판이며 게시글 또한 이러한 고객의 욕구를 충족시켜주는 내용이 되는 것이다.

블로그 디자인은 자신의 콘텐츠와 관련이 있는 이미지를 활용하라

규모 있는 회사에서 블로그를 운영하면 간단한 포토샵이라도 할 수 있는 직원에게 시키면 되고 사장님이 혼자 다 해야 하는 경우에는 그냥 깔끔한 이미지로 포털사이트에서 지원하는 이미지를 활용하면 된다.

하지만 좀 더 신경을 쓴다면 자신의 콘텐츠나 상품과는 아무런 상관도 없는 이미지를 사용하는 것보다는 관련이 있는 이미지를 사용하는 것이 낫다. 자신이 포토샵과 같은 프로그램을 모른다면 요즘은 포토샵 정도는 활용할 줄 아는 젊은 사람들이 많으므로 주위의 아는 사람에게 부탁을 해도 된다.

그리고 홈페이지를 운영하는 경우에는 홈페이지의 이미지와 통일감을 가질 수 있도록 블로그 디자인을 하는 것이 좋다. 그러면 블로그를 방문하여 정보를 얻은 고객이 자연스럽게 홈페이지로 유도가 될 수 있다.

 **Point :**

1. 소기업 소상공인에게 블로그는 저비용 마케팅의 아주 훌륭한 수단이다.
2. 블로그 하나만 제대로 운영해도 고객을 모으고 매출이 향상될 수 있다.
3. 블로그는 콘텐츠가 제일 중요하므로 양질의 콘텐츠를 생산해 낼 수 있어야 한다.

– 카페 마케팅

인터넷 카페의 이해

인터넷 카페는 인터넷 동호회, 향우회, 동창회 등과 같이 사이버 공간에서 다양한 만남이 이루어질 수 있도록 인터넷 포털사이트에서 제공하는 커뮤니티를 말한다.

포털사이트에 가입한 회원이 카페를 개설하면 이 카페에 취지나 뜻을 같이하는

사람들이 회원으로 가입해 서로 정보를 주고받는다. 이러한 카페의 가장 일반적인 형태가 '인터넷 동호회'이다.

이렇게 동호회나 모임과 같이 비영리를 목적으로 시작한 카페가 최근에는 기업에서 홍보와 마케팅을 목적으로 개설하기도 한다. 또한 카페에서 공동구매가 이루어지거나 배너를 달아서 카페의 운영자금으로 활용하기도 한다. 공동구매는 회원들이 혼자 구매하는 것보다 저렴하게 상품을 구매하기 위하여 이루어지기도 하지만 카페 운영진의 판단으로 카페 성격과 전혀 상관이 없는 상품을 공동구매로 판매하기도 한다. 카페 성격과 전혀 상관이 없는 상품을 공동구매로 판매할 경우에는 회원들이 반발하지 않도록 세심한 배려가 필요하다.

포털사이트에서 제공하는 인터넷 카페 이외에도 디시인사이드와 같이 커뮤니티를 제공하는 홈페이지를 제작하여 주제에 관심이 있는 회원들을 모아서 카페와 유사한 커뮤니티를 형성하는 경우도 있다.

카페와 블로그의 차이점

카페는 앞에서 설명한 블로그와 함께 커뮤니티를 형성한다는 점에서 상당히 유사한 점이 많다.

커뮤니티 방식이기에 유사한 점이 많지만 포털사이트에서 별도의 메뉴로 구분해 놓은 것처럼 상이한 점도 많으므로 차이점에 대해 알아보자.

	카페	블로그
커뮤니티의 방식	회원들이 함께 참여하는 동호회의 방식이므로 다양한 의견 수렴이 용이하다.	운영자가 모든 콘텐츠를 게시하는 1인 미디어의 방식으로 댓글 정도의 의견수렴만이 가능하다.
개방성	회원으로 가입하지 않으면 게시글도 읽을 수가 없어서 폐쇄적이다.	게시글이 모두 오픈되어 있어서 개방적이다.
콘텐츠의 성격	회원들이 모두 주체이기에 관심 있는 주제에 대한 다양한 글들이 올라온다.	운영자 혼자서 글을 올리기 때문에 운영자가 선호하는 글들로 내용이 채워진다.
운영자의 역할과 권한	초기에는 운영자가 글을 많이 올려야 하지만 회원이 많아지면 회원들에 의해서 운영된다. 운영진이 구성이 되며 운영진에게 권한이 주어지는 경우가 많다.	처음부터 끝까지 운영자가 관리를 해야 한다
오프라인 모임과의 연계성	정기적인 오프라인 모임으로 자연스럽게 연결된다.	오프라인 모임으로 연계되기가 어렵다.

카페와 블로그의 차이점

블로그와 다른 카페의 가장 큰 차이는 회원들과의 직접적인 커뮤니티가 가능하며 오프라인의 커뮤니티까지 연결이 될 수 있기에 충성도가 상당히 높아질 수 있다는 것이다.

기업이 카페를 마케팅으로 활용할 때는 이러한 카페의 특성을 잘 살릴 필요가 있다. 또한 일반 동호회 카페와는 달리 기업이 운영하는 카페는 운영자에게 권한이 집중되어 있고 회원들이 그것을 자연스럽게 인정을 하게 된다. 따라서 오프라인에서의 정기모임 등을 통하여 회원들의 충성도를 지속적으로 높여갈 수 있다면 기대 이상의 마케팅 효과를 볼 수가 있다.

카페 마케팅의 특징

1. 저비용으로 누구나 손쉽게 만들 수 있지만 활성화시키기가 힘들다

블로그와 마찬가지로 카페도 포털사이트에서 제공하는 카페의 툴을 이용하면 비용을 들이지 않고 쉽게 개설할 수 있다. 하지만 카페는 개설하기가 쉬운 것처럼 관리가 쉬운 건 아니다. 블로그는 개설하고 나서 콘텐츠를 자주 올리지 않아도 크게 문제가 되지 않고 꾸준히 양질의 콘텐츠를 올려주기만 하면 시간이 흐르면서 콘텐츠가 자연스럽게 쌓이면 된다. 5일에 하나, 7일에 하나도 좋다.

하지만 카페는 양질의 콘텐츠가 빠른 시간 내에 그리고 꾸준히 하루에 1개 정도는 지속적으로 올라가지 않으면 일단 회원 가입이 잘되지 않는다. 초기에는 더욱 그렇다. 게시글도 올라오지 않는 썰렁한 카페에서 어느 누가 활동을 하겠는가?

따라서 내가 부지런히 카페에 글을 올리고 카페 관리를 할 수 없다면 카페 개설을 하지 않는 것만 못할 수도 있다. 소기업 소상공인에게 블로그는 바로 시작하는 것이 좋다면 카페는 개설할 때 미리 어떻게 운영을 할 것이고 하루에 카페를 관리하기 위해서 시간을 어떻게 할애하겠다는 계획을 좀 더 구체적으로 세우는 것이 좋다. 그렇게 해야 중도에 포기하지 않고 카페가 정상적으로 활성화 될 수가 있다.

2. 카페를 꾸준히 관리하여 활성화가 되면 입소문이 더욱 많이 난다

카페는 활성화가 되면 자연스럽게 오프라인 모임으로 연결이 되며 회원들이 오프라인에서 만나게 되면 카페의 결속력이 더욱 높아지게 된다. 결속력이 높은 회원들에게 회사와 상품에 대한 홍보는 아주 자연스럽게 이루어지며 충성고객이 많아져 입소문이 나기가 쉬운 것이다. 블로그에 비해 상대적으로 카페의 회원들은 충성도가 높다.

3. 직접 판매와 공동구매를 진행할 수 있다

P2P 결제수단을 활용한 직접 판매는 블로그와 마찬가지로 카페에서도 가능하다.
이 외에 카페에서는 공동구매를 진행하기가 용이하다. 블로그와는 달리 카페는
회원이 있고 회원에게 쪽지나 이메일로 공지를 할 수가 있기 때문에 어느 정도 활
성화되고 회원들의 활동이 많은 카페는 공동구매가 아주 쉽게 이루어지는 장점이
있다. 이러한 공동구매의 특성 때문에 블로그보다도 카페에 전념하는 사장님도 많
이 있다.

4. 검색엔진 마케팅과 회사 및 상품의 홍보가 용이하다

검색엔진에서 노출이 잘되는 부분이나 카페에서 회사와 상품의 홍보가 용이한
부분은 블로그와 별반 다를 바가 없다. 다만 신상품에 대한 품평이나 의견을 듣고
자 할 때 카페가 활성화 되어 있다면 회원들의 더욱 구체적이고 신속한 피드백을
구할 수 있다는 것이 카페의 더 큰 장점이 될 수 있다. 또한 카페에서는 이벤트를
통하여 회원들에게 혜택을 주고 회원들의 참여율을 높이기 위해서 노력을 하게 된
다. 회원 수가 많은 카페는 카페의 성격과 관련이 있는 회사에서 협찬 또는 사은품
을 제공하기도 한다.

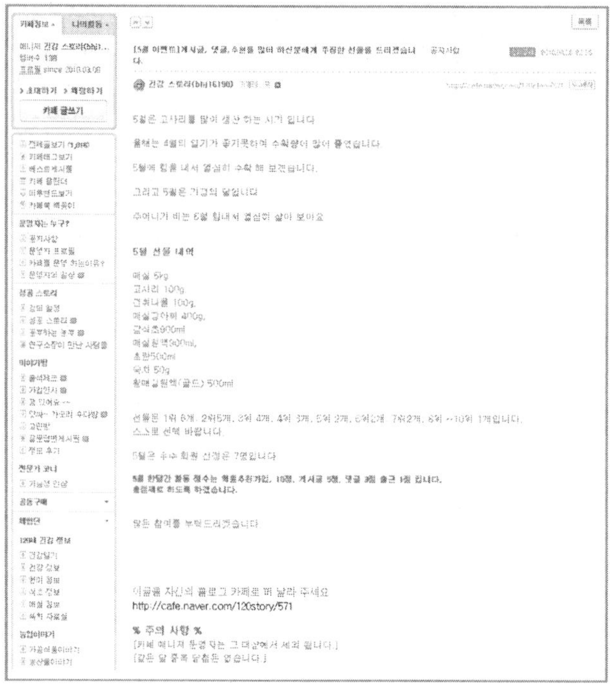

회원가입 유도를 위하여 이벤트 진행

Point : 블로그는 1인 미디어이며 카페는 회원들의 집합체이다. 따라서 카페는 회원이 많이 모집되지 않으면 기업 홍보와 마케팅의 성과를 기대하기가 힘들다. 대신에 카페의 회원이 많아지면 아주 쉽게 엄청난 마케팅 효과를 기대할 수가 있다.

카페의 개설과 운영 노하우

앞에서 인터넷 카페가 어떤 것이고 어떤 특징이 있는지 알아보았다. 그럼 카페는 어떻게 개설해야 하고 운영은 어떻게 해야 하는 것일까?

네이버 카페와 다음 카페의 차이

카페를 개설하고자 한다면 네이버의 카페와 다음의 카페 중에서 고민을 하게 된다.

인터넷 카페 서비스를 다음에서 먼저 시작하였기에 현재 카페의 수는 다음이 월등히 많지만 네이버의 1일 방문자 수가 많아서 카페 방문자 수는 많이 차이가 나지 않는다. 2009년 1월 기준으로 다음의 카페 수는 760만 개, 네이버의 카페 수는 460만 개로 다음은 카페 수가 많은 것처럼 이미 각 키워드, 카테고리별로 확고하게 자리를 잡고 있는 카페가 많이 있다. 경쟁카페가 없거나 아직 활성화 되지 않은 포털사이트에서 카페를 개설하는 것이 일반적으로는 낫다.

다음 카페 방문자의 연령대는 30~40대가 많은 반면에 네이버 카페는 10~30대가 많으며 다음 카페가 친목의 성격이 짙다면 네이버 카페는 검색에 강한 포털의 특성 때문에 정보 취득의 성격이 짙다고 할 수 있다.

카페의 게시글이 검색엔진에 노출이 되었을 때 카페로 유입하는 방문자 수는 아무래도 네이버에 방문하는 방문자 수가 기본적으로 월등히 많기 때문에 네이버가 많다.

자신의 업종이나 상품의 특성을 다각적으로 고려할 필요가 있겠으나 고객과 회원들에게 양질의 정보를 제공하는 것이 목적이라면 네이버를 이용하는 것이 낫다고 본다. 다만 네이버보다는 다음이 카페에서의 상업성 글이나 문구에 대해서 어느 정도 묵인하는 정책을 펴고 있으므로 이런 것도 감안하여 카페를 개설할 수가 있다.

카페의 제목과 메뉴 정하기

카페의 제목은 앞에서 블로그 제목 정할 때와 마찬가지로 검색엔진을 체크하여 정하면 된다. 다만 블로그와 달리 카페의 이름은 포털사이트에서 자주 변경할 수 없도록 제한을 해 놓았기 때문에 신중하게 결정하는 것이 좋다. 네이버와 다음 모두 카페 이름을 등록하고 나서 3개월이 지나야 수정이 가능하다. 카페 이름과 별도로 카페 설명을 등록할 때도 노출이 될 수 있는 키워드를 고려하여 설명에 넣는 것이 좋다.

카페의 메뉴 또한 블로그의 메뉴와 크게 다르지 않지만 블로그에서 개인적인 메뉴가 많았다면 카페는 개인적인 메뉴는 1개나 2개 정도로 최소화하는 것이 좋다.

카페는 기본적으로 회원들 사이의 공간이기 때문에 운영자 개인의 카페로 여겨질 수 있는 메뉴는 삼가는 것이 좋다. 대신에 운영자가 회원들에게 신뢰를 줄 수 있는 메뉴나 전문가와 같은 활동 또는 칼럼 같은 것들이 가능하다면 넣어주는 것이 좋다.

산엔들 건강식품 카페의 메뉴

카페에서는 기본적으로 공동구매나 이벤트, 경매, 상품평이나, 상품후기와 같은 메뉴가 추가가 될 수 있으며, 회원들이 운영자에게 쪽지를 쉽게 보낼 수 있도록 별도의 메뉴를 해 놓는 것도 회원들이 운영자와 좀 더 쉽게 소통을 할 수 있는 방법이 된다.

또한 회원 가입인사 메뉴와 홈페이지에 연결하는 링크 메뉴 등도 카페에서 유용하게 활용이 될 수 있는 메뉴이다.

그 이외에 메뉴의 제목이나 콘텐츠를 회원들의 욕구에 맞게 구성한다거나 카페 디자인과 관련된 부분은 블로그의 경우와 크게 다르지 않다.

카페 관리할 때의 주요 기능들

카페에는 회원들을 관리하기 위한 기능이 여러 가지가 있다. 그 중에 하나는 회원들의 등급을 나누어서 관리를 할 수 있으며, 그러한 등급을 적절하게 활용하게 하기 위해서 게시판 등급 설정 기능을 두었다. 게시판 등급 설정 기능에는 회원 등급별로 게시판을 읽고, 쓸 수 있는 권한 등을 설정할 수 있도록 하였다. 이러한 회원 등급과 게시판 설정 기능을 활용하면 회원들이 카페에서 적극적인 활동을 하게 하는데 유인책이 될 수 있다.

이벤트 관리 기능 또한 잘 활용하여 이벤트를 진행하면 회원가입 유도와 활성화에 도움이 된다.

카페의 주요 관리 기능

카페의 주요 관리 기능

카페 관리 기능에서 메시지 보내기 기능은 전체 회원들에게 쪽지나 이메일을 발송할 수가 있다. 이벤트나 공동구매, 경매 등을 진행하거나 전체 회원들에게 공지할 내용이 있을 경우 활용할 수가 있다. 메시지 보내기는 전체 회원들뿐만 아니라 회원들의 각 등급별로도 발송이 가능하다.

카페는 회원 수가 많아지거나 메뉴가 늘어나고 활성화가 되면 운영자 혼자서 관리를 할 수가 없다. 그래서 운영진을 선출하고 스텝을 선정하게 되며, 운영진이나 스텝을 선정하고 관리하는 기능을 카페에서는 지원하고 있다.

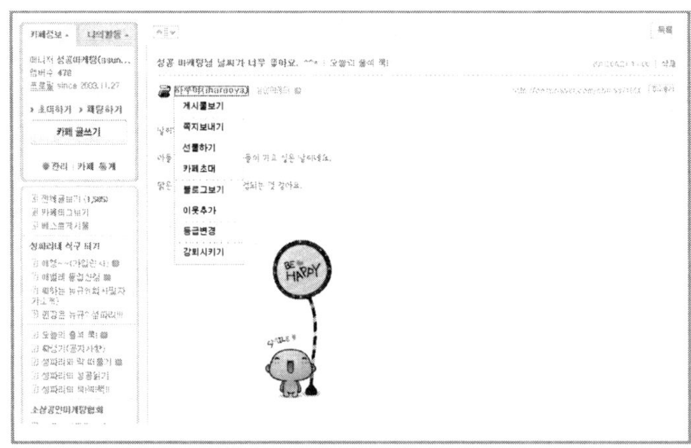

아이디를 클릭했을 때 뜨는 작은 창

카페에 글을 올리는 회원의 아이디를 클릭하면 앞에서와 같이 게시물보기, 쪽지보내기, 카페초대, 블로그보기 등의 작은 창이 뜬다. 쪽지보내기는 카페에 가입한 회원의 글을 보고 쪽지를 보내고 싶을 때 사용하기도 하지만, 카페초대와 같이 자신의 카페에 관심이 있을만한 타 카페의 회원들에게 우리 카페에 한 번씩 놀러오라는 쪽지를 보낼 때도 사용을 한다.

오프라인 모임을 꼭 진행하라

카페라 하더라도 오프라인 모임을 하지 않고 온라인에서만 활동을 하면 소속감
이나 결속력이 떨어지고 카페에서의 활발한 활동을 기대하기가 힘들다. 회원 수가
별로 없어서 오프라인 모임이 힘들다고 지레 겁을 먹지 말고 카페를 운영한다면
적은 인원이 모이더라도 오프라인 모임을 추진하는 것이 좋다. 오프라인 모임을
갖으려고 해도 도저히 인원이 안 될 것 같은 데 억지로 하라는 얘기는 아니고 8~9
명이라고 모일 수 있을 것 같다는 생각이 들면 일단 오프라인 모임은 꼭 진행하라
고 권유를 한다.

마케팅 카페의 등산동호회 게시글

오프라인 모임이 있는 카페는 댓글이나 게시글에서 회원들 간의 돈독함을 여실히 느낄 수가 있다.

 **Point : 카페는 온라인과 오프라인 커뮤니티를 함께 하는 곳.**
꼭 오프라인 모임을 진행하라.

– 지식인 마케팅

지식인 마케팅의 이해

지식인 마케팅은 포털사이트에서 지식인 서비스를 제공한 이후에 지식인 서비스의 사용빈도가 높아지고 많은 인터넷 사용자들이 이용하면서 마케팅의 유형으로까지 발전한 경우이다. 이제는 옆에서 누가 질문을 하면 지식인에게 물어보라는 얘기가 자연스럽게 나오는 것도 이미 우리의 생활에 익숙한 것으로 자리를 잡고 있기 때문이다.

포털사이트는 지식인이라는 서비스를 제공하면서 질문 게시글과 답변 게시글을 모두 사이트 방문자가 올릴 수 있도록 해 놓았기 때문에 시간이 지날수록 방대한 양의 콘텐츠들이 지식인의 온라인 공간에 올라오고 있다.

또한 포털사이트에서는 지식인에 양질의 답변이 올라올 수 있도록 전문가들이 답변하는 공간도 만들며 전문가 정도의 답변을 유도하도록 지식인에서 활발히 활동하는 사람들에게 별도의 호칭을 부여해 주기도 한다.

지식인 마케팅은 소기업 소상공인들이 잘못 이해하고 자신의 상품이나 회사 소개하는 글을 도배하듯이 올리는 경향이 많았다. 그래서 아이디가 정지되거나 제재를 받는 경우가 있는데 이는 지식인 마케팅의 기본 취지를 잘못 이해한 경우이다.

네이버 지식인의 등급업 가이드

이를 권유하는 마케팅 컨설팅 업체가 있다면 당장 그 업체와의 컨설팅은 중지하는 것이 맞다.

지식인 마케팅의 기본은 자신의 상품이나 서비스, 회사와 관련이 높은 키워드로 지식인에 질문이 올라왔을 때, 그 질문을 한 사람에게 궁금증을 알기 쉽고 이해하기 쉽게 답변을 성실하게 달아주는 것이 기본이다. 질문을 한 사람은 답변 중에서 자신의 의도에 맞게 정성스럽게 답변을 달아준 사람에게 호감을 느끼게 되며 더욱 자세한 정보를 위하여 그 사람의 블로그나 홈페이지를 방문하게 되는 것이다.

질문을 한 사람 뿐만 아니라 지식인의 질문과 답변이 검색엔진에 노출이 잘되기 때문에 비슷한 질문을 하고자 하는 사람에게도 노출이 잘되며 조회 수가 상당히 높게 나타나는 경우가 많이 있다. 또한 지식인에서 질문을 하는 사람들은 자신이 궁금해 하는 키워드로 검색을 하기 때문에 상품 구매로 전환을 할 확률이 높아서 지식인 마케팅이 중요하게 여겨지는 이유가 되기도 한다.

어설픈 지식인 마케팅의 유형

1. 질문에 맞지 않는 답변을 올리는 유형

지식인 마케팅 초기에 이런 답변들이 많았는데 아직도 모두 없어지지는 않고 계속 이런 글들이 올라오고 있다. 질문한 사람 입장에서 오히려 짜증이 나고 회사에 대한 신뢰도는 더욱 떨어진다고 봐야 한다. 안 하느니만 못한 이런 작업들은 이제는 그만하기 바란다.

2. 광고나 홍보문구를 의도적으로 노출하는 형

질문한 사람의 답변을 다는데 성의가 없고 그냥 복사해서 붙여넣기를 하는 경우가 있는데 이런 경우 백이면 백이 광고홍보성 문구이다. 그리고 당연히 홈페이지 주소 또는 상호가 노골적으로 드러나는 것을 볼 수가 있다. 이러한 답변은 질문한 사람도 상업적인 광고홍보 글이라는 것을 금방 알 수가 있기 때문에 회사의 신뢰도에는 별로 도움이 되지 않는다.

광고홍보성 지식인 답변

또한 지식인에서 상호와 홈페이지 주소, 전화번호 등을 노골적으로 홍보하는 경우에는 아이디 정지나 기타의 제재를 당하는 경우가 있으므로 앞의 그림과 같은 답변은 필히 피해야 한다.

3. 자신이 질문하고 자신이 답변하는 형

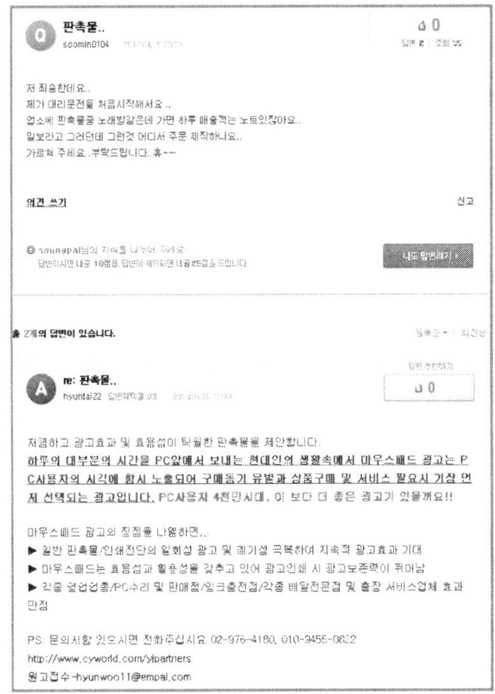

일부 마케터나 대행업체에서 많이 사용하는 방법이다. 별도의 아이피를 생성하고 다른 사람의 아이디로 질문을 한 후에 자신이 답변하는 경우를 말한다. 그리고 여러 개의 답변 중에서 자신이 답변한 게시글에 답변 채택을 하는 방식이다.

정보 위주의 게시글을 활용한다면 일부 효과를 볼 수 있겠으나 권장할 만한 것은 아니다. 지식인의 본래 취지에도 어긋나고 도덕적인 비난도 감수해야 하기 때문이다.

지식인 마케팅 노하우

1. 관심분야를 설정하라

지식인 홈에서 지식 Q&A 메뉴로 들어가면 관심분야를 설정할 수가 있다. 여기에서 자신의 상품이나 서비스 회사와 관련이 높은 분야를 설정한다. 지식인 마케팅을 자주 할 수가 없다면 1가지만 설정을 하고 시간을 좀 더 낼 수가 있다면 2~3개 정도를 설정하여 매일 관심분야에서 올라오는 지식인 질문과 답변을 체크할 수가 있다.

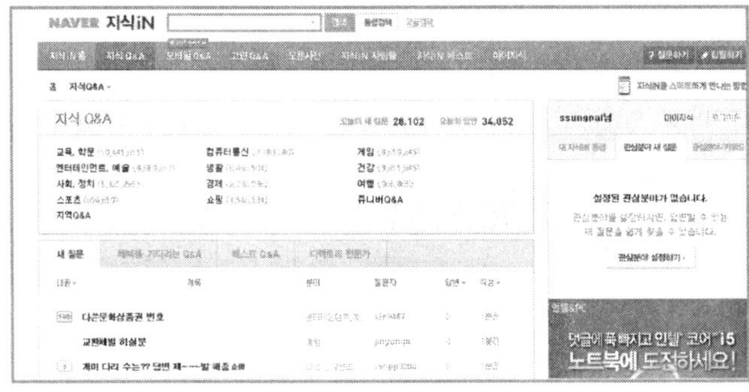

지식인 관심분야 설정하기

2. 네임카드 프로필을 만들어라

네임카드 프로필이란 네이버 지식인에서 제공하는 서비스로서 미리 프로필을 작성해 놓으면 자신이 지식인에서 답변을 하였을 때 자신의 홈페이지 주소와 함께 미리 작성해 놓은 프로필이 네임카드처럼 하단에 노출이 되는 서비스를 말한다.

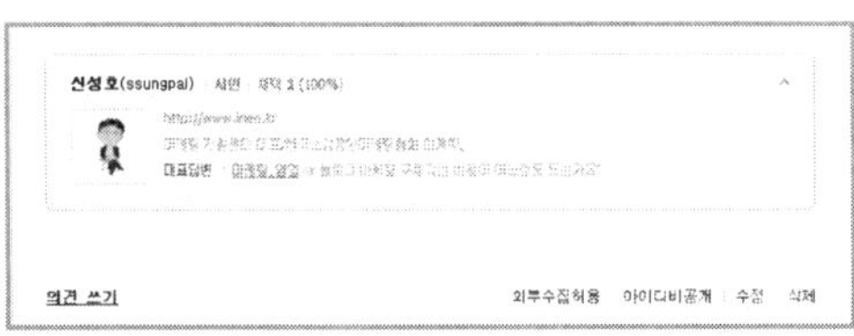

네임카드 사례

링크할 주소는 홈페이지, 블로그, 카페 등 어느 곳이나 상관이 없다. 네이버에서 이러한 서비스를 실시한 이유는 지식인이 워낙에 마케터들에게 상업적으로 이용이 되고 있기 때문에 한쪽에서는 제재를 하면서도 한쪽에서는 양성화 시키는 쪽으로 정책이 수정된 것이 아닌가 싶다.

자신을 홍보하기 위해서는 사진을 꼭 넣어야 하며 주요활동분야를 구체적으로 설정해 놓는 것이 좋다.

3. 답변을 양질의 콘텐츠로 만들어라

답변이 형식적이거나 의례적이면 공감도 없고 답변채택도 되기가 어렵다. 일단 답변을 할 때에는 질문에 대한 공감을 표시해야 한다. 그리고 자신의 분야에 있어서 전문적인 노하우나 정보를 주기 위해서 노력해야 한다. 다른 곳에서 가져온 전문적인 자료나 이미지는 출처를 밝히고 사진을 많이 활용하면 더욱 좋다.

4. 오픈백과나 노하우를 활용하라

자신이 그 분야에서 경력이 있고 전문가 노하우가 있다면 지식인 오픈백과나 노하우를 활용하는 것도 도움이 된다. 다음 그림과 같이 전문가 콘텐츠를 작성하여 올리면 기본적인 심사를 거쳐서 등록이 되는데 일단 등록이 되고 많은 지식인 이용자들이 추천을 해주면, 이미 글 하단에 명시해 놓은 출처를 통하여 블로그나 카페로 많은 지식인 이용자들의 방문이 이루어진다.

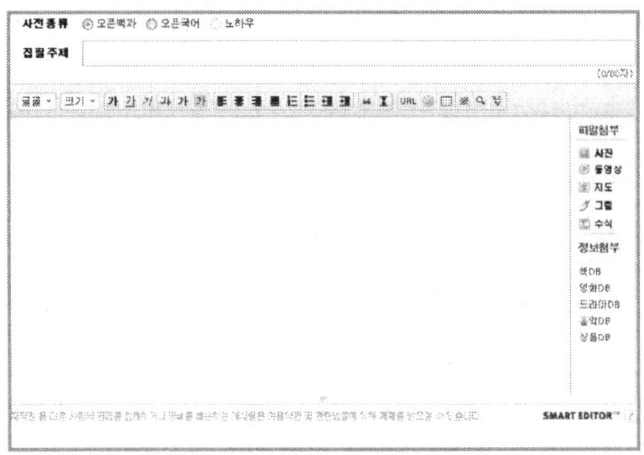

지식인 오픈백과와 노하우

 **Point** : 관심분야와 네임카드 프로필을 등록한 후에 날마다 꾸준히 양질의 답변을 올린다.

– 기타 온라인 마케팅

정기이메일 마케팅

이메일 마케팅은 이미 많은 사람들이 알고 있는 것처럼 고객들에게 이메일을 발송하여 홈페이지, 블로그, 카페를 방문하거나 상품 구매를 유도하는 방식의 마케팅이다. 이메일이 생기기 시작하면서부터 이메일 마케팅은 많은 기업에서 활용을 하였으며 초기에는 무차별적인 스팸메일 형태의 이메일 마케팅이 성행하여 고객들에게 안 좋게 인식이 되기도 하였다.

하지만 여전히 이메일 마케팅은 대기업을 비롯하여 많은 기업에서 사용을 하고 있다.

이메일 마케팅을 위해서는 먼저 잠재고객이든 구매고객이든 확보한 이메일 주

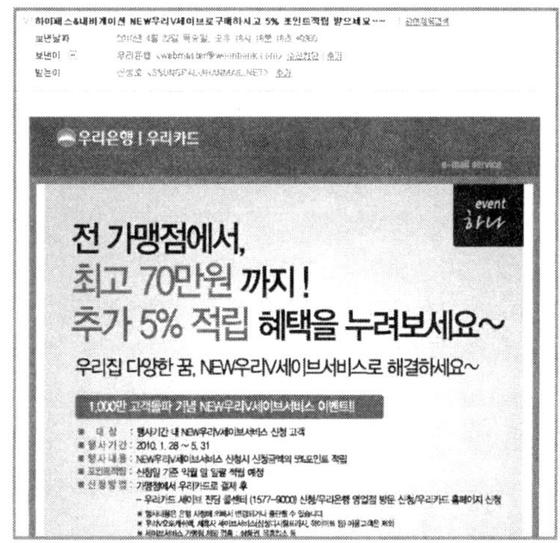

우리은행에서 발송한 이메일 내용

소가 있어야 한다. 이메일 주소는 명함 교환을 하였거나, 홈페이지나 카페 회원이 거나 아니면 구매를 하였거나 해서 평소에 고객의 DB를 모아놓을 필요가 있다.

　고객의 DB가 모였다면 이메일의 내용을 만들어야 하는데 이메일의 내용은 제목과 본문으로 나누어진다. 이메일의 제목은 스팸메일이 아니라는 걸 보여주기 위해서, 바로 삭제되지 않기 위해서 굉장히 중요하다. 이메일의 제목을 정할 때는 제목만 봐도 본문의 내용이 궁금해지는 내용이어야 한다. 고객의 성향이 모두 다르기 때문에 쉽지는 않겠지만 고객이 공통적으로 궁금해 하거나 좋아할 만한 내용과 제목으로 접근해야 하는 것이 이메일 마케팅의 핵심이다.

　앞에서 블로그나 카페에 양질의 콘텐츠를 올리는 것과 마찬가지라고 보면 된다.

　앞의 그림처럼 블로그나 카페에 양질의 콘텐츠가 있다면 그런 콘텐츠를 이메일로 발송하면 되고 일부러 이메일을 보내기 위해서 고민을 할 필요가 없다. 블로그나 카페에 올리는 양질의 콘텐츠는 이미 고객들이 좋아할 만한 키워드로 내용과 제목을 작성하였기에 그러한 콘텐츠를 이메일에 그대로 사용하면 내용을 가지고 고민을 하지 않아도 된다.

판촉기념품 선정연구소의 정기이메일

대신에 이메일을 정기적으로 발송하는 것이 좋다. 아무 때나 중구난방으로 보낼 것이 아니라 일주일에 1회, 2회 식으로 정해 놓는 것이 고객의 반응률이 높게 나온다. 시간은 오전 8시에서 10시, 요일은 보통 화, 수, 목요일이 이메일의 오픈률이 높게 나오는 데, 이는 업종이나 상품에 따라 다를 수 있기 때문에 모두 직접 체크해 보는 것이 좋다.

이메일은 이메일 발송 프로그램을 이용하거나 인터넷 상에서 대량으로 이메일을 보낼 수 있는 사이트를 이용하는 것이 좋다. 마이메일러와 같은 것들은 컴퓨터에 프로그램을 설치해 놓고 그때그때 발송하는 형식이며, 포스트맨이나 메일링크와 같은 경우는 인터넷 상에서 로그인 하여 이용하며 이메일 1통에 1원씩 과금하는 방식으로 운영이 된다.

여력이 있다면 이메일 폼도 회사나 상품에 맞게 만들어서 이메일을 발송을 하면 더욱 좋은 효과를 얻을 수 있다.

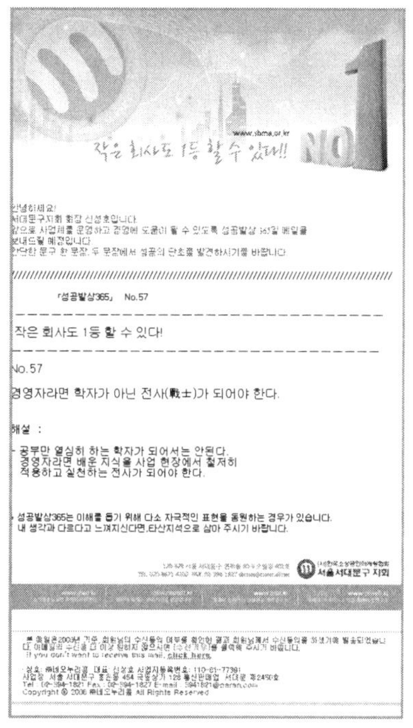

별도로 제작한 이메일 폼

Point : 정기이메일 마케팅 – 정기적으로 요일과 시간을 정해서 블로그나 카페에 올린 양질의 콘텐츠를 꾸준히 발송한다.

연관검색어 마케팅

네이버의 검색엔진에서 키워드를 입력하면 오른쪽에 관련이 있는 또 다른 키워드를 보여준다. 검색하는 키워드와 연관이 있는 키워드를 보여주는 메뉴를 연관검색어라고 한다.

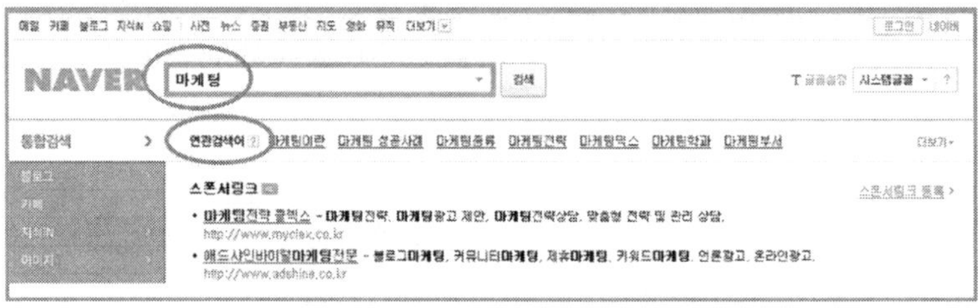

당신이 '마케팅' 이라는 키워드로 검색을 하였는데 원하는 정보가 없다. 그러면 당신은 원하는 정보를 얻기 위해서 다른 키워드로 검색을 하게 된다. 당신이 원하는 정보를 얻기 위해서 이번에는 키워드를 '마케팅이란' 으로 검색을 하였다. 그런데 이러한 패턴이 당신만 검색한 것이 아니라 다른 많은 사람들도 같은 패턴으로 키워드를 검색하였다면 이를 연관검색어라는 메뉴로 다른 사람들도 관련 키워드를 찾고 있다는 것을 미리 알려주기 위한 서비스가 연관검색어 서비스인 것이다.

연관검색어 서비스는 검색하는 사람들에게 원하는 정보가 없을 때 다시 키워드를 치는 수고를 덜어주고 다른 사람들이 검색하는 패턴을 알려주는 역할을 하는 것이다.

이렇게 연관검색어는 자연스럽게 많은 사람들이 연관 지어서 검색하는 패턴을 읽어서 만들어지는 과정인데, 이러한 과정을 인위적으로 자신이 원하는 키워드로 연관이 지어지도록 하는 것을 연관검색어 마케팅이라고 한다.

사례를 들면 검색창에 '판촉기념품' 이라는 키워드를 입력한 후에 검색을 한다. 그 상태에서 '판촉기념품' 을 지우고 '네오누리콤' 이라는 키워드를 입력한 후 다시 검색을 한다.

그러면 아래 그림과 같이 의도한 키워드가 연관검색어로 나타나게 된다.

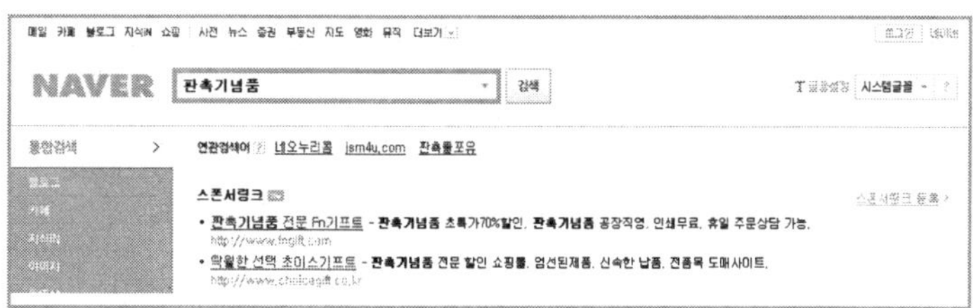

물론 한 번 작업을 했다고 그림과 같은 연관검색어 마케팅의 효과가 나오는 것은 아니다. 다른 IP주소를 갖고 있는 컴퓨터에서 꾸준히 날마다 지속했을 때 포털사이트에서 패턴으로 인식을 하고 효과가 나타나게 된다.

이렇게 연관검색어가 노출이 되면 판촉기념품이라는 키워드를 쳤을 때 연관검색어의 네오누리콤을 보고 해당 사이트에 들어갈 확률이 높아지는 것이다. 따라서 연관검색어 마케팅은 키워드 광고를 하였을 때 CPC 비용이 높은 키워드로 진행하는 것이 효과적이다.

하지만 CPC 비용이 제일 비싼 대표키워드는 포털사이트에서 연관검색어 서비스를 진행하지 않고 추천비즈니스 키워드 서비스를 진행하면서 키워드 광고로 접근하도록 하고 있어서 대표키워드는 연관검색어 마케팅을 진행할 수가 없다.

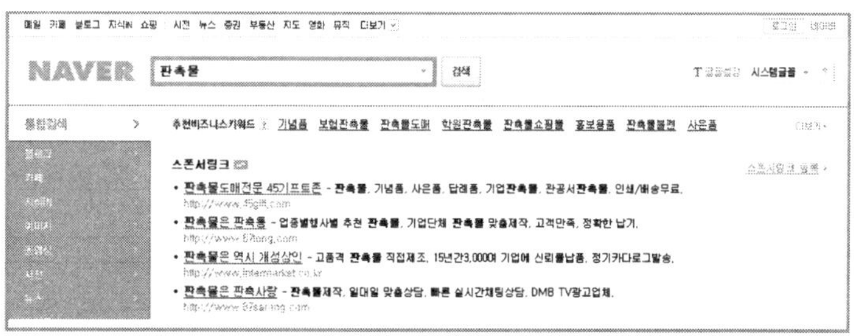

홈페이지 검색 등록하기

홈페이지를 만들면 무조건 포털사이트에 등록을 해야 한다. 대부분의 포털사이트에서는 무료로 등록을 할 수 있으며, 등록을 할 때 홈페이지 제목과 설명 문구를 넣어야 한다. 이 때 경쟁이 심하지 않은 업종이나 상품은 홈페이지의 검색 등록만 잘 하여도 디렉터리 검색에서 상위에 노출이 될 수 있다.

경쟁이 심하지 않은 업종이라면 네이버에서 키워드 조회 수를 검색하여 조회 수가 높은 키워드를 추려낸다. 조회 수가 높은 키워드를 설명 문구에 반복해서 넣으면 그 키워드로 검색을 하였을 때 사이트가 상위에 노출될 수 있는 확률이 높다.

경쟁이 심한 업종이라면 조회 수가 높은 키워드를 설명 문구에 넣으면 안 된다. 이미 다른 사이트들이 너무나 많기 때문에 같은 키워드를 설명 문구에 넣어도 사이트로 찾기는 너무나 힘들기 때문이다. 이럴 때는 조금 더 세부 키워드를 찾아서 설명 문구에 넣는 것이 낫다.

예를 들어 도장, 스탬프 홈페이지를 만들었다면 '도장' 이나 '스탬프' 라는 키워드는 설명 문구에 넣어도 사이트 카테고리에 잘 노출이 되지 않는다.

그림처럼 이미 사이트에 등록되어 있는 홈페이지가 수도 없이 많기 때문에 이제 홈페이지를 만들어서 등록을 해도 사이트 카테고리에서는 찾아보기가 힘들다.

하지만 다음과 같이 '포토스탬프' 라는 키워드는 사이트가 등록되어 있는 수가 4개 밖에 되지 않는다. 따라서 경쟁이 심한 경우에는 아래와 같이 좀 더 세부키워드

스탬프로 검색했을 때 나타나는 사이트

를 설명 문구에 넣어서 사이트 카테고리에서 노출이 될 수 있도록 하는 것이다.

이처럼 어떻게 하면 비용을 들이지 않고 현재의 시스템에서 키워드로 검색하는 고객에게 자신의 홈페이지를 노출시키고 방문할 수 있도록 유도할 수 있느냐 하는 것이 가장 중요한 핵심이라고 할 수 있다.

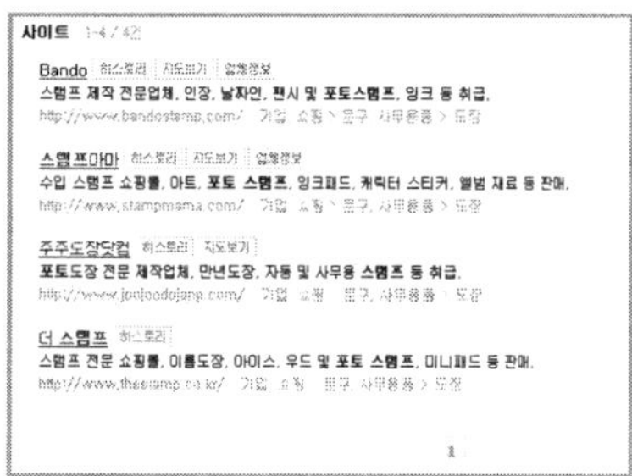

포토스탬프로 검색했을 때 나타나는 사이트

온라인 마케팅의 3가지 핵심단어 – 키워드 / 콘텐츠 / 커뮤니티

지면이 많지 않아서 중요한 부분들 위주로 언급하다 보니 온라인의 툴에 익숙하지 않은 사람들은 어렵게 느껴질 수도 있겠고 어느 정도 내용들을 알고 있는 사람들은 좀 더 상세한 내용이 없어서 아쉬울 수도 있을 것이다.

미흡한 부분은 다음에 더욱 자세하게 책을 낼 수 있도록 하고 앞에서 언급한 것들 중에서 가장 핵심 단어 3가지만 다시 한번 반복하고자 한다.

모든 온라인 마케팅에서 키워드는 기본이다. 당신 회사의 고객의 욕구를 찾을 수 있는 것도, 자신의 콘텐츠를 노출시키고, 고객이 홈페이지와 카페, 블로그 등에 방문할 수 있도록 유도하는 것도 키워드이다.

키워드 광고를 제외한 모든 온라인 마케팅은 콘텐츠로 귀결이 된다. 양질의 콘텐츠를 생산해 낼 수 있느냐가 얼마나 많은 고객을 끌어들일 수 있느냐로 나타나게 된다. 블로그, 카페, 지식인 마케팅을 진행하는 데 양질의 콘텐츠가 없다면 아무런 효과를 기대하기가 어려울 정도이다.

마지막이 커뮤니티이다.

　블로그와 카페 마케팅은 결국 커뮤니티의 활성화 문제이다. 커뮤니티가 제대로 활성화될 때 온라인 마케팅은 시너지 효과가 극대화 된다.

　온라인 마케팅은 이 3가지 핵심단어를 잊지 않고 꽉 틀어쥐면서 진행을 해야 고객이 모집이 되고 매출이 상승하는 효과를 얻을 수 있다.

　키워드! 콘텐츠! 커뮤니티! 이 3가지 핵심단어를 잊지 말자.

모바일 이벤트 **마케팅**

김해룡
1급 마케팅지도사/강사

경북대학교 졸업
1급 마케팅지도사
휴대폰 이벤트 마케팅 전문강사
저서 「한 번 고객을 단골고객으로 만드는 모바일 마케팅」
홈페이지 http://www.jumpopr.com
전자우편 lamin@naver.com
블로그 blog.naver.com/lamin
네이버 카페 "고객모집전략연구소" 운영자

나도 1,000 명의 회원을 보유한
사장이 될 수 있다!

떠난 고객을 다시 돌아오게 하는 비용이 가장 높다.

신규고객도 기존고객 대비 5배 이상이다.

어렵게 발굴한 고객을 다시 오게 할 수 없다면 힘들어질 수밖에 없다.

한 번 방문고객을 다시 오게 할 수만 있다면, 큰 돈 들이지 않고 고객확보가 가능할 것이다. 그러나 안타깝게도 대부분의 외식업 경영자들은 그 방법을 모르고 있다. 처음 온 고객에게 맛있는 음식, 훌륭한 서비스, 멋진 분위기를 제공했다고 가정해 보자.

과연, 그 고객이 다시 방문해 줄까?

세 가지 조건 중에서 한 가지라도 부족했다면 재방문하지 않을 것이다. 세 가지 모두를 만족했어도 방문해 줄 것이라 장담할 수는 없다. 세 가지를 모두 만족했고, 그 중에서 최소한 한 가지에 감동을 받았다면, 재방문해 줄 확률이 커진다.

그러나 맛(품질), 서비스, 분위기로 고객을 감동시키는 것은 사실상 쉽지 않다. 이제 웬만한 것에는 감동받지도 않는다. 평범한 사람이 할 수 있는 것이 못 된다.

대학입시에서 전국 수석을 차지한 학생들이 '교과서만 공부했다'고 한다. 틀린 말은 아니겠지만, 평범한 사람이 할 수 없는 것과 같은 이치이다.

그러면 이 세 가지 이외에 무엇이 있을까?

앞에서와 같이 처음 온 고객이 있다고 가정해 보자.

물론 맛있는 음식, 훌륭한 서비스, 멋진 분위기를 제공했다.

방문한 그 다음 날부터 다음과 같은 문자메시지가 날아왔고, 좋은 일이 있을 때마다 가족보다 먼저 챙겨준다면 고마워서 다시 방문해 주지 않을까?

방문 다음 날(감사문자 & 문자쿠폰 발송 사전고지)

'(OO음식점) 어제 저희 점포를 방문해 주셔서 감사했습니다. 앞으로 문자로 보내 드리는 쿠폰을 기대해 주세요. 00음식점 000대표'

방문 2주차

'(OO음식점) 000님! 방문해 주신 지 1 주일이 지났네요. 10% DC 쿠폰입니다. 좋은 분들과 좋은 시간 보내세요. 유효기간 1주일'

방문 3주차

'(OO음식점) 000님! 3인 식사 시 1인 무료권 입니다. 감사합니다. 유효기간 : 3일'

생일 때

'(○○음식점) ○○○님! 생일을 축하합니다. 오늘 저희 점포를 방문해 주시면, 샴페인 한 병 쏘겠습니다.'

결혼기념일

'(○○음식점) ○○○님! 결혼기념일 축하합니다. 오늘 저희 점포를 방문해 주시면, 샴페인 한 병 쏘겠습니다.' 메시지 내용이 모두 고객을 위한 것들이다. 홍보용이 아닌 고객에게 도움이 되는 정보들로 구성되어 있다. 따라서 고객들이 좋아한다. 또, 알고 있는 음식점에서 온 문자이므로 스팸 문자로 취급되지 않는다.

다음에 동종 음식으로 외식을 계획하고 있다면, 위 점포를 방문해 주지 않을까? 이렇듯 처음 방문 고객을 다시 오게 하기 위해서는 치밀한 고객관리가 필요하다. 또, 고객관리의 시작은 고객정보를 확보하는 것부터 시작된다.

모바일 이벤트 마케팅은

[잠재고객 정보 확보]

모바일 이벤트를 통해 고객으로부터 광고 수신에 대한 동의가 포함된 고객정보를 받아 낸다.

[고객 세분화]

이렇게 받아낸 고객정보로 고객을 세분화한 후

각 개인의 구매패턴에 맞는 문자광고를 보내어 고객을 재방문하도록 하는 것이다.

일반적인 이벤트와 달리, 방문고객의 연락처를 쉽게 알아낼 수 있다.

고객정보를 알고 있으므로 불특정 다수가 아닌 개인별로 광고 문자를 보낼 수 있으며, 지속적인 저비용 마케팅이 가능해진다.

그러나 외식업 경영자들에게 모바일 이벤트 마케팅을 소개해 보면 '문자메시지를 보내는 것' 정도로만 알고 있다.

문자광고가 모바일 이벤트 마케팅의 일부이지만, 광고수신에 대한 동의가 포함된 고객정보를 얻어 내는 것이 모바일 이벤트 마케팅의 시작이자 핵심이다.

한편, 외식업 경영자들은 고객들에게 문자메시지를 보내는 것을 힘들어한다. 연애할 때 좋아하는 사람에게 말을 건네기 힘든 것과 같다. 용기를 내어 시도를 해 보지만, 결국에는 실패한다.

그 실패 원인은 다양하다.

- 메시지가 스팸으로 간주되어 나쁜 이미지를 줄까 지나치게 염려한다.
- 어떤 광고 문자를 보내야 할지 모른다.
- 고객정보가 없다.
- 고객이 연락처를 잘 주지 않는다.
- 보낼 시간이 없다.

방법만 알면 저비용 우수고객을 확보할 수 있는 방법이 있음에도 아직까지 고비

1. 모바일 이벤트 마케팅의 개요

2009년 11월 기준, 국내 휴대전화 가입자가 4,700만 명을 넘었다.

이처럼 휴대전화는 남녀노소 누구나 가지고 있으며, 심지어 화장실에 갈 때에도 60% 이상이 가지고 간다.

손에서 떨어지지 않고 한 사람당 1대씩을 가지고 있기 때문에 고객이 원할 때 어디서나 정보를 제공하여 적절한 구매를 유도할 수 있다.

한편, 고객에게 문자메시지 광고(이하 문자광고)를 하려면 아래 두 가지 조건이 충족되어야 한다.

- 고객의 휴대전화 번호
- 광고 수신에 대한 동의(옵트인 제도)

* **옵트인 제도**(광고 수신자 사전 동의 제도)
  광고 수신자의 사전 동의 없이 이동전화나 팩스를 이용해 광고를 하면 3,000만 원 이하의 과태료를 물게 된다. 또한 수신자의 동의가 있어도 저녁 9시부터 새벽 6시까지는 광고를 발송할 수 없다.

많이 하는 '명함 모으기'로 확보된 고객정보는 광고 수신에 대한 사전 동의를 받은 것이 아니므로 문자광고를 할 수 없다. 고객에게 반드시 동의를 받아야 광고가 가능하다.

모바일 이벤트 마케팅이란?

모바일 기기(휴대전화, PDA 등)로 응모하고, 모바일 기기로 당첨결과를 받는 모바일 이벤트를 포함하며 문자광고로 잠재고객을 단골고객으로 확보하여 매출증대 및 이익을 실현하는 일련의 행위이다. 또, 모바일 기기는 이후 휴대전화로 표기한다.

문자광고의 특징은

1) 개인을 직접 공략할 수 있다

기존 매스미디어 광고는 널리 다수에게 알리는 것이다.

그러나 문자광고는 개인에게 직접적인 광고가 가능하다. 따라서 개개인의 기호, 상품 구매 경력 등을 분석한 뒤 개인에게 가장 적합한 정보를 보내는 방식으로 비용 대비 높은 효과를 얻을 수 있다.

2) 실시간으로 고객을 공략할 수 있다

휴대전화는 항상 가지고 다니기 때문에 실시간 마케팅이 가능하다. 비가 오면 비가 올 때 적합한 마케팅을 할 수 있다. 따라서 계절별 · 날씨별 · 시간별 마케팅이 가능해진다.

예를 들어

[사례 ① 동네 슈퍼]

저녁 장을 보는 시간에 상품에 대한 할인쿠폰을 보낸다면 좀 더 효과적인 홍보가 될 것이다.

[사례 ② 음식점]

점심시간 1시간 전에 '오늘 싱싱한 꽃게가 들어왔습니다. 맛있게 꽃게를 요리하고 있습니다. 점심식사 10% 할인권' 이라는 문자광고를 보낸다면 방문할 확률이 커질 것이다.

3) 정보의 휴대성으로 고객을 공략할 수 있

대부분의 할인쿠폰은 인쇄물로 되어 있다. 심지어 홈페이지에 게시된 할인쿠폰도 인쇄해서 제시해야 한다. 그러나 할인쿠폰을 문자메시지로 보내면 인쇄할 필요 없이 문자를 보여주는 것만으로 할인을 받을 수 있게 되는 등 새로운 고객확보와 판촉이 가능해진다. 또, 디자인, 인쇄 등에 소요되는 경비나 시간을 획기적으로 줄일 수 있다.

4) 고객의 궁금증을 즉시 해결할 수 있다.

문자메시지로 할인쿠폰을 받았다고 가정해 보자. 더 자세한 내용이 궁금할 경우 통화버튼을 누르면 그대로 통화가 된다. 고객의 궁금증을 즉시 해결할 수 있다.

5) 정보량이 부족하다(기존 매체와 결합을 통해 보완 가능)

문자메시지는 단문의 경우, 80바이트이다. 대략 40자 내외이다.

팔고 있는 상품의 가치를 설명하기에는 정보량이 부족하다. 따라서 철저하게 특전과 기간한정으로만 고객을 사로잡아야 한다.

따라서 문자광고는 우리 점포를 잘 알고 있는 기존고객에게 적합한 광고 방법이다.

2. 잠재고객을 단골고객으로 확보하는 방법

한 번 방문한 고객(이후 잠재고객)을 단골고객으로 확보하는 프로세서를 설명하고, 구체적인 두 가지 모바일 이벤트를 소개한다. 두 방법 모두 모바일로 응모하고, 모바일로 당첨결과를 받는 방식이다. 또, 이벤트 진행 시 도움이 되는 정보도

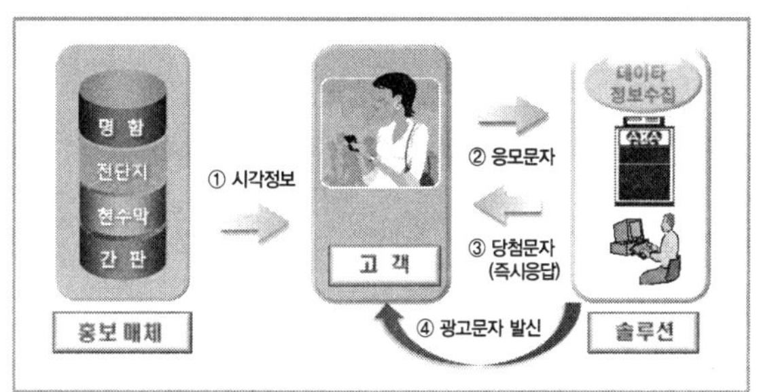

함께 기술한다.

홍보매체(명함, 전단지, 현수막, 간판 등)를 본 고객이 모바일기기로 이벤트에 응모하는 일련의 과정을 통해 광고수신에 대한 사전 동의가 포함된 고객정보를 얻어낸다. 또, 얻어진 고객정보로 문자광고를 보내서 단골고객으로 확보한다.

〈모바일 이벤트 응모과정 및 단골고객 확보 방법〉

① (시각정보) 점포주는 홍보매체를 고객에게 노출시킨다.

② (응모문자) 고객은 그 홍보매체를 보고, 문자메시지를 보낸다.

③ (당첨문자) 문자메시지를 보내고 난 직후, 고객의 휴대전화로 당첨문자가 도착한다.

※ 당첨 문자메시지를 점포주에게 보여주고 경품을 받는다.
이때 참여한 고객의 정보는 프로그램에 자동으로 저장된다.

④ 저장된 고객정보로 고객에게 문자메시지를 보낼 수 있게 된다.

※ 이때 확보된 고객정보는 광고수신에 대한 사전 동의가 포함된 것이다.
홍보매체에 다음과 같은 내용이 포함되어 있기 때문이다.

1) 추첨식

추첨식 사례(음식점 내부에 부착하는 현수막)

위 사례는 음식점 내부에 부착해 둔 현수막을 보고, 고객이 응모문자를 보내서 당첨문자를 받은 후 그 문자를 보여주고 경품을 받는 이벤트이다. 각 경품의 당첨 확률을 미리 설정해 둔다. 고객은 즉석에서 응모결과를 받을 수 있기 때문에 기다리기 싫어하는 한국인의 정서에 잘 맞는 방식이다. 홍보매체로는 명함, 전단지, 현수막, 지역책자광고 등에 모두 활용이 가능하다.

2) 100% 당첨식

추첨식과 다르게 응모문자를 보내면 미리 설정해 둔 문자메시지를 받을 수 있는 방식이다. 인쇄물로 된 할인권을 대신해서 사용하면 편리하다.

▲ 100% 당첨식(전단지 앞면)　　　▲ 100% 당첨식(전단지 뒷면)

위 사례는 개업행사로 짬뽕, 자장면, 탕수육을 4일 동안 50% 할인해 주는 행사용 전단지이다. 그냥 할인해 주는 것이 아니라, 고객의 참여를 추가했다. 고객이 문자메시지로 응모하면 할인권을 문자메시지로 보내준다. 판촉행사는 오픈 전 이틀 동안 전단지를 신문과 함께 배포했다. 개업 당일은 2시간 정도 기다려야 겨우 자리를 차지할 수 있을 정도였다. 28개 테이블을 36회전 시킨 놀라운 결과를 얻을 수 있었다.

한편 개업 전, 400여 명의 잠재고객을 사전예약으로 확보했으며, 행사 종료 후 1,000여 명의 잠재고객을 확보하는 성과를 거두었다.

〈모바일 이벤트 진행 Tips〉

Tip 1. 확보해야 할 고객의 수를 미리 정한다.

상담을 하다 보면 몇 명의 잠재고객을 확보해야 하는지 문의하는 분들이 많다.
문자광고를 실시간 이벤트 형식으로 진행했을 경우 방문율은 2% 정도이다.
이 방문율을 고려하여 확보할 고객의 수를 정하면 된다.
예를 들면 20개의 테이블을 채우고 싶은 경우,
확보할 잠재고객 수 = (채우고 싶은 테이블 수) / 반응률
= 20 / 0.02 = 1,000명
따라서 확보할 잠재고객 수는 1,000명이 된다.

Tip 2. 고객과 재미있게 즐긴다는 마음으로 행사에 임한다.

경품지급과 관련해서 시비가 생기는 경우가 종종 있다.
제 아무리 치밀한 행사기획도 변화무쌍한 고객행동을 예측하기 힘든 경우가
많다. 이때, 고객과 함께 재미있게 즐긴다는 마음가짐이 필요하다. 시시비비를
따지면 자칫 행사를 망칠 수 있다. 약간의 시비가 발생했던 경우와 보완사항
을 소개한다.

※ 행사 때 발생했던 이상 고객행동 및 보완사항

① 21일 동안 매일 응모하고 나서, 22일째 매장을 방문해서 당첨된 경품을
   모두 요구하는 경우 → 보완 : '1일 1회만 쿠폰 사용가능' 문구 추가

② 배포된 전단지를 보고 응모한 당첨자, 매장을 방문해서 경품으로 받은
   음식만 먹고 가는 경우 → 보완 : 일정한 금액 이상 주문 시 ○○ 공짜

③ 1테이블 1개 경품만 제공한다는 메시지를 받은 당첨자, 동반자가 각 테
   이블에 앉는 경우 → 보완 : 일정한 금액 이상 주문 시 경품 제공

④ 소주에 당첨된 미성년자, 매장에 와서 소주를 포장해 달라는 경우 등
   → 보완 : 성인에게만 경품 지급

3. 반응을 높이는 문자메시지 10가지 노하우

휴대전화 문자메시지 광고는 고객과 직접 소통하므로 저비용 마케팅이 가능한 장점이 있다. 하지만 잘못된 메시지를 보낼 경우, 큰 낭패를 볼 수 있다. 아래 열거한 것들은 여러 시행착오를 거쳐 터득한 실전 노하우들이다.

1) 이벤트 참여 후 21일 이내에 세 번을 고객과 소통하라

구매시점이 최고의 만족감을 느끼는 시기일 것이다. 그 이후부터는 잊어버리거나 만족감이 떨어지는 것이 인지상정이다. 최초 접촉 후 21일 이내에 문자메시지를 통해 세 번을 고객과 소통해 보라. 변화하는 관계를 느낄 수 있을 것이다.

2) 한 달에 2회 문자광고가 적당하다

문자메시지 광고는 일정한 발송주기를 정해서 보내는 것이 효과적이다.

고객이 예측하고 있고, 기대하고 있다면 그 효과가 더 커질 것이므로 월 1회 특정한 날을 정해서 정기적으로 보낸다.

한편, 취급하는 상품과 알맞은 외부의 상황(크리스마스, 날씨 등)을 최대한 활용하여 이벤트로 한 번 더 보낼 수 있다. 예를 들면, 빈대떡에 막걸리를 팔고 있는 사장이라면, 비가 오는 날이 취급하는 상품과 알맞은 경우일 것이다. 이때, 고객들에게

'지금 빈대떡을 노릇노릇 굽고 있습니다. 고객님과 함께 나누고 싶어요. 9시까지 오시면 빈대떡 1인분 공짜!' 라는 문자메시지를 보낸다면 평소보다 많은 고객이 방문할 것이고, 문자를 수신하는 고객 입장에서도 좋은 느낌을 받을 것이다. 따라서 이번에는 방문하지 못했어도 다음번에 다시 방문해 줄 가능성이 커진다.

3) 단골고객이 더 잘 반응한다

문자메시지 광고는 단골고객이 신규고객보다 반응률이 높다. 따라서 매장을 방문한 고객과 친밀하게 지내는 노력이 필요하다.

고객은 자신을 잘 알지도 못하는 광고주가 보낸 할인쿠폰에는 잘 반응해 주지 않는다. 친분이 있는 음식점에서 보낸 할인쿠폰을 좋아한다.

분당 서현동에 있는 한우마당이라는 한우전문정육식당이 있다. 문자광고 작성에 대한 노하우를 모르는 상태에서 일반적인 내용으로 문자를 보내 봤다(현재는 문자광고를 잘 활용해서 효과를 보고 있음).

▲ 분당 서현동 한우마당

음식점을 매입하면서 넘겨받은 300명의 고객에게 문자메시지를 보냈다.

그 결과, 한 명이 반응해서 한 테이블만 채워졌다. 알지 못하는 고객에게 보낸 결과이다. 방문한 한 명 또한 평상시 잘 알고 있는 고객이었다.

자신을 특별하게 대해 주는 음식점에 호감을 보내는 일반적인 감정이라고 생각하면 이해가 되는 결과이다.

음식점 경영자들은 단골고객에게 주는 할인이나 특전을 아까워한다. 특별한 것을 제공하지 않아도 방문해 준다고 생각하기 때문이다. 신규고객에게는 특전을 아끼지 않지만, 단골고객에게는 특전을 아끼는 실수를 범하게 된다.

또, 한 예로 경기도 수원에 있는 팔O옥이라는 한우전문식당이 있다.

4인용 테이블이 10개 미만인 아주 작은 식당이다.

30년 정도 운영된 식당인데, 2년 전부터 딸(사장)이 어머니에게 넘겨받아 운영하고 있다.

이 여사장은 2년간 300명의 고객을 확보했다. 그 중 200명이 단골고객들이다. 근처 상인들과 인근 주택가에 살고 있는 고기를 좋아하는 단골고객들이다.

고객에게 문자메시지 보내는 날은 고객이 넘쳐나기 때문에 여러 그룹으로 나눠서 보낼 수밖에 없다고 자랑하던 모습이 떠오른다.

▲ 팔○○옥(실내)

▲ 팔○○옥(실외)

이렇듯 문자메시지로 반응률을 높이려면 고객과 친밀감을 쌓아야 한다.

처음 온 고객에게도 명함을 건네는 등 갖은 노력을 해야 한다.

특히, 고객의 인상착의 등을 기억해 두었다가 다음에 왔을 때 변화된 모습을 인사로 건네는 것도 좋은 방법이다.

4) 보내는 시간이 중요하다

문자메시지를 보내는 적절한 시간은 고객이 의사결정을 하기 직전이 가장 효과적이다. 고객이 음식점을 선택하는 방식은 '길을 걷다가' 또는 '할인행사를 하고 있어서' 또는 '할인쿠폰이 있어서' 등 대부분 순간적인 결정에 의존한다.

점심식사 고객을 확보하고 싶을 때는 11시 30분에서 12시 사이가 적당할 것이고, 저녁식사 고객을 확보하고 싶을 때는 5시 정도가 적당할 것이다.

5) 고객의 클레임에 대한 내성을 가져라

어떤 홍보 매체도 싫어하는 고객이 있다.

길거리에서 전단지를 받기 싫어하는 고객이 사양하는 것과 같다. 방법만 다를 뿐이지 클레임을 거는 고객이 있다고 가정하고 문자를 보내야 한다.

대부분 문자메시지를 보내보지만, 금방 포기해 버리는 이유가 고객 클레임 때문이다. 다른 매체와 다르게 문자메시지는 전화로 그 반응이 되돌아온다. 문자메시지를 보낸 광고주 입장에서는 그 반응이 여타 광고에 비해 커 보일 수밖에 없다.

6) 문자광고의 내용은 특전 위주로 구성한다

문자광고의 반응을 높이려면 고객에게 도움이 되는 특전을 포함시키면 된다.

고객은 이미 여러 곳에서 광고 문자를 수신하고 있다. 수신한 광고내용이 도움이 되지 않으면 스팸으로 취급해 버린다.

정보성 문자는 남성들만 좋아한다. 여성들은 할인쿠폰, 무료샘플 등 구체적인 것을 좋아한다. 따라서 문자메시지는 이벤트 응모안내, 할인쿠폰, 무료샘플 사용권 등이어야 한다. 누구나 보내는 할인정보 등은 가급적 자제하는 것이 좋다.

또, 고객들은 현물에 더 현혹된다. '10% 할인' 보다는 'OOO 공짜!' 가 더 효과적이다. '10% 할인' 이란 메시지만으로는 구체적인 내용을 연상할 수 없기 때문이다.

7) 기간한정과 수량한정을 반드시 포함시킨다

제공하는 특전이 도움이 되었어도 지금 당장 행동하지 않으면 손해인 듯한 느낌이 들어야 고객이 바로 행동한다. 기간을 한정해서 몇 일까지 또는 몇 시까지 신청하면 또는 방문하면 혜택을 주는 형식을 취하는 것이 효과적이다. 또, 수량 한정으로 고객의 행동을 재촉해야 한다. '소주 무한 리필 3박스 이내' 라는 문자광고가 대표적인 사례이다.

8) 기존 광고와 연계한다

문자메시지 광고는 작은 화면이라는 제한된 공간을 가지고 있다.

문자메시지 광고의 장점은 많은 양의 정보를 제공해서 가치를 전달하는 것이 아니라, 손쉽게 고객과 소통하는 데 있다. 많은 양의 정보를 읽게 하거나 가치를 전달하고자 할 때는 기존의 매스미디어 광고(전단지 등)가 더 효과적이다.

가치 전달과 고객정보를 동시에 얻을 수 있는 방법은 매스미디어 광고에 모바일 이벤트를 포함시키면 두 가지 효과를 모두 얻을 수 있다.

9) 쌍방향 이벤트를 기획해 보라

매스미디어 광고는 광고주가 고객에게 일방적으로 보내는 정보에 불과하다.

그러나 매스미디어 광고를 모바일과 조합할 경우 쌍방향성을 갖게 할 수 있다.

가령, 개점 축하메시지를 문자메시지로 보내 주면 이벤트에 응모된다는 내용의

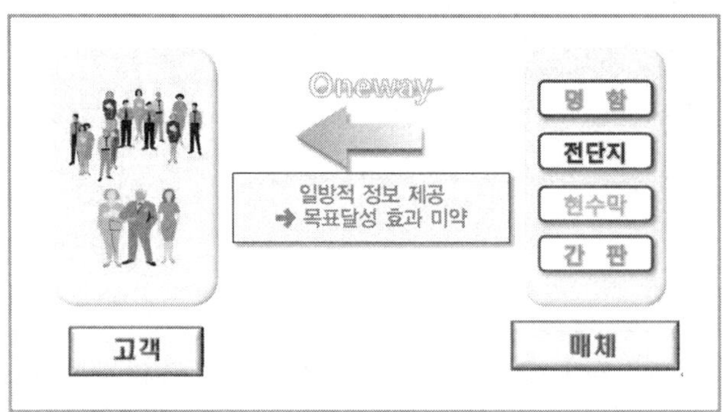

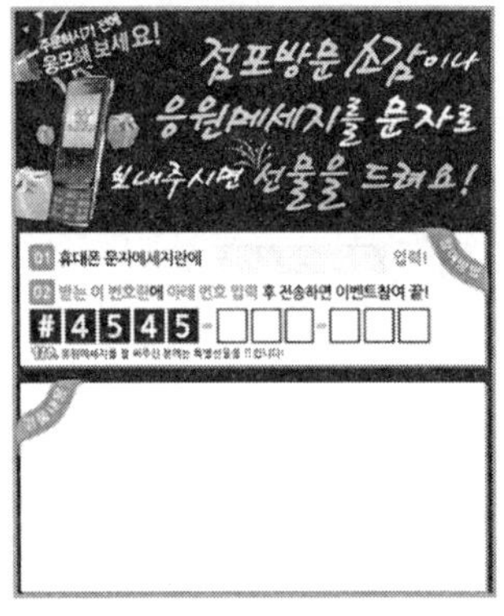

▲ 고객후기 접수 이벤트 예

전단지를 배포한다면, 고객과 쌍방향으로 소통할 수 있게 된다.

한 번이라도 참여한 고객은 그 점포에 대한 애착을 갖게 되고 자연스럽게 단골고객이 될 가능성이 커진다. 고객후기 이벤트는 고객정보는 물론이고 고객후기까지 받을 수 있는 1석 2조의 효과를 얻을 수 있다.

10) 문자 발송에 대한 사전고지 후 문자를 보낸다

광고수신에 대한 동의가 포함된 고객정보가 확보되었다고 고객에게 갑자기 문자를 보내면 고객은 당황할 수밖에 없다.

점원이 없을 때는 즐겁게 옷을 구경하고 있던 고객도 점원이 다가오면 경계심리가 생겨 다른 곳으로 이동해 버리는 것과 같은 이치이다. 처음부터 할인쿠폰을 제공하면 경계심리가 생길 수 있다. 따라서 문자쿠폰을 보내기 전에 사전에 문자발송에 대한 고지를 하는 것이 좋다.

예) 이벤트에 응모해 주셔서 감사합니다. 다음 주 문자쿠폰 기대해 주세요. ○○○식당 ○○○대표

4. 성공 사례 사용후기

1) 오꼬만(일본풍 술집)

경남 김해시 삼계동에 위치한 정통 일본식 주점 '오꼬만' 입니다. 장사를 하면서 항상 '단골고객을 어떻게 만들까? 고객관리를 어떻게 해야 매출이 늘어날까?'에 대해 생각을 많이 했습니다. 주변상점들이 많이 하는 전단지, 쿠폰 광고책자 등으로 광고를 했었지만, 효과가 어느 정도 있는 건지 얼마만큼의 고객이 광고를 보고 찾아오는지도 몰라서 고민하고 있던 시점에 주변 지인을 통해 '모바일 이벤트 마케팅'을 알게 되었습니다.

모바일 이벤트 마케팅 솔루션? 생소하기도 하고 컴퓨터를 잘 다뤄야 할 것 같기도 해서 처음엔 조금 거부감이 들었던 것도 사실입니다. 이벤트 포스터를 매장 내 곳곳에 붙이고, 경품은 우리 가게 메뉴 중 몇 가지를 걸어놓고, 가게에 찾아오신 고객들께 음식을 기다리시면서 문자메시지 1통을 보내서 이벤트에 참여하시라고 안내를 해 드렸습니다. 그런데 오히려 고객들이 "라디오에 사연 보내는 방식이랑 같네."라며 더 잘 아시더라고요. 이때 "아! 진짜 모바일 시대가 왔네."라고 생각을 했습니다. 그렇게 고객들이 이벤트에 참여를 해서 기분 좋게 경품도 받아가고, 고맙다고 인사도 해 주고, 기분은 좋았지만 한편으론 경품을 주는 게 아깝다는 생각도 조금은 들었던 것도 사실입니다.

이벤트에 참여한 고객들 휴대 전화번호가 자동으로 저장되어, 우리가게 회원이 늘어나는걸 보면서 뿌듯해하고 있을 때쯤, 드디어 고객들이 반응을 보이기 시작했습니다. 저장된 우리가게 회원들에게 안부문자, 점포 안내문자 등을 보냈더니 문자 받고 생각나서 찾아왔다는 고객들이 조금씩 늘어났습니다. 그리고 가게가 한가한 날이나 장사가 안 되는 날 2,000명 회원에게 '9시 이전 방문 고객께 안주 한 가지 증정' 이라고 메시지를 보냈는데 대박이었습니다. 가게에 자리가 없어서 기다리실 정도의 생각지 못한 큰 반응을 보니 기분이 좋으면서 얼떨떨했습니다. 2,000명에게 보낸 문자메시지 요금을 투자해서 20테이블 이상을 채워주니 문자요금의 10배~20배 정도의 돈이 매출로 들어왔습니다! '투자를 한 것보다 훨씬 수익이 일어나고 손해는 없다.' 라고 생각하니 자신감이 생겼습니다.

처음에 남편은 가게 메뉴를 경품으로 주고, 문자메시지 보내는 비용을 아까워했습니다. 문자메시지를 보낼 때 반응하는 고객을 보더니 이제는 오히려 고객관리 잘하라며 성화입니다. 너무 자주 문자를 보내는 것도 고객들이 싫어하실 것 같아 한 달에 2번 정도 문자 발송을 하고, 명절에는 따로 안부문자를 보내니 고객들이 답장도 보내주고 방문해서 안부문자 고맙다고 하니, 가게와 고객들의 유대감도 깊어지는 것 같았습니다. 그게 바로 '단골고객' 아니겠어요? 그렇게 점점 단골고객은 늘어나고, 이벤트를 통해서 새로운 회원들도 늘어나고, 요새는 고객 관리하는 맛에 장사합니다.

가게는 단골고객이 늘어나 매출이 올라가 좋고, 고객은 간단한 이벤트 참여로 경품도 받고, 휴대전화로는 쿠폰도 받고, 가게와 고객 둘 다 만족할 수 있는 서비스 너무 좋습니다. 옆 가게에서는 몰랐으면 좋겠습니다.

2) 으뜸한우(정육점식 식당)

서울시 송파구 잠실동에 위치한 국내산 한우를 주 메뉴로 점포를 운영 중인 '으뜸한우 정육점 도매식당' 입니다. 처음 점포를 오픈 했을 땐 의욕으로 가득 차 무엇이든 자신이 있었습니다. 100% 국내 한우만을 취급하며, 정육점식 도매식당으로 타 경쟁 업소보다 경쟁력이 있다고 자신하고 있었습니다.

점포 방문 후 저렴한 가격과 깔끔한 음식 맛에 반해 칭찬하는 고객들도 많았습니다. 하지만 단골고객만으로 점포를 운영할 순 없었습니다. 저희 점포가 신천 먹자골목 큰길에서 안으로 한 블록 들어가 있는 관계로 '홍보가 소홀하거나 고객들에게 알지 못하면 안 되겠다' 생각하고 홍보를 하기 위해 여러 광고 관계자를 소개 받았습니다.

신문광고는 엄두를 못 내겠고, 저희 점포에서 할 수 있는 점포 메뉴/할인 전단지, 매장 앞 현수막, 지역책자 쿠폰광고, 요식업포털사이트 영상광고, 사이트개발 등이 있다고 했습니다. 무슨 말인지 잘 알지 못 하는 것도 많았습니다. 아무튼 돈을 들여서라도 광고를 하기로 했습니다. 점포에 고객들을 들일 수만 있다면 말이죠. 그래서 요식업포털사이트에 영상 광고할 동영상을 제작하기로 했고, 전단지를 제작 점포 앞에서 직접 홍보를 하기로 했습니다. 옆 점포에서 한다는 지역책자 쿠폰광고는 추후 진행할 생각을 하고 있었습니다.

가격이 만만치 않더군요. 영상광고 180만 원, 전단지 16만 원, 책자광고는 월 20만 원 정도 하더군요. 눈물을 머금고 제작하여 홍보를 했습니다. 그렇게 한 달 지나자 역시 제가 할 수 없는 분야는 하지 않는 게 맞나 싶기도 하고, 시간도 좀 걸리고, 할 수 있는 것이라곤 기다리는 것 뿐이었습니다. 영상광고는 하라고 해서 했는데 어떻게 광고를 하고 고객이 오는지도 모르겠고, 광고가 잘 되어가는지도 잘 파악이 안되었습니다. 눈으로 확인할 수 없어 답답했습니다. 전단지는 직접 뿌려 보았지만 몸도 피곤하고 시간도 그렇고, 아르바이트생을 통해 홍보했지만 그다지 효과를 보지 못 했습니다. 홍보물을 잘 못 만들었나, 배포 위치가 안 좋았나, 정성껏 배포를 하지 않았나, 별생각이 다 들더군요.

첫 점포 오픈할 때와는 달리 의욕은 날이 갈수록 시들해 졌습니다. 점포도 시간대 단골고객 말고는 한가할 때가 많아지기 시작했습니다.

주변 지인에게 장사가 잘 안된 하소연을 했던 중 '모바일 이벤트 마케팅' 을 알게 되었습니다. 점포 이벤트를 통해 고객정보를 모아주고, 고객을 불러준다고 하더군요. 휴대전화로 뭘 하라고 하고, 컴퓨터로 확인하고 설정하면 된다고 쉽게 이야기하지만 컴맹인 저는 어렵겠다는 생각이 들었습니다. 그래도 한 번 해 보기로 했습니다. 주위 젊은 친구들 도움을 받으면서 해보지 하는 생각으로 그렇게 모바일 이벤트 마케팅과 인연이 시작 되었습니다. 서비스 회사에서 보내준 포스터를 매장에 붙여 놓았습니다(이벤트 방법의 핵심은 이렇더군요).

첫째, 점포를 찾아준 고객에게 주문 후 기다리시는 동안 점포 이벤트에 참여해 보세요. 즉석 추첨 결과를 알려줍니다. 경품의 행운을 잡아보세요! 라고 알려라.

둘째, 포스터를 통해 고객이 자발적으로 이벤트 참여를 유도하라.

셋째, 매장 내 컴퓨터로 참여한 고객정보를 확인한다.

넷째, 점포 고객이 없는 한가한 날 정성을 담은 쿠폰/할인 메시지를 발송하라. 이런 마케팅 기법은 처음이라 2주 동안은 망설이게 되었습니다. 모든 것이 처음엔 쉽지 않은 법이라지만 생각만으로는 쉽지 않았습니다.

- 이벤트에 참여하는 고객들에게 어떤 경품을 줘야 하나?
- 경품으로 지급하면 손해는 보는 것 아닌가?
- 당첨률은 어떻게 해야 효과적일까?
- 종업원들에게 어떻게 교육을 시켜야 하나?
- 고객들에게 발송할 메시지 내용은?
- 언제 고객들에게 메시지 발송을 해야 방문을 해줄까?

꼬리에 꼬리를 무는 고민들 연속이었습니다. 그런데 의외로 쉽게 설명이 되었습니다. 이런 것들을 한 번 해보지 않아 어려움을 겪고 있을 뿐 한 번만 해 보니 어려운 부분도 못할 부분도 없더군요! 내가 이렇게 머리가 좋았었나 싶기도 하고….

이벤트 경품은 점포 내에서 판매하고 있는 한우고기로 하면 굳이 무엇을 꼭 사서 경품으로 줄 필요도 없고, 메뉴 홍보도 되고 저희 점포의 장점인 국내산 100% 한우고기 부위별로 경품을 설정하였습니다.

[이벤트설정 내용]

(참여기준인원 200명)

1등 한우족 1개(1%)

2등 한우사골 1개(1%)

3등 한우잡뼈 3킬로그램(2%)

4등 한우등심 1인분(2%)

5등 한우차돌백이 1인분(2%)

6등 한우모듬 1인분(2%)

7등 한우육회 1인분(2%)

8등 진로제이 1병(10%)

9등 음료수 1병(20%)

꽝 고객에게 '으뜸한우' 자동로또를 선물

종업원들은 식사를 주문하는 고객들에게 식사가 나오는 동안 이벤트에 참여하면 경품과 식사를 함께 즐길 수 있다며 참여를 유도하게 하였더니 고객들은 스스럼없이 참여를 손쉽게 했습니다.

참여 즉시 경품 당첨을 알려주니 기다리기 싫어하는 고객들이 신기해하며, 즐거운 식사를 하게 되었고, 저희 점포를 기억해 주시는 분들이 많아졌습니다. 이렇게 참여한 고객들의 정보는 장사가 잘 안 되는 매주 화요일 정성을 담은 할인쿠폰 메시지 발송으로 점포 테이블을 꽉 꽉 채우고 있습니다. 일주일의 하루는 메시지 발송비로 효과를 톡톡히 보고 있는 셈이죠! 요즘은 매장 내 컴퓨터에 있는 생명과도 같은 고객정보는 제게 즐거움을 주고 있습니다. 현재는 이벤트현수막을 점포 내 크게 붙여 놓으니 종업원들이 일일이 이벤트 참여유도를 하지 않아도 자연스럽게 참여하는 고객들이 즐거워하니 고객데이터 모집하는 재미와 서비스 주는 재미로 아낌없는 서비스 팍! 팍! 주고 있습니다.

매주 화, 수요일은 언제나 고객이 오시려나 발만 동동 굴렀을 텐데 이제는 고객들에게 메시지를 발송하는 매주 화요일은 흥미와 재미를 주어 고객이 저희 점포를 향하게 하는 메시지를 연구하게 되었습니다. 기존 단골고객과 뜨내기 고객들을 단골고객으로 만들어준 모바일 이벤트 마케팅 관계자 여러분들에게 깊이 감사드리고, 망설이고 계신 분들에게는 무서워 마시고 3전 4기 정신으로 도전해 이겨내시길 추천합니다.

3) 명촌목장

울산 북구 명촌동에 위치한 명촌목장입니다. 저희 점포를 찾아주시는 주 고객은 아파트 주민과 점포 앞 근거리에 위치한 현대자동차 회사원들이 단골고객입니다. 상권이 좋은 곳이 아니라 뜨내기 고객이 아닌 단골고객 위주로 점포를 운영하고 있습니다. 지역책자광고, 전단지 등 광고매체를 통해 불특정 다수에게 뿌려지는 비효율적인 광고가 홍보의 전부였을 때 한국음식업중앙회 뚝배기에 실린 기사를 보고 관심을 갖게 되었습니다. 벌써 2년이란 시간이 지났습니다. 우리 점포에 오신 고객정보를 수집해서 점포소식이나 행사를 알려 드리면 기다릴 필요 없이 고객을 불러드릴 수 있겠다 싶었습니다. 매장에 포스터를 붙여 놓고 참여하시면 경품을 드리고 있습니다.

경품내용은

1등 삼겹살 2인분, 2등 삼겹살 1인분, 3등 소주 1병, 참여하고 바로바로 답변을 주니 당첨내용을 받은 고객은 신기해하고, 재밌어하는 반응이었습니다. 그렇게 몇 달을 보내자 고객정보는 쌓였고 점포를 찾는 단골고객은 자연스럽게 이벤트에 응모를 하고 경품을 받아 행복해 했습니다. 무엇보다 고객과 커뮤니케이션이 이뤄지고 있다는 생각이 들었습니다(경품주세요! 휴대전화의 발송된 할인쿠폰 여기요!).

모바일 이벤트 마케팅을 이용하고 나서 매출은 상상을 초월했습니다. 200% 매출상승은 물론 조금 더 노력하고, 고객의 시각에서 무엇을 드려야 점포를 자주 찾아 주실 지에 대한 고민, 매출만 올릴 수 있다면 고객의 눈높이에서 고민하고 실천하고 소통하며, 노력할 것입니다. 요즘은 특별한 행사를 하지 않아도 특별한 날 정성을 담은 특별한 문자메시지로 고객을 불러들일 수 있어 좋습니다. 불규칙적이지만 안내문자나 할인문자를 기분 좋게 보고 오시라고 우리 점포만의 문자를 개발하고 있습니다. "소주 100원 시원한 가격에 모십니다. 삼겹살 1,000원 Day 내 안에 돼지 한 마리 있다! 오늘 삼겹살 쓰나미가 몰려옵니다. 할인 00% 팍팍! 쏩니다."

이렇듯 재미있고 즐거운 문자 한 통에 즐거워라 발걸음 가볍게 점포를 찾아주시는 고객들이 늘면서 행복한 비명을 지르게 되어 감사하고 고맙게 생각하고 있습니다. 모바일 이벤트 마케팅의 장점이라면 고객을 손쉽게 모아주고 1회 설정으로 자동으로 관리해 준다는 것이 최고 장점이 아닐까 합니다.

감사합니다.

"지금까지 소개한 모바일 이벤트 마케팅으로 잠재고객의 연락처를 받아 내고, 또 모아진 고객정보로 휴대전화 문자광고를 보내는 방법에 대해 알아보았다.

이 방법은 시중에 소개된 어떤 마케팅방법보다 **대량으로 고객정보를 얻을 수 있으며, 저비용으로 우수고객을 확보할 수 있다.**

잘 활용해서 잠재고객을 쉽게 확보할 수 있기를 기대한다."

제8장
고객후기를 활용하는 마케팅

조기선
(사)한국소상공인마케팅협회 이사

경희대학교, 일본대학교 졸업
국민대학교 대학원 졸업
한국능률협회 동경지부 연구원
한국능률협회 국제협력본부 연구원
現 비즈노컨설팅 대표, 사단법인 한국소상공인마케팅협회 이사,
　　 마케팅전략, 고객확보전략, 홈페이지전략, 입소문전략 전문강사
홈페이지 http://bizknow.co.kr/
전자우편 riverpul2000@naver.com
블로그 blog.naver.com/riverpul2000
네이버카페 「성공실천회」 운영자
저서 「물건을 팔지 말고 가치를 팔아라New 세일즈 기법」
　　 「물건을 팔지 말고 가치를 팔아라New 마케팅 기법」
역서 「90일 안에 당신의 기업을 고수익 기업으로 바꿔라」

당신의 회사가 극적으로 변화할 수 있는 기회를 활용하라

만약, 진심으로 매출을 올리고 싶다면 지금 당장 어떠한 일이 있어도 '고객 후기'를 모아라

이것만큼은 그동안의 경험과 결과를 토대로 자신 있게 말할 수 있다. 혹시 '고객후기' 같은 거 모을 필요 없이 "상품의 품질을 높이고 고객만족을 위해 노력하고 정직하게 사업을 하면 언젠가는 고객이 알아줄 것이고 매출도 올라갈 것이다"라고 기대하고 있지는 않은가! 만약 당신이 언제 와 줄지도 모르는 고객을 언제까지라도 기다리고 있을 시간적 여유가 있다면 몰라도 당장 내일, 이달 안에 매출을 올리지 않으면 버티기 힘들 정도로 여유가 없다면 상황은 달라진다.

진심으로 사업을 활성화시키고 싶다면 지금 당장 고객후기를 모아라.

모든 판매촉진활동의 기초, 토대, 첫걸음이 고객후기를 모으는 것에서부터 시작하기 때문이다. 단발로 그치지 말고 지속적으로 고객후기를 모으기 바란다. 그 결과 당신의 회사는 매출이 오르고 입소문이 늘어날 것이다. 매스컴에 보도될 수도 있고 종업원의 충성도가 올라가고 독자적인 가치(USP)를 만들어 나갈 수 있다.

고객으로부터 전폭적인 신뢰를 받으며 회사가 극적으로 변화되는 체험을 하게
될 것이다.

고객은 불만이나 접수하는 존재가 아니다.

고객이야말로 최고의 아군이다. 물건을 판매하는 사람의 입장에서 '고객후기'
는 고객과 좋은 관계를 구축하고 어떤 상황에서도 가장 큰 용기를 주며 회사를 구
해 줄 '고마운 존재' 이다.

이제부터 비용을 들이지 않아도 매출을 올리고 당신의 회사를 극적으로 변화시
킬 수 있는 방법 즉 고객후기를 모으고 활용하는 방법에 대해 알아보자.

특히 처음으로 고객후기를 수집하는데 있어 겪게 되는 실패를 줄이기 위해 고객
후기를 모으고 활용하는 방법에 대해 세세한 노하우까지 소개하고자 한다.

고객후기의 입문 편으로 보면 될 것이다. 지금까지 고객후기를 활용하여 매출을
올리는 마케팅기법이 소개된 책은 없었던 것으로 생각한다. 고객후기를 활용하는
방법은 너무나 쉽다. 누구라도 쉽게 따라 할 수 있고 따라 하면 누구라도 매출을
올릴 수 있는 방법을 통해 더욱더 성장하는 회사가 많이 나오기를 기대한다.

1. 고객후기의 효과

1) 매출이 늘어난다

고객의견을 수집하고 활용하기 시작하면서 얻게 되는 가장 큰 변화는 매출이 늘
어난다는 점이다. 광고, 전단지, DM, 홈페이지에 고객후기를 올리기 시작하면서
고객반응이 눈에 띄게 늘어나는 회사를 많이 보았다.

분당에서 인테리어 쇼핑몰을 운영하는 마리하우스(www.maryhouse.co.kr)는

그동안 팔리지 않던 커튼이 갑자기 주문이 들어오기 시작하였다. 쇼핑몰 상품안내 페이지 하단에 고객후기, 즉 댓글이 달리기 시작하면서부터 발생한 결과이다.

경기도 시흥에서 황토구들장을 제조, 유통, 시공하는 업체 금강산업(상품명 : 따따시황토구들장 : www.kkgudul.co.kr)은 전단지 뒷면에 그동안 시공한 업체의 사례를 고객후기방식으로 소개하면서 매출이 급성장하기 시작하였다.

온라인으로 칡즙과 헛개나무즙을 판매하는 쇼핑몰 큰형네건강(www.ourbrother.co.kr) 역시 쇼핑몰 운영초기부터 적극적으로 고객후기를 수집하여 쇼핑몰에 소개한 결과 눈에 띄는 매출 신장을 기록하였다.

미국 다이렉트마케팅협회(AMA)의 발표에 의하면 고객의 26%는 자신의 의사대로 구매를 결정한다고 한다. 역으로 말하면 74%의 고객은 타인의 의견에 좌우되어 구매를 결정한다는 뜻이 된다. 타인은 바로 구매를 경험해본 고객을 말한다. 판매하는 사람이 좋다고 강조하는 것을 100% 신뢰하는 고객은 없을 것이다. 솔직히 고객후기만큼 고객에게 신뢰를 주기에 강력한 것은 없다. 매장 내 POP에 고객후기를 적는 것만으로도 고객의 주목도가 놀랄 만큼 변한다.

섣부른 컨설팅을 의뢰하는 것보다 고객후기를 활용하는 것이 매출에 더 큰 기여를 할 것이다. 지난 5년간 다양한 업종 – 제조, 의료, 서비스, 건강, 교육, 식당, 학원 – 의 소상공인 대표들을 만나고 지도하면서 고객후기만큼 쉽게 매출에 기여한 사례를 보지 못했다. 고객후기를 모으는 일에 비용이 많이 드는 것도 아니다. 고객과 접점이 되는 모든 판촉물에는 고객후기를 활용하자, 효과는 강력하다.

지속적으로 고객후기를 모으고 활용하면 매출상승은 물론 더욱더 즐거운 비즈니스의 세계가 펼쳐질 것이다.

고객후기가 들어간 전단지

고객후기를 활용한 홈페이지

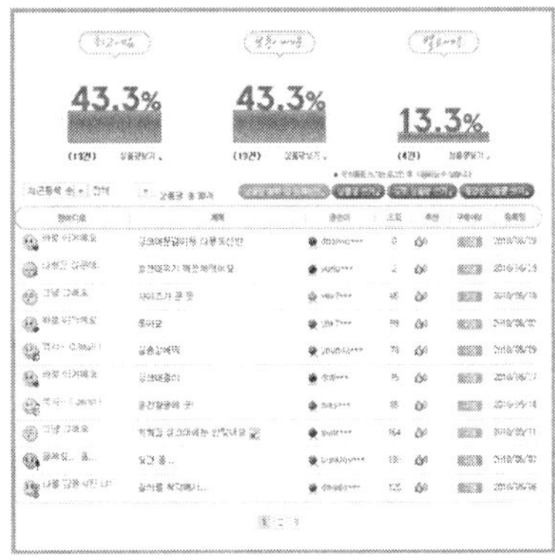

2) 입소문이 증가한다

고객후기를 활용하게 되면 발생하는 변화 중 재미있는 것이 '소개가 증가한다' 는 사실이다. 즉 '입소문'이 늘어난다. 또한 왜 그 상품을 구매해야 하는가, 왜 그 회사와 거래해야 하는가에 대한 답변이 명확해진다.

외부에서 강의가 끝나고 점심시간이 되어서 식사장소로 어디가 좋을지 물어보 니까 모 대구탕집을 소개해 주는 것이다. 맛있고 아주 유명한 곳이니 반드시 그곳 에서 식사를 하라는 것이다.

소개한대로 찾아가보니 점심시간이 조금 지난 시간이었는데 빈 테이블이 없을 정도로 사람들로 가득 차 있었다. 음식의 맛은 소문만큼은 아니었지만 나름대로 차별화된 요소가 있고 분명 많은 사람들이 즐겨 찾고 있는 곳임에 틀림없었다.

가만히 생각해보니 나에게 이 식당으로 가라고 소개해준 분의 멘트는 '맛있고 아주 유명한 곳'이었다. 단순히 맛있는 곳이 아니라 '맛있다 + 유명한 곳'이라는 것이었다.

그럼 이 식당은 무엇으로 왜 유명한 것이라는 말인가? 이 식당이 무엇으로 유명 한지는 식당 들어가는 입구에서부터 알 수 있었다. 그 식당을 다녀간 유명 인사들 의 사진과 사인이 매장 입구부터 각 테이블 벽면에 걸려있었다. 가끔 일본어로 된 사인도 있는 걸 보니 일본인들도 다녀간 것을 짐작할 수 있다. 그래서 아주 유명한 곳이니 가보라고 소개해준 것 같았다.

만약 그 식당을 다녀간 유명 인사들의 사진이나 사인이 없었다면 그곳에 그런 유명 인사들이 다녀갔다는 사실을 어떻게 알 수 있을까?

사장이나 직원이 일일이 고객에게 "저희 매장은 연예인 000이 다녀갔습니다." "저희 매장은 스포츠선수 000이 다녀간 유명한 곳입니다."라고 말해야 하지 않았 을까?

그 바쁜 점심시간에 어떻게 매번 고객에게 말로 전달할 수 있으며 고객은 그것을 어떻게 기억할 수 있겠는가?

그러나 저희 식당은 유명하신 분들이 '이렇게 많이 다녀간 곳입니다' 라는 사실을 고객사인이라는 형태로 전시하였기 때문에 고객들은 그 사실을 인식할 수 있었던 것이고 단순히 '맛이 있다' 가 아니라 '맛있고 유명한 곳' 이라는 것이 소개의 요인이 되었던 것이다.

소개는 반드시 '맛' 이라는 요인에 국한하여 발생하는 것은 아니다. 식당이라면 당연히 맛이 있어야 하지만 맛이라는 요소 이외에도 고객들이 적극적으로 소개를 하고 입소문이 발생하도록 하는 요인이 제공되어야 한다.

'맛있다 + 유명 인사들이 많이 다녀가는 곳'

고객후기는 입소문뿐만 아니라 충성고객을 만들어주기도 한다. 고객이 감동해서 스스로 후기를 남겨주는 곳이라면 자신있게 주변에 소개할 수도 있기 때문이다.

가장 손쉽게 브랜드를 만들어 갈 수 있는 첫걸음이 고객후기에서 시작되는 것이다. 별도의 광고를 하지 않아도 기존의 고객들이 입소문과 소개를 통해서 신규고객이 끊임없이 증가하도록 해주는 효과가 고객후기에 있는 것이다.

3) 매스컴에 보도된다

5년 전 사업을 시작하면서 (주)비즈노컨설팅이라는 회사를 알리기 위해 신문광고와 이메일 마케팅을 진행했었다. 그러나 신문에 광고를 내는 일은 비용대비 효과 측면에서 지속할 수 없는 일이었고 불특정다수를 향해 이메일 마케팅을 진행하는 것도 한두 번은 해볼 수 있겠지만 소상공인에게 효율적인 마케팅방법으로 볼 수 없었다. 지금은 거의 광고를 내지 않아도 매스컴에서 취재의뢰가 오고 각 언론매체에 칼럼을 쓰고 외부 강연도 하고 있다.

한번은 라디오방송출연 의뢰가 왔는데 어떻게 알고 연락을 했는지 물어보니 인터넷으로 소상공인마케팅전문가를 검색하다가 비즈노라는 사이트를 발견하게 되었고 홈페이지를 살펴보니 고객들의 사례와 후기가 많아서 이런 곳이라면 안심하고 전문가로서 소개해도 손색이 없을 것이라는 판단을 했다는 것이다.

매스컴에서 업체나 전문가를 섭외할 때 가장 신경 쓰이는 부분이 '안심하고 소개할 수 있는 곳인가, 전문가인가' 일 것이다. 혹시 검증되지 않은 곳을 소개해서 실제와 다르거나 정보를 잘못 전달한다면 그 책임을 어떻게 지겠는가?

신기하게도 이렇게 한 번 매스컴에 소개가 되면 또 다른 매스컴에 보도되는 것은 어려운 일이 아니다. 이미 타 방송에서 검증이 되었기 때문에 안심하고 소개가 이루어지기 때문이다. 소개가 소개를 부르는 현상이 벌어진다.

비즈노의 회원사 중에 만성피로증후군을 전문으로 하는 의사인데 홈페이지를 개편하면서 고객들의 후기를 올리기 시작했다. 홈페이지 개편 3개월 만에 '만성피로전문가' 로서 SBS, YTN, MBC 등에 출연할 수 있었다.

TV에 출연하게 되는 프로세스를 살펴보자. 방송국에서 만성피로라는 주제를 특집으로 다루기로 결정하면 작가나 PD는 인터넷으로 정보를 검색한다. 블로그나 홈페이지를 통해 전문적으로 활동하고 있는 곳을 찾을 것이고 그때 다량의 고객후기가 있는 곳이라면 안심하고 출연의뢰를 할 수 있지 않겠는가.

매스컴에 보도되기 위해 중요한 요소는 '신뢰, 안심' 부분이다.

비용을 들이지 않고 매스컴에 보도될 수 있다면 자신의 상품이나 회사를 알리는 데 더 없이 효과적일 것이다. 다량의 고객후기는 매출을 늘려주고 소개가 늘면서 매스컴에 보도되는 효과까지 제공한다.

4) 직원의 자부심이 올라간다

물건을 더 많이 팔기 위한 목적으로 고객후기를 수집하기 시작했는데 생각지도 못한 효과가 발생하였다.

필자가 운영하는 비즈노컨설팅을 포함하여 비즈노컨설팅의 회원사들로부터 듣게 된 변화로

"직원들의 열정과 자부심이 올라가고 일하는 자세가 적극적으로 변화되었다"는 말을 많이 듣는다.

실로 놀라운 변화가 아닐 수 없다.

장사를 하거나 물건을 파는 사람은 고객으로부터 "좋은 물건을 팔아줘서 감사합니다."라는 감사의 말을 듣는 것만큼 보람되고 행복한 때가 없을 것이다. 회사의 상사로부터 칭찬을 받는 것보다 고객으로부터 칭찬을 받으면 기쁨이 더 크다.

고객후기는 직원의 사기를 올려주고 자부심을 갖게 한다. 즉 직원의 열정, 자세에도 긍정적인 영향력을 발휘한다.

이러한 변화는 무서운 것이다. 그러나 곰곰이 생각해 보면 당연할 수도 있는 일이다. 본래 돈을 지불하고 물건을 구매해준 고객에게 감사하다는 인사를 하는 것이 당연한 일인데 돈을 지불한 고객이, "덕분에 고마웠다." "맛있었다. 앞으로도 응원하겠다!"라는 칭찬의 말과 격려를 보내준다면 더 좋을 것이다.

판촉기념품을 취급하는 모회사는 고객으로부터 감사의 편지를 받게 되면서 직원들의 사기가 올라가기 시작하였다. 적극적으로 고객후기를 수집하기 시작하면서 물건을 납품하면 고객과의 관계도 끝나버리는 것이 아니라 고객이 스스로 감사의 편지를 보내주기 시작한 것이다.

한번은 유치원에 물건을 납품했는데 유치원원장님으로부터 정성이 가득 들어간 감사의 편지를 받게 되었다고 한다. 엽서에는 하트모양이 그려져 있고 알록달록 예쁜 글씨로 '친절하게 상담해주시고 좋은 판촉물을 소개해주셔서 감사합니다' 라

는 인사말과 함께.

이렇게 고객으로부터 감사의 편지를 받게 되면서 회의 분위기가 변화되었다. 직원들은 한 가지라도 더 아이디어를 내려고 노력하고 스스로 필요한 책을 읽으면서 학습하는 조직으로 변화되었다. 규모가 작은 회사는 대기업처럼 치열한 경쟁을 뚫고 취직한 것이 아니기 때문에 회사에 대한 존경이나 애사심이 낮을 수 있다. 그럼에도 불구하고 직원들의 사기가 올라가고 하는 일에 대해 자부심이 생기기 시작하는 것이다.

필자도 고객으로부터 많은 감사와 격려의 글을 받았다. 홈페이지에서 무료로 마케팅노하우를 제공하였기 때문에 리포트를 다운로드 받으면서 많은 회원들이 글을 남겨주었다.

"이렇게 도움되는 정보를 제공해 주어 고맙다."
"회사의 바이블로 삼겠다." 등

사업 초기에 그렇게 남겨준 글들을 하나씩 인쇄하여 사무실 벽면에 붙였다. 그리고 틈나는 대로 읽으면서 스스로 동기부여를 했다. 내가 하는 일이 이렇게 많은 회원들에게 도움이 되고 있구나 하면서 스스로를 격려할 수 있었다.

▲ 사무실 벽면에 가득한 고객후기

직원의 사기를 올리기 위해 어떻게 해야 할지 골머리를 쓰는 사장님이 있다면 고객후기를 활용해 보라고 권하고 싶다. 자신이 하는 일에 대한 자부심과 고객과의 즐거운 커뮤니케이션이 이루어질 것이다.

그것이 자부심으로 연결되는 것이며 고객후기를 통해 얻을 수 있는 또 하나의 효과이다.

5) 독자적인 가치를 찾게 된다

고객후기를 통해 얻을 수 있는 효과 중 의외의 이득이 바로 독자적인 가치 즉 USP(Unique Selling Proposition : 독자적인 판매제안, 차별화된 판매제안)를 발견하게 된다는 점이다.

언젠가 세미나를 끝내고 고객후기를 읽다가 문득 내가 진행하는 세미나가 한마디로 고객에게 어떠한 이득이 있는지에 대해 발견할 수 있었다. 단순히 강의내용이 좋았다거나 도움이 되었다는 것 이외에 고객이 생각하는 고민과 그에 대한 해결이 후기에 적혀있었던 것이다.

"사업을 하면서 어렵고 외로울 때가 많았는데 강의를 듣고 힘을 얻었습니다."

강의 내용 중에 언급한 마케팅노하우에 대한 후기보다 사업을 하는 오너의 어렵고 외로운 심정을 공감해주는 강사, 그래서 만들어진 캐치카피가 "어렵고 외로울 때 지식을 넘어 함께 힘이 되어드리겠습니다."이다.

컨설팅을 진행했던 모 한의원의 캐치카피를 도출할 때 역시 고객후기가 많은 도움이 되었다. 고객후기 중에서 가장 많았던 내용은 '평생 안고 살아야 하는 병인 줄 알았다' '고질병인 줄 알았다' '완치가 어렵다고 알고 있었다' 라는 식이었다. 그래서 만들어진 캐치카피를 '아토피, 비염, 천식 평생 못 고치는 병인 줄 알았습니다' 로 정했다.

고객후기에는 이렇듯 자사만의 독자적인 가치가 명확하고 알기 쉽게 쓰여 있다. 독자적인 가치를 찾아내는 일은 그리 쉬운 일이 아니다. 몇십 년 동안 그 사업에 종사하고 심지어는 상품을 개발한 사람일지라도 고객의 입장에서 매력적으로 느껴지도록 상품이나 서비스의 특징을 한마디로 표현하기는 어렵다. 그러나 고객후기 많이 있다면 상황은 달라진다. 이것이 바로 고객후기의 위력이다.

자사의 독자적인 가치를 발견하기 위해서 고객후기를 분석하는 일이 가장 빠른 길이다. 고객후기에는 '구매해야 하는 이유' 가 적혀 있다. 고객후기 속에서 독자적인 가치를 찾아내는 것은 광고를 진행하거나 종업원을 교육시키는 과정에 있어 매우 가치 있는 일이다.

고객후기를 통해 물건이 팔리기 위한 비결을 배울 수 있다. 실력 없는 컨설턴트에게 컨설팅을 의뢰를 하는 것보다 고객후기는 훨씬 더 효과적이라고 자부한다.

6) 회사의 신뢰도가 올라간다

고객후기가 회사에 대한 신뢰도를 올려준다는 사실은 의심의 여지가 없다. 왜냐하면 고객후기를 많이 써준다는 것은 고객이 그 회사를 응원하고 있다는 증거이기 때문이다.

대량의 고객후기는 다른 고객의 마음도 움직이는 것이다. 사실 고객후기를 적극적으로 대량 수집하는 회사는 많지 않다. 앞에서 소개된 분당에서 핸드메이드커튼, 패브릭제품을 판매하는 마리하우스(www.maryhouse.co.kr)는 고객후기를 적극적으로 수집하기 시작하면서 고객으로부터 상담하는 내용의 질이 달라졌다고 한다.

고객후기를 수집하기 이전에는 전화 상담을 하게 되면 의심하는 내용이 많았지만, 후기를 수집한 이후부터는 타 사이트의 디자인을 보여주면서 마리하우스에 제작의뢰를 하는 사례도 발생했다.

아무래도 타 사이트는 의심이 가는데 마리하우스는 많은 고객이 후기를 남겨주는 것을 보니 안심이 된다는 이유에서이다. 안심할 수 있는 근거가 되는 것이 고객후기인 것이다.

필자 역시 고객후기 덕분에 사업초기부터 외부강연의뢰를 많이 받을 수 있었다. 생각해보면 당연한 일이지만 아직 강의 경력도 미천하고 이름도 알려지지 않은 회사에 강연을 의뢰한다는 일이 어디 쉬운 일인가. 그러나 강연을 의뢰하는 클라이언트들에게 의뢰 이유를 들어보면 홈페이지에 올려놓은 세미나 참가후기를 보고 이곳이라면 신뢰할 수 있겠다고 생각되어 강연의뢰를 하게 되었다는 것이다.

고객후기가 회사의 신뢰도를 올려준다는 것은 의심의 여지가 없는 사실이다.
고객후기를 통해 발생하는 긍정적인 변화를 즐기자.

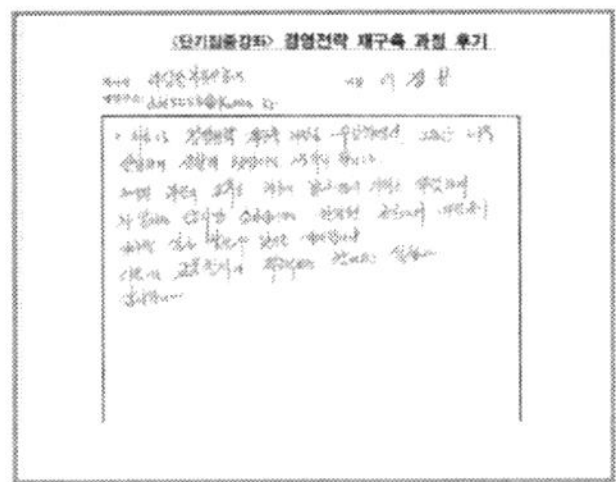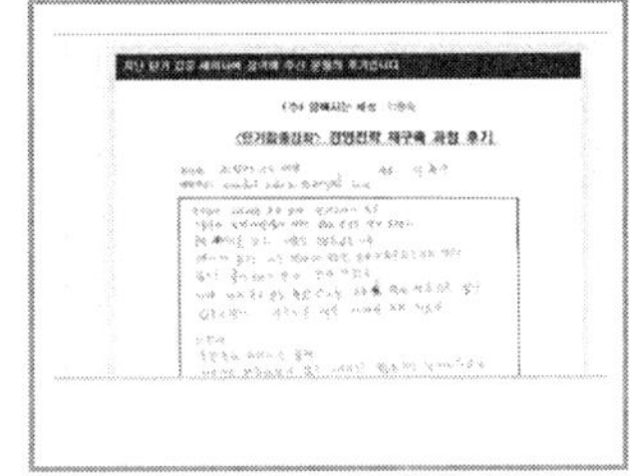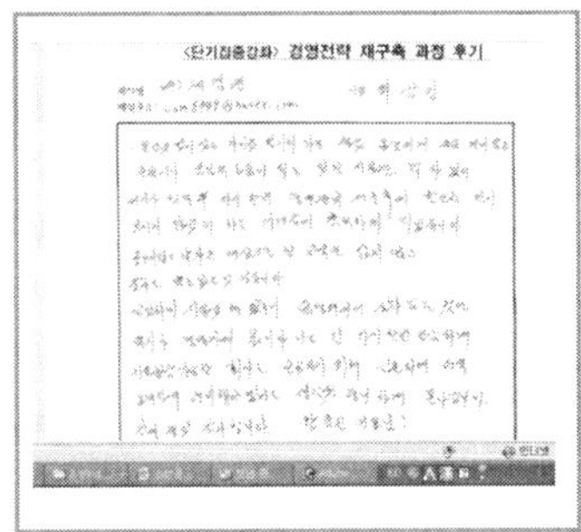

**핵심 Point : 고객후기의 효과**

1. 매출이 늘어난다.

2. 입소문이 증가한다.

3. 매스컴에 보도된다.

4. 직원의 자부심이 올라간다.

5. 독자적인 가치를 찾게 된다.

6. 회사의 신뢰도가 올라간다.

2. 고객후기를 모을 때 주의할 점

1) 앙케트 형식으로 하지 말 것

고객후기를 수집하고 활용하는 단계에서 흔히 발생할 수 있는 오해 중 '고객에게 더 나은 서비스 환경을 제공하기 위해 개선해야 할 점, 불편한 점' 등을 의뢰하는 경우가 많다.

형태는 앙케트로 점수를 평가 받는 경우다.

앙케트조사나 개선사항, 건의사항에 대한 수집이 나쁘다는 뜻이 아니라 이 책에서 이야기 하고 싶은 고객후기의 목적이나 방법과는 전혀 다르다는 뜻이다. 이 부분을 잘못 이해하게 되면 고객후기의 좋은 점들이 전혀 다른 방향으로 흘러가버린다.

이 두 가지를 착각하면 모든 것이 의미를 잃는다. 고객후기를 수집함에 있어 다음 두 가지를 절대 잊어서는 안 된다.

- **고객후기는 지적, 개선사항이 아니라 칭찬과 격려의 글을 모을 것**
- **고객후기의 형식은 앙케트가 아니라 서술형 감상문의 글을 모을 것**

고객후기를 앙케트와 혼돈하면 효과적인 후기를 수집할 수 없기 때문에 이 부분을 혼돈하지 말기 바란다. 앙케트는 대부분 5점식, O, X 표기 방식이다.

☑ 서비스 – 매우 만족 / 만족 / 보통 / 불만/ 매우 불만

☑ 맛 – 매우 만족 / 만족 / 보통 / 불만/ 매우 불만

☑ 시설 – 매우 만족 / 만족 / 보통 / 불만 / 매우 불만

앙케트는 고객의견을 O, X 수집하여 평가, 분석함이 목적이다. 이와는 반대로 기술형 감상문은 한 사람 한 사람의 감정을 알기 위한 목적으로 수집하는 것이다. 그런데 이상하게도 O, X표기처럼 작성하기 쉬운 앙케트 형식의 후기보다 작성하기 어려운 서술형 후기의 회신율이 더 높다. 그 이유가 무엇일까?

먼저 서술형 감상문 형태가 더 인간적이다. 자신의 의견을 남들과 동일하게 O, X로 표시하여 평가 · 분석한 것이 어디에 어떻게 반영되는지 알 수조차 없는 재미없는 앙케트 형태는 고객의 흥미를 끌지 못한다. 또한 5점식 평가의 경우 마음 약한 사람 대부분은 보통에 표기를 하게 되므로 적절한 평가가 이루어지기 어렵다.

고객후기는 절대평가가 아니라 상대평가이다. 따라서 한 사람 한 사람과의 긴밀한 커뮤니케이션을 할 수 있는 서술식 감상문에 결과적으로 더 많은 고객이 반응하는 것이다.

앙케트보다 감상문 형태가 회신율이 높을 뿐만 아니라 고객으로부터 칭찬과 격려의 글을 받을 수 있는 것이다.

● **앙케트 – 고객의견을 전체적으로 분석하기 위한 객관적 데이터 수집**
● **서술형 감상문 – 고객과 커뮤니케이션(소통)을 원활하게 하기 위한 소통**

따라서 고객 한 사람 한 사람의 살아있는 의견을 수집하고 싶다면 앙케트를 요구하지 말고 의견을 적도록 요구하길 바란다. 그러기 위해서는 먼저 고객의견을 수집하는 목적을 명확히 하고 앙케트와 고객의견은 다르다는 점을 인식할 필요가 있다.

예 : 고객님의 의견을 적어 주세요. (0)

　　부탁드립니다. 샘플 사용감상을 적어주세요. (0)

　　고객용 앙케트 (X)

2) 지적, 개선 사항을 요구하지 말 것

만약 당신이 마트에서 쇼핑을 하고 있는데 "고객님! 쇼핑하시면서 불편하신 점이나 개선사항은 없으셨는지 말씀해주시면 도움이 되겠습니다."라고 물어온다면 어떻게 대답하겠는가?

"글쎄요… 상품의 종류가 더 다양하면 좋겠는데."

"휴식공간을 만들어 주시면 좋겠네요…"

"판매하시는 분들이 좀 더 친절했으면 좋겠어요…"

등등 물어보지 않으면 의식하지 않았을 내용까지 기억해서 대답을 할 것이다.

"개선할 사항은 없습니다. 매우 만족합니다."라고 대답해 줄 고객은 흔치 않을 것이다. 인간은 "불편하신 점, 지적하실 점은 없으셨습니까."라는 질문에 자동으로 요구사항을 말하고 싶어진다.

이렇게 수집한 설문조사를 토대로 아침조회시간에 "이번 설문조사에 의하면 판매하시는 분들이 좀 더 친절하기를 요구하는 지적이 있었습니다. 판매사원 여러분 고객에게 좀 더 친절하게 대해 주십시오."라고 말한다면 판매사원은 어떻게 받아들이겠는가.

고객의견을 듣는 순간부터 기분이 상하고 거부감을 느낄 것이다. 보다 나은 서비스를 제공하기 위해 수집한 고객의견이 직원들의 목을 조르는 엉뚱한 결과를 초래하는 것이다. 이렇게 느끼는 것이 비단 나만의 생각일까?

다음의 글을 읽으면서 당신은 어떤 느낌이 드는가?

클레임, 지적 사항을 모으고 싶다면 먼저 고객과의 커뮤니케이션이 이루어진 후에 시작해도 늦지 않다.

다음의 사례에서 알 수 있듯이 고객으로부터의 칭찬과 격려의 목소리는 직원의 사기를 올려준다. 더욱이 중소기업은 대기업보다 시설, 서비스 면에서 부족할 수밖에 없다. 1인 기업이나 소상공인은 더하다.

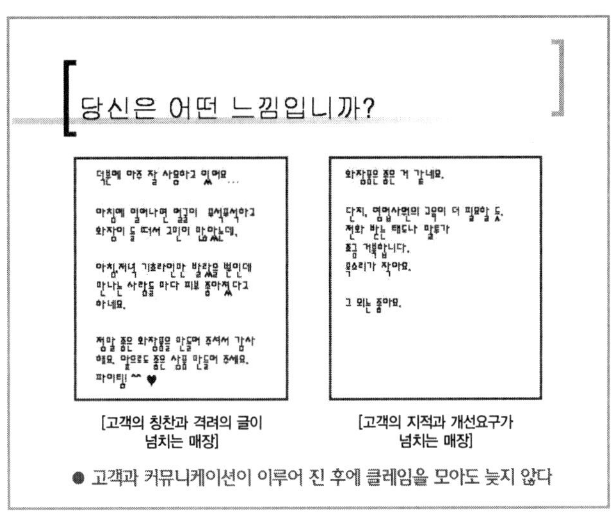

대기업조차도 고객 클레임에 대처하기 위해 24시간 고객센터를 운영하고 있다. 작은 회사의 철칙!

많지 않은 강점을 고객에게 강력하게 어필하면서 자신감을 갖고 영업에 임하라.

혹시 지금까지 개선사항, 요구사항을 수집하고 있었다면 이제부터는 칭찬과 격려의 글을 수집하기 바란다. 아무리 강조해도 지나치지 않다. "칭찬과 격려"의 글을 수집하자.

중소기업을 운영하는 경영자가 절대 잊으면 안 되는 것은 모든 것의 시작은 칭찬과 격려의 글을 모으는 것이다. 예를 들어 100건의 후기 중 90건은 칭찬이고 10건이 클레임인 경우라면 클레임에 대처하는 마음도 비교적 부담이 덜할 것이다.

비즈니스 현장에는 감정을 갖고 있는 인간과 인간의 집단이 존재하기 때문이다.

고객의견을 모으는 데도 순서가 있다.

먼저 많은 양의 칭찬과 격려의 글을 모은다. 칭찬은 고래도 춤추게 한다. 고객으로부터의 칭찬은 직원의 사기를 올려준다. 직원이 행복하면 고객도 행복해지지 않겠는가.

새로 나온 샘플을 사용해 보신 소감이 어떠셨나요? 인상에 남는 것, 느낌, 의견 등을 적어 주세요. 고객님의 목소리가 일하는 저희들에게 가장 큰 격려와 힘이 됩니다. 꼭~ 적어 주세요.

예 : 응원, 칭찬, 격려, 타사와의 차이점을 적어주세요. (0)

　　고객님의 솔직한 지적(건의)을 부탁합니다. (X)

고객후기의 목적과 형식은 표에서처럼 칭찬과 격려의 글이어야 하며 앙케트가 아니라 서술형 감상문 형태이어야 한다.

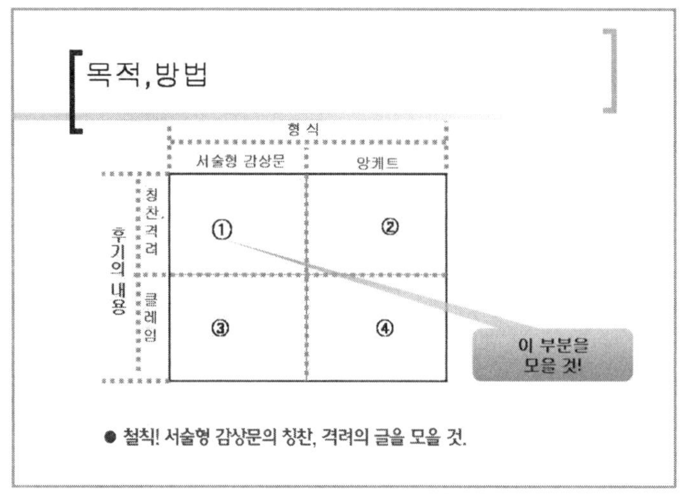

3) 타이밍에 주의하라

실제 고객후기 작성을 부탁하게 되는 상황에서 가장 효과적인 방법을 설명하기로 한다. 결론부터 말하자면 고객과 직접 만나는 기회를 갖는 상품의 경우라면 고객에게 직접 부탁하는 것이 좋다.

고객후기를 수집하기 위한 가장 효과적인 방법은 고객에게 직접 부탁하는 것이다. 고객이 후기를 써주지 않을까 걱정하는 마음도 이해는 가지만 익숙해지면 그런 생각을 하지 않게 된다. 고객후기를 수집하는 일은 매우 쉬운 일이다.

고객은 늘 화를 내고 클레임을 걸어오는 사람이 아니다. 고객후기가 많이 쌓인 곳은 고객저항도 줄어든다. '많은 사람들이 후기를 적어 주고 있구나' 하는 안심을 하기 때문이다.

고객이 구매한 직후에 "고객님 부탁이 있습니다."라고 직접 부탁하면 된다. 이렇게 다양한 방법으로 후기를 부탁함에도 불구하고 후기의 모집이 저조하다면 "후기작성을 의뢰하는 타이밍"에 원인이 있다고 볼 수 있다.

고객이 후기를 써 주기 가장 쉬운 타이밍이 언제인가를 생각하고 의뢰한다.

고객이 후기를 써 줄 가능성이 가장 큰 때는 바로 상품을 구매한 직후이거나 사용한 직후이다. 고객이 상품을 사용한 후의 감상이나 느낌을 타인에게 알리거나 입소문을 내고 싶은 대부분의 타이밍은 실제 구매한 직후의 타이밍이다. 그 타이밍을 놓치면 시간이 지날수록 점점 기억에서 멀어진다. 기억에서 멀어진다는 것은 만족도가 떨어진다는 뜻이다. 타이밍을 놓치면 본래 받을 수 있는 후기조차도 결국 받지 못하는 상황이 벌어질 수 있다.

좀처럼 고객이 후기를 써주지 못한다면 타이밍에 주목해볼 필요가 있다.

또한 타이밍이란 상품에 따라서 다르다. 계약서를 작성하여 전달하는 순간일 수도 있고 물건을 직접 포장해서 전달하는 순간일 수도 있다. 식당이라면 주문하고 음식을 기다리는 동안 고객후기 양식을 전달하고 식사 후 후기를 써 달라고 부탁할 수도 있다. 또는 식사 후 디저트 제공시간에 후기를 부탁하는 것이 최적의 타이밍이 될 수도 있을 것이다. 당신이 취급하는 상품이나 업종에 따라 고객후기를 부탁하는 타이밍을 찾는 것이 중요하다.

4) 라이프사이클에 따라 후기의 내용을 달리하라

고객후기를 어느 정도 수집하였다면 상품의 종류, 라이프사이클, 경영 상황에 따라 후기를 구별하는 것도 중요하다.

(1) 상품의 종류에 따라 구별하여 사용한다.

(2) 상품의 라이프사이클에 따라 구별하여 사용한다.

(3) 상품의 라이프사이클이란 한마디로 상품의 수명을 말하는 데 크게 3개의 기간으로 나뉜다.

① 처음 등장해서 사람들이 아직 잘 모르는 시기 – 도입기

② 어느 정도 판매가 이루어지고 다양한 경쟁상품이 등장하며 대부분의 사람들이 아는 시기 – 성장기

③ 거의 모든 사람이 알고 있고 사용하고 있거나 판매가 저조해지는 시기 – 성숙기

이렇게 상품의 주기에 따라 고객이 상품을 구매하기 위한 판매기준이 달라진다.

세상에 출시된 지 얼마 안 돼 인지도가 없는 '도입기' 상품을 처음 접하고 구매를 결정해야 하는 상황에서 당신이라면 어떤 생각을 갖겠는가? 처음 접하는 상품에 적극 관심을 갖고 구매를 시도하는 사람은 일부 선각자의 기질을 갖고 있는 사람들뿐이다. 대부분의 사람들은 익숙하지 않은 상품의 구매를 꺼리게 마련이다.

도입기의 상품은 아직 품질과 성능 면에서 '신뢰도'가 결여되어 있다. 때문에 "처음 사용해보았는데 000한 부분이 만족스럽습니다."라는 고객후기를 접한다면 구매할 때 참고가 될 것이다. 도입기의 상품은 고객의 불안요소를 없애주기 위하여 고객후기가 절대적이다.

계속해서 성장기 상품의 경우라면 많은 사람들이 사용하기 시작하고 인지도가 올라가는 단계이기 때문에 공급이 딸리는 상황이 발생하기도 한다. 이 단계에는 많은 사람들이 사용하고 있기 때문에 "언제나 이곳에서 주문하고 있는데 역시 만

족합니다.", "가장 많이 파는 곳답게 가격, 품질, 서비스가 좋네요."라는 식의 후기
가 참고가 된다.

성장전기를 지나 성장후기에 들어선 단계의 상품이라면 경쟁이 치열하고 취급
하는 곳도 다수 존재하기 때문에 고객의 입장에서 어느 브랜드를 구매하면 좋을지
망설이게 된다.

이 경우에는 상품의 선택기준을 알리는 것이 후기에 포함되면 참고가 될 것이다.

"OOO한 부분이 다르네요."
"OOO성분이 다르다고 해서 사용해 보니 역시 좋군요."라는 식의 후기가 좋다.

마지막으로 성장후기 상품의 경우, 치열한 경쟁을 치르면서 경쟁력을 갖추지 못
한 회사는 시장의 원리에 의해 자연도태현상이 발생한다.

이 경우에는,
"어렵게 찾았습니다."
"역시 오래된 곳이라 그런지 신뢰가 갑니다."는 식의 후기를 사용하면 좋다.

도입기 – 아직 신뢰감이 형성되지 않은 시기. *"처음 사용해 보았는데…"*
성장기 – 많은 사람들이 구매를 하는 시기. *"가장 많이 팔리고 있는 곳답네요…"*
성숙기 – 도산, 폐업하는 업자가 나오는 시기. *"어렵게 찾은 곳인데…"*

이렇듯 고객후기는 상품의 종류와 라이프사이클에 따라 활용방법을 달리하는
것이 포인트이다. 경우에 따라서는 후기를 의뢰하는 문장을 달리하면서 원하는 후
기를 받을 수 있도록 궁리해야 할 필요가 있다.

모든 것의 시작은 칭찬과 격려의 후기를 모으는 것부터 하라.

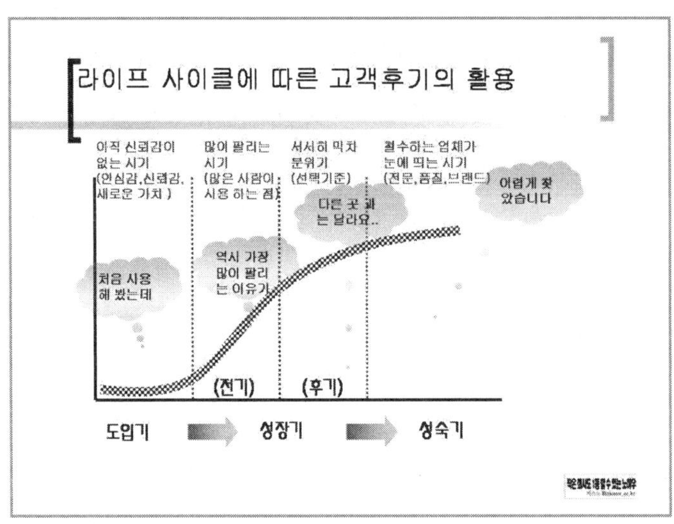

 **핵심 Point :**

1. 앙케트로 하지 말 것

2. 지적, 개선사항을 요청하지 말 것

3. 타이밍에 주의할 것

4. 라이프사이클에 따라 후기의 내용을 달리할 것

3. 고객후기를 쉽게 모으는 방법

1) 심리적인 부담에서 벗어나라

앞에서 고객후기를 활용하여 얻을 수 있는 효과와 고객후기를 모을 때 주의해야 할 점에 대하여 설명하였다. 그러나 고객후기를 통해 얻을 수 있는 극적인 변화를 인식하면서도 좀처럼 적극적으로 실행에 옮기지 못하고 망설이는 분들을 자주 보게 된다.

그 이유를 살펴보면,

① 귀찮다

② 나쁜 내용을 써줄까 봐 두렵다

③ 고객이 써주지 않을 것 같아 부탁하는 것이 두렵다

④ 고객을 귀찮게 하는 것 같아 부담스럽다

1번 '귀찮다'고 생각하는 것에 대해서는 특별히 할 말이 없다. 이 책에서 거론하지 않기로 한다. 다른 특별한 더 좋은 방법을 알고 있거나 별로 도움이 될 것 같지 않다고 생각할 수도 있다. 그러나 그 이외의 2번~4번까지의 이유라면 손해를 감수해야 할 것이다. 단순한 심리적인 부담으로 벽을 쌓고 있는 것뿐이기 때문이다.

고객후기를 모으기 위한 심리적인 부담으로부터 벗어나기 위한 방법을 살펴보기로 한다.

이유 1] 나쁜 내용을 써 줄까봐 두렵다

고객후기에 나쁜 글이나 비방하는 글이 올라오면 누가 책임질 것인가? 라는 생각을 할 수도 있다. 이런 생각을 하는 경우는 대부분 '고객의견 = 클레임'이라는 생각이 굳어 있기 때문이다.

"담당자를 데려와라."

"지금 당장 해결하라."

사실 이런 말을 들으면 누구라도 심리적으로 위축될 수밖에 없다. 그러나 안심해도 되는 것이 지금까지 많은 기업을 보면서 정직하고 성실하게 사업을 하는 기업의 대부분이 고객후기를 통해 클레임이 줄면 줄었지 클레임이 늘어나는 일은 없었다.

물론 전혀 클레임이 발생하지 않는 것은 아니지만 100통일 경우 1통 정도의 비율이고 클레임의 내용도 심각한 수준의 내용이 아니었다.

고객이 후기를 써주지 않는 것에는 2가지 이유가 있다.
① 써주지 않을 것이라는 일방적인 오해
② 쓰기 어려운 환경

만약 당신이라면 처음 방문한 레스토랑에서 맛있는 음식을 먹었을 때 "맛있게 먹었으니 감사하다는 의견을 써드리겠습니다."라고 자진해서 말하는가?

가령 모회사에서 신제품으로 맥주가 나왔는데 마셔보니 시원하고 맛있었다면 이렇게 맛있는 맥주를 만들어 주어 감사하다는 글을 자진해서 엽서나 편지에 써서 보내는가?

그런 사람은 거의 없을 것이다. 따라서 고객이 써주지 않을 것이라는 생각은 일방적인 오해라고 밖에 볼 수 없다. 부탁해보지도 않고 써주지 않을 것이라고 판단하는 것은 어리석은 일이다. 오히려 서비스에 만족하고 맛있는 음식을 먹고 감동하여 응원의 메시지를 보내고 싶어 하는 고객에게 실례가 되지 않겠는가? 용기를 갖고 행동으로 첫걸음을 떼어보자.

또 한 가지 고객후기를 쓰기 쉬운 환경을 마련하도록 한다. 사실 고객 중에는 후기를 써주고 싶어도 어떻게 써야 좋을지 잘 몰라 망설이는 경우가 많다. 실제 후기를 의뢰해보면 어떻게 써드려야 하나요? 라는 질문을 많이 받는다.

이런 경우를 대비하여 후기샘플을 준비하여 보여주는 방법을 권한다. 고객후기를 쓸 수 있는 환경을 준비한다면 얼마든지 고객후기를 모을 수 있을 것이다.

무리해서 억지로 받으라는 것이 결코 아니다. 고객은 후기를 쓰지 않는 것이 당연하다. 가령 당신이라면 식당에서 설렁탕 한 그릇을 맛있게 먹었다고 해서 감상문을 쓰는가? 시원한 맥주 한 잔을 마셨다고 맥주회사에 감사편지를 보내는가?

친구가 보낸 편지에 답장을 쓰는 일도 쉽지 않은데….

상황이 이럼에도 불구하고 후기를 남겨주는 고객이 존재하는 이유는 무엇인가?

바로 고객이 당신의 상품, 서비스에 감동했기 때문에 누군가에게 전달하고 싶기 때문이다. 인간의 본능이라고 생각한다.

후기를 쓰지 않는 것이 일반적인 상황에서 고객이 손으로 직접 쓴 감사편지를 보내준다면 얼마나 기쁘겠는가? 고객으로부터 감사의 편지를 받으면 더욱더 열심히 하고 싶은 열정이 우러난다. 이것이야말로 진정한 커뮤니케이션이라고 할 수 있다. 따라서 고객에게 부담을 준다고 생각할 필요가 없다.

당신이 자부심을 갖고 사업을 하고 있다면 당당하게 후기를 요구해보라.

2) 고객후기 기본양식을 준비한다

매출이 늘어나고 직원의 사기가 오르며 고객과의 긴밀한 커뮤니케이션을 만들기 위하여 절대적으로 꼭 필요한 고객후기.

고객후기를 좀 더 쉽게 모을 수 있는 구체적인 방법에 대해 소개한다. 먼저 고객후기의 종류에 대해 알아보자.

- 온라인 관련 : 홈페이지, 메일, 게시판을 통한 후기
- 오프라인 관련 : 편지, 엽서, 팩스 등
- 기타 : 방문, 인터뷰

고객후기를 모으려면 먼저 아날로그 방식부터 취하기를 권한다.

고객후기에 포함되는 기본양식부터 준비하자. 먼저 다음 페이지의 후기양식을 참고하길 바란다.

① 제목 : 가장 먼저 고객후기 양식의 제목을 정한다. 제목을 정할 때 주의할 점은 앙케트로 하지 말라는 것이다. 고객용 앙케트로 제목을 정하면 고객은 저절로 0, X 표기를 상상해버린다. 앙케트가 아니라 감상문 정도로 하는 것이 좋다.

　　예 : 고객님의 감상을 적어주세요 (O)
　　　 사용하신 느낌을 적어주세요 (O)
　　　 고객용 앙케트 (X)

② 의뢰문 : 핵심은 응원, 칭찬을 의뢰하는 것이다. 지적할 내용이나 보완이 필요한 부분을 부탁하면 고객은 저절로 지적하거나 수정할 부분, 나쁜 부분을 생각해내려고 한다. 고객후기 양식 중에서 의뢰문은 매우 중요하다.

③ 고객후기를 작성하는 공간 : 고객의 감상을 적는 공간은 가능하면 많은 공간을 확보하면 좋다. 의뢰문이나 개인정보부분을 줄이더라도 감상을 적는 공간을 많이 확보한다. 고객만족도가 높으면 높을수록 감상문은 길어진다. 따라서 적을 공간이 너무 좁으면 쓰기 어렵다. 선을 그을 필요는 없다. 이미지나 일러스트를 활용하여 후기를 작성하는 고객도 많기 때문에 가급적 백지 상태로 두는 것이 좋다.

④ 공개여부허락 : 고객후기를 홈페이지, 지면 등에 공개해도 좋은지 사전에 고객의 허락을 얻는 것이 필수이다. 또한 실명을 공개해도 되는지 익명으로 공개할 것인지 비공개를 원하는지에 대한 확인도 필요하다. 사전에 공개여부를 확인하는 점에 대해서 많은 사람들은 불안해한다. 혹시 공개하면 안 된다

고 하면 어쩌나 걱정을 하는데 대개는 이런 걱정이 필요 없다. 왜냐하면 후기를 작성해 준다는 것은 그 회사나 상품에 만족을 했다는 뜻이고 어느 정도의 호의를 갖고 있다고 보아야 한다. 일부는 공개를 원치 않을 수도 있지만 거의 대부분의 사람들은 공개해도 좋다고 표시를 한다. 공개를 원치 않는 사람들은 후기를 작성하지도 않기 때문에 자신 있게 의뢰하도록 하자.

⑤ 고객개인정보(이름, 주소 등) : 고객후기를 받았는데 누구인지, 어디에 사는지조차 알 수 없다면 아무리 후기의 내용이 좋아도 활용할 수 없다. 따라서 꼭 알아야 할 최소한의 정보 예를 들면 이름, 나이, 직업 등을 적을 수 있도록 항목을 준비하는 것이 필요하다. 우편물 발송을 위하여 우편번호를 적도록 하는 것도 데이터베이스화 할 때 편리하다.

- **주요항목**
  _이름
  _주소
  _전화(핸드폰)
  _이메일
  _직업
  _연령

⑥ 회신방법 : 모처럼 정성껏 작성한 고객후기를 보내려고 하는데 어디로 보내야 할 지 알 수 없다면 답답한 일이다. 고객이 후기를 작성한 후 어디로 어떻게 보내야 하는지를 명확하게 전달해 두자. 회신하는 방법은 다양하게 마련하는 것이 좋다. 예를 들면 이메일 회신인 경우 이메일 주소를 명기한 후 '작성하신 후기는 이메일로 보내주세요'라고 명시하는 것이다. 우편회신을 원한다면 회신용 편지봉투와 우표를 미리 붙이는 것이 회신율이 올라간다.

⑦ 개인정보취급방침 : 정보통신보호법에 의하여 개인의 정보를 취급하는 곳이라면 반드시 개인정보보호를 위한 방침을 명시하도록 되어 있다.

3) 작성하기 쉽게 모범답안(샘플)을 준비한다

예문을 보여주면서 후기의뢰를 하면 후기의 수집이 수월해진다.

"후기를 써주세요."라는 부탁을 받으면 "어떻게 써야 하는지 모르겠다.", "어떤 식으로 표현하면 좋겠느냐."는 대답을 하는 경우를 자주 접한다. 이에 대해 다른 고객들이 작성해준 예문을 보여주면서 "이런 식으로 작성해주시면 됩니다."라고 하면 고객이 안심하고 작성할 수 있다.

고객이 안심하고 작성할 수 있도록 '예문' 또는 '샘플'을 설치하도록 하자. 샘플을 읽으면 고객이 미처 생각하지 못한 것까지 생각할 수도 있고 글도 쓰기 쉬워진다.

이처럼 샘플을 보여줌으로써 고객은 참고할 자료가 생기는 것이고 부담 없이 후기를 쓸 수 있는 근거가 되는 것이다. 원하는 내용의 후기를 보다 많이 받기를 원한다면 샘플을 준비하여 보여주도록 한다.

4) 미션, 사명을 작성하여 보여 준다

앞으로의 비즈니스는 제품위주의 판매 전략에서 고객커뮤니케이션 위주의 전략으로 변화되어 간다. 무엇을 살 것인가의 문제보다 누구에게서 살 것인가의 문제가 더 중요해진다.

누구에게서 살 것인가의 문제를 이야기 할 때 키워드가 되는 것이 고객과의 관계이다. 고객과의 관계를 유지하기 위한 방법으로 미션과 사명을 공유하는 것은 매우 바람직하다.

선택해야 할 물건의 폭이 넓은 지금과 같은 시대에 물건으로 차별화를 꾀하기 어렵다. 자신의 상품을 비롯하여 대부분의 물건이 비슷비슷하게 좋기 때문이다.

그렇기 때문에 고객은 그 회사가 어떠한 열정을 갖고 있는가, 어떠한 사회적 미션을 수행하고 있는가를 중요시한다. 미션은 앞으로의 기업에 있어 당신이 생각하는 것 이상으로 중요하다.

- "저희는 커피원두 수입의 00%를 공정무역을 통한 원두를 수입하고 있습니다."
  – 스타벅스
- "당신이 마시는 1ℓ 의 물이 아프리카의 물을 깨끗하게 하는데 사용됩니다."
  – 미네랄워터 볼빅
- "우리 강산 푸르게 푸르게" – 유한킴벌리

대기업만 미션을 강조하는 것은 아니다. 중소상공인도 얼마든지 미션과 열정을 강조할 수 있다. 경기도 안산에 있는 '좋은 아침 제과점'은 아침마다 출근하는 사람들 100명에게 무료로 빵을 나누어 주고 있는데 처음에는 그냥 나누어 주다가 왜 빵을 무료로 나누어 주는지를 봉투에 문구를 인쇄하여 전달하기로 하였다.

"대한민국 직장인 70%가 아침을 거른다고 하여 아침마다 무료로 빵을 나누어 드리고 있습니다."

'무엇을 하는가'가 아니라 '왜 하는가'에 대한 전달은 고객으로부터 가치를 느끼도록 한다. 상품이 아니라 항상 미션과 열정을 전달하는 것이 중요하다.

고객후기에 미션과 열정이 표현되어 있다면 후기를 작성해 주는 확률도 올라간

다. 고객이 함께 공감해주고 응원해주는 열정적인 메시지를 받게 될 것이다. 고객
후기 의뢰문구를 작성할 때 '회사의 미션'이나 '운영자의 열정'도 함께 전달하도
록 한다.

5) 하나씩 성실하게 아날로그 방식부터 시작한다

고객후기를 편지나 엽서로 받는 것보다는 메일, 댓글 형태로 받는 것이 더 쉽지
않겠는가?라는 생각을 할 것이다.

편지나 엽서는 우표를 붙여야 하고 시간이나 비용 면에서 메일, 댓글보다 부담
이 가는 것은 사실이다. 그러나 기본은 손 글씨로 쓰인 편지나 엽서형태의 아날로
그 방식을 추천한다.

메일이나 댓글이 나쁘다는 뜻이 아니다. 그러나 고객이 직접 손으로 쓴 편지나
엽서가 번거로운 만큼 더 감동적이기 때문이다.

요즘 같은 시대에 편지나 엽서를 쓰는 사람은 많지 않다. 실제 회신용 봉투나 엽
서를 받아도 작성하지 않는 사람이 대부분일 것이다. 손으로 편지를 써서 우표를
붙이고 우체통이나 우체국에 보내는 과정을 생각해 보면 디지털방식은 얼마나 손
쉬운가? 그러므로 손으로 쓴 후기는 더욱더 가치가 있는 것이다.

그런데 필자를 포함하여 회원사들의 사례를 보더라도 아날로그 방식의 고객후기
를 어렵지 않게 모을 수 있었다. 장문의 후기를 비롯하여 그림을 그려서 보내오는
후기도 있다. 손수 후기를 써서 보내주는 사람의 수고를 생각하면 감동이 더 한다.

아날로그 방식의 후기는 점점 진화하는 특징이 있다. 단순한 짧은 형태의 글에
서 점점 장문의 후기로 그림과 일러스트가 들어가면서 재미가 더해진다.

재미있는 후기를 보면서 고객은 더 재미있는 후기를 보내려 생각할 것이다. 처
음 후기를 모으는 것이 어렵지 한 번 모이기 시작하면 그 뒤부터는 저절로 후기가
쌓여가는 것을 느낄 수 있을 것이다. 이는 고객과 즐겁게 커뮤니케이션을 시작하

였다는 증거이기도 하다. 아날로그 형식의 후기이기에 가능한 이야기다.

고객후기는 가능하면 아날로그 방식의 손 글씨부터 활용하라

아날로그 방식으로 후기를 수집하기 시작하여 익숙해졌다면 그때부터 홈페이지 게시판이나 이메일로 후기를 모으면 된다. 아날로그와 디지털이 공존한다면 더 할 나위 없이 좋을 것이다.

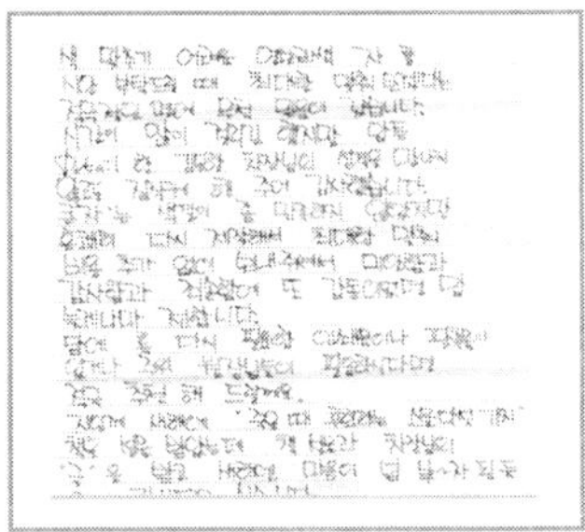
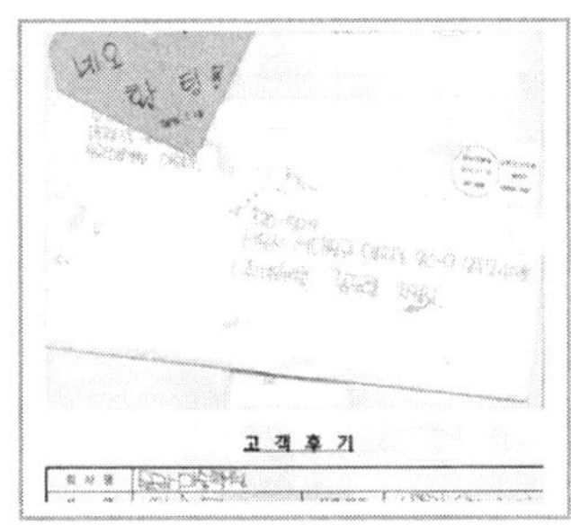

정성이 들어간 손 글씨 후기와 하트모양

6) 회신용 엽서, 봉투를 준비한다

식당이나 오프라인매장이 있어서 고객과 만나는 상품의 경우 그 자리에서 후기를 부탁할 수 있겠지만 쇼핑몰을 운영하거나 통신판매형태라면 고객과 만나지 않고 거래를 하게 된다.

이 경우에는 회신용 엽서 또는 봉투를 동봉한다. 물론 회신 비용은 자사부담원칙이다. 정작 후기를 작성하였다 하더라도 보내는 방법이 불편하다면 대부분의 고객이 후기 보내는 것 자체를 포기할 수 있다.

우표를 구매해야 한다거나 편지지, 편지봉투가 없으면 얼마나 불편하겠는가.

이렇게 회신용 봉투와 엽서, 우표를 동봉하여도 후기를 보내주지 않을 수가 있다. 고객의 입장에서 생각하면 여간 번거로운 일이 아닐 수 없다. 그렇다고 마냥 기다리고 있을 수는 없지 않겠는가? 이때는 전화를 거는 것도 좋은 방법이다.

"보내드린 물건은 잘 받아보셨습니까? 물건과 함께 고객후기용지를 보내드렸는데 꼭 작성해서 보내주시면 고맙겠습니다." 이렇게 전화로 부탁을 하면 후기의 회신율이 올라간다.

한 통의 전화는 온라인보다 강력하다. 직접 목소리를 통해 후기를 부탁하면 고객도 후기를 써 주어야 한다는 인식을 하게 된다. 한 장이라도 더 많은 후기를 얻고 싶다면 회신하기 어려운 이유를 모두 제거할 필요가 있는 것이다. 고객후기는 당신의 회사에 큰 재산이다. 조금이라도 더 많은 후기를 모으기 위해 연구할 필요가 있다.

작은 투자가 큰 재산이 되어 되돌아온다는 사실을 잊지 말자.

다음의 순서에 따라 후기를 수집하면 쉽게 모을 수 있다.

핵심 Point :

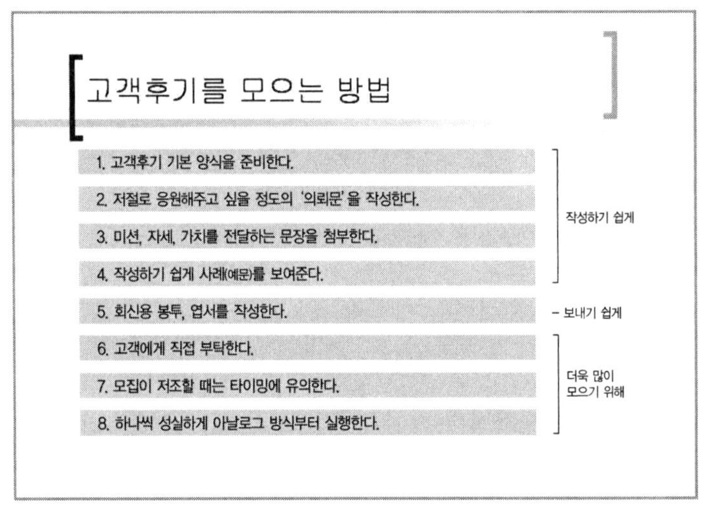

4. 고객후기 120% 활용방법

1) 파일링하는 습관을 들인다

고객후기를 모으기 시작했다면 무엇보다 먼저 해야 할 일이 바로 고객후기를 '파일링' 하는 작업이다. 별것 아니라고 생각할 수 있겠지만 이는 매우 중요한 작업이며 고객후기를 정직하게 파일링할 수 있을 때 진정한 의미가 발생한다. 만약 당신이 오랫동안 사업을 해 오고 있다면 그동안 고객으로부터 수십 통의 감사편지나 엽서를 받았을 수도 있을 것이다.

사업을 운영하는 경영자들로부터 고객의 감사 편지를 받고 매우 행복했었다는 이야기를 종종 듣는다. 그러나 그 편지를 제대로 보관하고 정리하는 곳은 드물다. 다른 서류들과 함께 보관하거나 편지종류에 한꺼번에 보관하는 것이 일반적이다.

언제라도 꺼내 볼 수 있도록 준비되어 있는 곳이 많지 않다. 이렇게 말하는 나 자신도 처음에는 편지를 따로 정리하지 못하고 편지나 엽서가 도착하면 읽어보고 개인서류함에 넣어 두었다. 편지를 받은 기억은 하는데 어디에 보관하고 있는지 알 수 없다면 활용할 수 없는 것은 당연하다.

먼저 문방구에서 파일을 구매하자. 파일제목은 '고객후기모음' 이라고 적는다.

편지에는 일일이 번호를 매겨서 받은 순서대로 정리를 하고 직원이나 고객들이 언제라도 볼 수 있도록 하는 것이 중요하다.

이렇게 파일링하는 것이 고객후기를 활용하는 첫걸음이 될 것이다. 만약 회사 내에 예기치 못한 문제가 발생한다면 가장 먼저 챙겨야 할 목록 1호는 '고객후기모음' 이다.

돈과도 바꿀 수 없는 가치가 고객으로부터 받은 감사의 편지나 격려의 글이다.

고객후기를 정성껏 관리하고 재산목록 1호라는 생각으로 접하라.

2) 사내게시판, 벽에 붙여 늘 눈에 띄게 한다

고객후기를 활용하는 구체적인 2단계 방법으로는 사무실 벽이나 매장 벽면에 부치는 일이다. 즉 자연스럽게 고객후기를 근무하는 종업원에게 노출시키는 것이다.

저자 역시 사무실 벽면에는 고객후기나 고객이 지어준 삼행시와 같은 내용을 부쳐놓았다. 그렇게 함으로써 사원들은 저절로 고객후기에 시선이 갈 것이고 한 줄 한 줄 읽을 때마다 당시의 즐거웠던 상황을 다시 한번 기억하면서 매일매일 고객후기를 읽는 일이 습관화 될 것이다.

물론 매장의 인테리어를 중시해야 하는 곳이라면 별도의 '고객후기게시판'을 설치하는 것을 권한다.

중요한 것은 사무실 벽면을 활용하여 고객후기를 부치고 늘 직원들이 읽을 수 있도록 하는 것이다. 고객후기를 벽면에 부쳐 직원들의 동기부여를 촉진하는 것도 좋은 결과이지만 매장을 방문한 고객이나 거래처에도 감동을 준다. 혹시 매스컴에서 취재를 오게 되는 경우에는 더 없이 인상적인 장면이 될 것이다.

고객이 스스로 후기를 적어 주는 곳, 세상에는 고객후기를 적극적으로 받고 있는 곳보다 그렇지 못한 곳이 더 많기 때문에 사람들은 감동을 하는 것이고 자부심을 갖고 사업에 임할 수 있을 것이다.

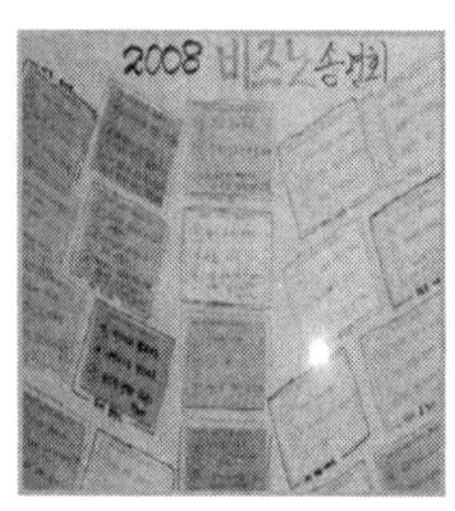

고객후기가 도착하면 전 직원이 함께 읽도록 한다. 고객후기 한 통 한 통 빠뜨리지 말고 가능한 전원이 읽는 습관을 갖는 것이 중요하다.

그 이유는 사원들에게 있어 가장 동기부여가 되는 것이 고객으로부터 받는 칭찬과 격려이기 때문이다. 사장님의 칭찬보다 고객의 칭찬 한마디가 더 강력하다. 자신의 일이 아니더라도 직원 전체가 칭찬하고 응원해준다면 자신도 모르는 사이에 자부심과 자신감이 생긴다. 때문에 지속적으로 전원에게 읽히는 것이 중요하다.

좀 더 구체적인 방법을 설명하도록 한다. 먼저 고객으로부터 감사의 편지를 받으면 사내에 공지를 한다. 이때 주의할 점은 고객후기의 내용을 가리지 않도록 하는 것이다. 가능하면 모든 고객후기(아주 사적이거나 부정적인 내용의 경우는 별도)를 전원이 읽도록 한다.

고객후기의 내용을 구별해서 어떨 때는 공개하고 어떨 때는 공개하지 않으면 결과적으로 원칙이 없으면 읽지 않는 일이 많아지고 모처럼 보내준 후기를 놓치는 경우가 발생한다.

고객이 보내준 후기는 '어떠한 내용이든 전원이 볼 수 있도록 할 것', 이것만은 반드시 지켜나가는 것이 포인트라는 사실을 잊지 말기 바란다.

고객후기를 받다 보면 개인적으로 보내오는 경우도 발생한다. 그러나 반드시 다 함께 기뻐하는 것이 중요하다. 회사나 상품에 대하여 고객이 감사의 편지를 보내주는 것도 기쁘지만 직원 개인의 이름으로 감사편지를 보내주었다는 것은 각별하기 때문이다.

그렇기 때문에 그 사원을 호명하며 다 함께 축하

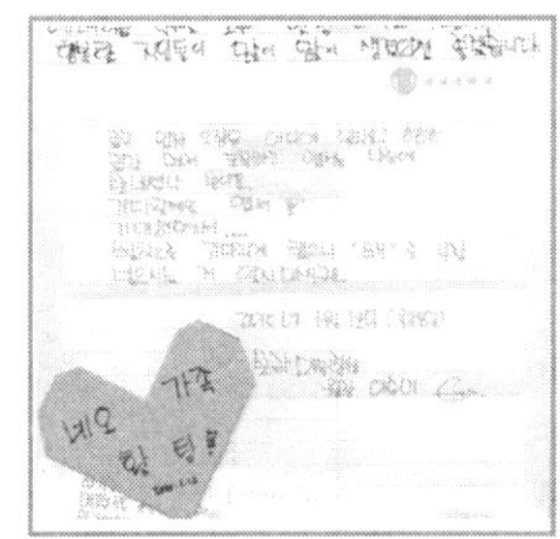

엽서편지

해 주도록 하자.

"OOO씨 축하합니다. 역시 고객님은 다 알아 준다니까."는 식으로 칭찬하도록 하자. 조금 과장된 표현을 하는 것도 좋다. 칭찬은 고래도 춤추게 한다고 하지 않던가.

특히 고객후기를 수집하는 과정에서 처음에 직원들이 귀찮아하고 번거롭게 생각했을 수도 있는데 이렇게 고객으로부터 개별적인 감사의 글을 받게 되면 그 동안의 노고가 눈 녹듯이 녹는 것이 인지상정이다.

때문에 처음 받은 감사의 글이라면 더더욱 과장해서 칭찬하도록 하자.

저자의 회원사 중 네오누리콤이라고 판촉물을 취급하는 회사가 있는데 매우 인상적인 감사의 편지를 받았다고 한다. 유치원에 판촉물을 납품했는데 유치원 선생님답게 엽서에 하트모양의 그림도 그리고 종이를 접어서 감사의 편지를 보내주었는데 그 편지를 받는 순간 기뻐서 날아갈 것 같았다고 한다. 칭찬을 받은 직원이 있으면 전원이 모여 축하해 주도록 한다.

5) 홈페이지, DM, 브로슈어 등을 적극 활용한다.

고객후기는 그 자체만으로 훌륭한 판촉물이 될 수 있다. 후기를 활용하여 다양한 광고매체를 만들 수 있다.

예를 들면,

- 전단지
- 신문, 잡지광고
- 기존고객에게 신상품을 알리는 DM
- 신규고객을 확보하기 위하여 보내는 DM
- 홈페이지
- 회사, 상품을 소개하는 브로슈어
- 매장 입구의 사인물, 메뉴판 등

모든 매체에 똑같이 적용되지는 않지만, 다음과 같은 점에 유의하여 후기를 올리면 매우 효과적이다.

① 고객후기는 가능한 많이 올린다

고객후기는 질보다 양이 중요하다. 가능하면 많이 올리는 것이 중요하다. 압도적인 고객후기는 타 고객에게 심리적인 안정감을 준다. 이렇게 '많은 사람이 구매하고 있구나' 라는 안심과 신뢰를 제공한다.

② 실명을 사용한다

가능하면 실명을 사용하는 것이 포인트이다. 실명을 사용하면 신뢰도가 올라간다. 누가 썼는지 모르는 불분명한 후기에 비하면 확실한 실명을 거론함으로써 신뢰를 줄 수 있을 것이다. 따라서 가능하면 실명을 게재하면 좋다. 또한 나이, 직업, 주소 등도 함께 올리면 더욱 효과적이다

후기를 작성한 사람이 어떤 사람인지 전달되기 때문에 후기의 내용을 더욱 신뢰할 수 있고 그와 유사한 부류의 사람들로부터 공감대를 형성하기도 한다.

고객의 실명을 게재하기 위해서 사전에 고객의 허락을 얻도록 한다. 방법은 간단하다.

실명을 공개해도 되겠습니까?　　□ YES　□ NO　□ 익명사용

이런 식으로 고객이 선택할 수 있도록 물어 보자.

③ 실물사진을 사용한다.

고객의 목소리와 함께 실물사진이 게재되면 시각적으로 전달이 쉬우며 신뢰도 올라간다. 가능하면 이가 하얗게 드러나 보일 정도로 활짝 웃는 사진이 좋다. 실제

상품을 사용하는 장면이나 음식을 먹는 장면도 효과적이다.

진심으로 고객이 응원하고 있다는 것을 전달하는 것이 포인트가 된다.

고객과 접점이 되는 모든 매체 · 홈페이지, 간판, 전단지, DM, 브로슈어 등 적극적으로 고객후기를 게재하도록 한다.

6) 클레임도 활용한다

고객후기가 언제나 칭찬과 격려의 글만 모이는 것은 아니다. 물론 칭찬과 격려의 글을 부탁하기 때문에 칭찬의 글이 많은 것이 사실이지만 100통이면 1~2건 정도의 클레임도 발생할 것이다.

내용은 각자의 상황에 따라 다르겠지만 영업에 방해가 되는 심각한 내용(고의적으로 악플을 달거나 음해성 글)이 아니라면 클레임도 활용할 필요가 있다.

오히려 칭찬 일색의 후기만 있는 것보다 가끔 불만의 목소리가 한두 건 있는 것이 고객에게 더욱 신뢰를 줄 수 있다. 마치 연출한 것처럼 칭찬일색이면 약간의 의심도 할 수 있겠으나 많은 칭찬의 글 속에 한두 건의 불만의 목소리는 고객후기를 여과 없이 공개하고 있다고 생각하게 만들 것이다.

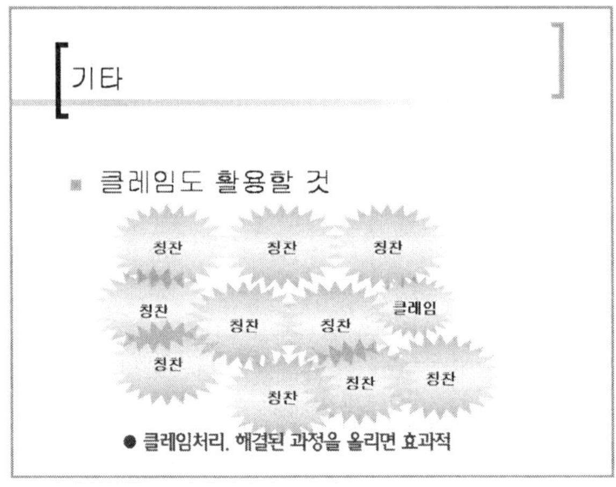

심각한 악성클레임의 경우 영업에 방해가 될 정도의 내용이라면 관리자 차원에서 삭제하는 방법을 취할 수도 있다. 개별 처리한 후 처리된 내용을 공지하는 것도 방법이다.

지금까지 고객후기를 활용하여 얻게 되는 극적인 변화에 대하여 사례를 들어가며 설명해왔다. 처음 매출을 올리기 위해 수집하기 시작한 고객후기가 기대하지 못했던 방향의 효과를 내 준다는 사실도 알게 되었다.

고객후기를 수집하는 데 큰 비용이 드는 것도 아니고 효과적인 차원에서도 즉시 효과를 발휘하기 때문에 사업을 하는 분들에게 고객후기는 매력적일 수밖에 없을 것이다.

고객후기를 다양한 방법으로 이미 많은 후기를 모았다면 더 이상 모으지 않아도 되지 않겠는가라는 생각을 하는 경영자들을 자주 본다.

그러나 고객후기를 지속적으로 수집해 나가기를 바란다.

그 이유는 고객후기의 선순환 때문이다.

고객후기를 모은다 → 고객으로부터 칭찬과 격려의 글을 받는다 → 직원들이 회사에 대한 충성심, 자신감이 생긴다 → 매출이 오른다 → 고객의 격려와 응원에 보답하기 위해 더욱더 노력하게 된다 → 더 많은 후기가 모인다.

이처럼 지속함으로써 회사는 선순환의 사이클에 들어서게 되는 것이다. 따라서 고객후기는 지속적으로 수집하기를 권한다. 이것은 경영자 입장에서만 좋은 것이 아니다. 고객의 입장에서도 스스로 응원하는 회사가 더욱더 많은 응원을 받는다는 것은 좋은 일이다.

고객후기를 통해 얻을 수 있는 가장 큰 이득은 바로 '고객이 응원하는 회사가 되는 것'이다.

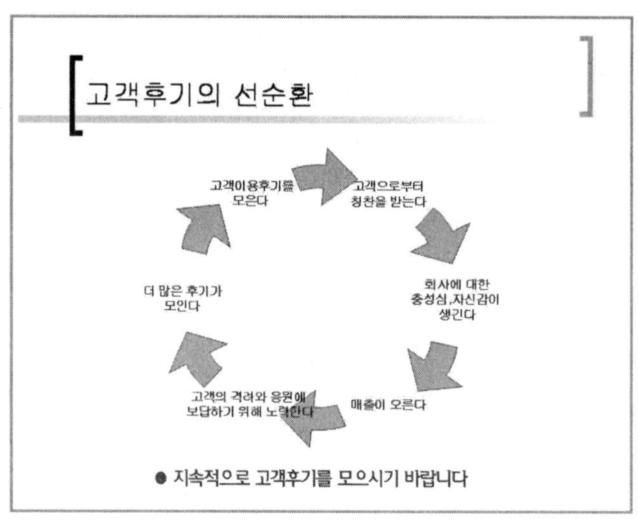

만약 당신이 단기간에 매출을 올리는 것만을 목적으로 한다면 특정고객을 한정해서 이벤트를 진행하는 방법으로 후기를 집중적으로 모으면 될 것이다. 그러나 그러한 고객들과 지속적으로 긴밀한 관계를 형성해 나갈 수 있겠는가?

이 책에 소개한 회사들은 모두 지속적으로 고객후기를 수집하는데 주력해 왔다. 고객후기는 당신의 회사를 신장시켜줄 최고의 원동력이 되어줄 것이다.

당신의 고객도 좋아할 것이다.

이제 당신도 고객후기를 시작해 보지 않겠는가?

 **핵심 Point : 고객후기 120% 활용방법**

1. 파일링 습관을 들인다.

2. 사내게시판, 벽에 붙여 늘 눈에 띄게 한다.

3. 전 직원이 읽을 수 있도록 한다.

4. 칭찬을 받은 직원이 있을 때 전원이 모여 축하해 준다.

5. 홈페이지, DM, 브로슈어 등에 적극 활용한다.

6. 클레임도 활용한다.

7. 지속적으로 모으는 시스템을 구축한다.

☞ **고객후기의 선순환(사이클)을 이해하라.**

5. 고객후기 기본양식

1) 고객후기에 포함되어야 할 7가지 기본 요소

이 양식은 저자가 직접 후기를 수집하거나 저자의 클라이언트사에서 후기를 수집할 때 사용한 양식이므로 그대로 적용하여 사용해도 무방하리라 본다. 언뜻 보기에 디자인적으로 별다른 요소가 없어 보일 수도 있겠지만 자세히 들여다보면 고객이 후기를 잘 써줄 수 있도록 세심한 배려가 들어가 있다. 포인트는 고객이 후기를 작성하기 쉽도록 해야 하는 점이다.

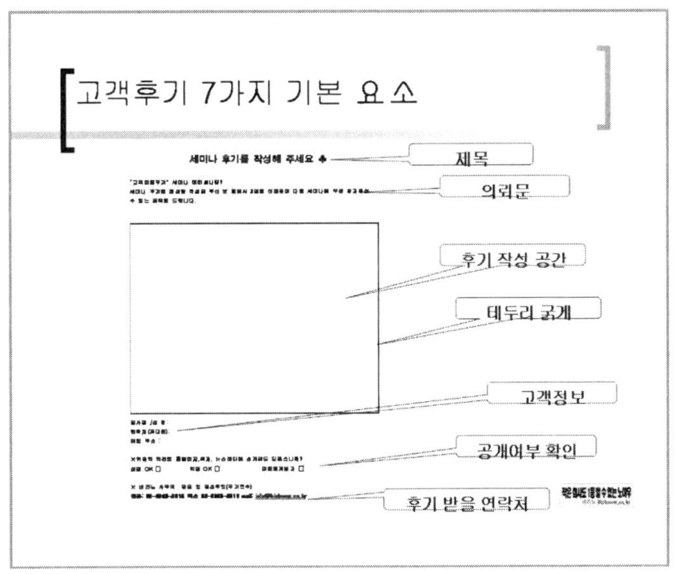

① 타이틀(제목)

② 의뢰문

③ 후기 작성 공간

④ 테두리

⑤ 고객정보

⑥ 공개여부확인

⑦ 후기 받을 연락처

고객님의 목소리를 들려주세요

새로 나온 샘플을 사용해 보신 소감이 어떠셨나요?
인상에 남는 것, 느낌, 의견 등을 적어 주세요. 고객님의
목소리가 일하는 저희들에게 가장 큰 격려와 힘이 됩니다.
꼭~ 적어 주세요.

※ 귀하의 의견을 홈페이지, 매장, 서적 등에 소개해도 되겠습니까?　☐ 실명OK　☐ 익명OK　☐ NO

회사명		성 함	
휴대전화		이메일	
주 소			
생년월일	년　　　월　　　일		☐ 음력　　☐ 양력

★ 생일을 맞은 고객님에게 작지만 의미 있는 선물을 보내드립니다.

※ 연락처(담당) :

※ 전 화 :　　　　　　　팩 스 :　　　　　　　이메일 :

가림출판사 · 가림M&B · 가림Let's에서 나온 책들

문 학

바늘구멍
켄 폴리트 지음 / 홍영의 옮김
신국판 / 342쪽 / 5,300원

레베카의 열쇠
켄 폴리트 지음 / 손연숙 옮김
신국판 / 492쪽 / 6,800원

암병선
니시무라 쥬코 지음 / 홍영의 옮김
신국판 / 300쪽 / 4,800원

첫키스한 얘기 말해도 될까
김정미 외 7명 지음 / 신국판 / 228쪽 / 4,000원

사미인곡 上·中·下
김충호 지음 / 신국판 / 각 권 5,000원

이내의 끝자리
박수완 스님 지음 / 국판변형 / 132쪽 / 3,000원

너는 왜 나에게 다가서야 했는지
김충호 지음 / 국판변형 / 124쪽 / 3,000원

세계의 명언
편집부 엮음 / 신국판 / 322쪽 / 5,000원

여자가 알아야 할 101가지 지혜
제인 아서 엮음 / 지창국 옮김
4×6판 / 132쪽 / 5,000원

현명한 사람이 읽는 지혜로운 이야기
이정민 엮음 / 신국판 / 236쪽 / 6,500원

성공적인 표정이 당신을 바꾼다
마츠오 도오루 지음 / 홍영의 옮김
신국판 / 240쪽 / 7,500원

태양의 법
오오카와 류우호오 지음 / 민병수 옮김
신국판 / 246쪽 / 8,500원

영원의 법
오오카와 류우호오 지음 / 민병수 옮김
신국판 / 240쪽 / 8,000원

석가의 본심
오오카와 류우호오 지음 / 민병수 옮김
신국판 / 246쪽 / 10,000원

옛 사람들의 재치와 웃음
강형중 · 김경익 편저 / 신국판 / 316쪽 / 8,000원

지혜의 쉼터
쇼펜하우어 지음 / 김충호 엮음
4×6판 양장본 / 160쪽 / 4,300원

헤세가 너에게
헤르만 헤세 지음 / 홍영의 엮음
4×6판 양장본 / 144쪽 / 4,500원

사랑보다 소중한 삶의 의미
크리슈나무르티 지음 / 최윤영 엮음
신국판 / 180쪽 / 4,000원

장자-어찌하여 알 속에 털이 있다 하는가
홍영의 엮음 / 4×6판 / 180쪽 / 4,000원

논어-배우고 때로 익히면 즐겁지 아니한가
신도희 엮음 / 4×6판 / 180쪽 / 4,000원

맹자-가까이 있는데 어찌 먼 데서 구하려 하는가
홍영의 엮음 / 4×6판 / 180쪽 / 4,000원

아름다운 세상을 만드는 사랑의 메시지 365
DuMont monte Verlag 엮음 / 정성호 옮김
4×6판 변형 양장본 / 240쪽 / 8,000원

황금의 법
오오카와 류우호오 지음 / 민병수 옮김
신국판 / 320쪽 / 12,000원

왜 여자는 바람을 피우는가?
기젤라 룬테 지음 / 김현성 · 진정미 옮김
국판 / 200쪽 / 7,000원

세상에서 가장 아름다운 선물
김인자 지음 / 국판변형 / 292쪽 / 9,000원

수능에 꼭 나오는 한국 단편 33
윤종필 엮음 / 신국판 / 704쪽 / 11,000원

수능에 꼭 나오는 한국 현대 단편 소설
윤종필 엮음 및 해설 / 신국판 / 364쪽 / 11,000원

수능에 꼭 나오는 세계단편(영미권)
지창영 옮김 / 윤종필 엮음 및 해설
신국판 / 328쪽 / 10,000원

수능에 꼭 나오는 세계단편(유럽권)
지창영 옮김 / 윤종필 엮음 및 해설
신국판 / 360쪽 / 11,000원

대왕세종 1·2·3
박충훈 지음 / 신국판 / 각 권 9,800원

세상에서 가장 소중한 아버지의 선물
최은경 지음 / 신국판 / 144쪽 / 9,500원

건 강

아름다운 피부미용법
이순희(한독피부미용학원 원장) 지음
신국판 / 296쪽 / 6,000원

버섯건강요법
김병각 외 6명 지음 / 신국판 / 286쪽 / 8,000원

성인병과 암을 정복하는 유기게르마늄
이상현 편저 / 캬오 샤오이 감수
신국판 / 312쪽 / 9,000원

난치성 피부병
생약효소연구원 지음 / 신국판 / 232쪽 / 7,500원

新 방약합편
정도명 편역 / 신국판 / 416쪽 / 15,000원

자연치료의학
오홍근(신경정신과 의학박사 · 자연의학박사) 지음
신국판 / 472쪽 / 15,000원

약초의 활용과 가정한방
이인성 지음 / 신국판 / 384쪽 / 8,500원

역전의학
이시하라 유미 지음 / 유태종 감수
신국판 / 286쪽 / 8,500원

이순희식 순수피부미용법
이순희(한독피부미용학원 원장) 지음
신국판 / 304쪽 / 7,000원

21세기 당뇨병 예방과 치료법
이현철(연세대 의대 내과 교수) 지음
신국판 / 360쪽 / 9,500원

신재용의 민의학 동의보감
신재용(해성한의원 원장) 지음 / 신국판 / 476쪽 / 10,000원

치매 알면 치매 이긴다
배오성(백상한방병원 원장) 지음
신국판 / 312쪽 / 10,000원

21세기 건강혁명 밥상 위의 보약 생식
최경순 지음 / 신국판 / 348쪽 / 9,800원

기치유와 기공수련
윤한홍(기치유 연구회 회장) 지음
신국판 / 340쪽 / 12,000원

만병의 근원 스트레스 원인과 퇴치
김지혁(김지혁한의원 원장) 지음
신국판 / 324쪽 / 9,500원

김종성 박사의 뇌졸중 119
김종성 지음 / 신국판 / 356쪽 / 12,000원

탈모 예방과 모발 클리닉
장정훈 · 전재홍 지음 / 신국판 / 252쪽 / 8,000원

구태규의 100% 성공 다이어트
구태규 지음 / 4×6배판 변형 / 240쪽 / 9,900원

암 예방과 치료법
이춘기 지음 / 신국판 / 296쪽 / 11,000원

알기 쉬운 위장병 예방과 치료법
민영일 지음 / 신국판 / 328쪽 / 9,900원

이온 체내혁명
노보루 야마노이 지음 / 김병관 옮김
신국판 / 272쪽 / 9,500원

어혈과 사혈요법
정지천 지음 / 신국판 / 308쪽 / 12,000원

약손 경락마사지로 건강미인 만들기
고정환 지음 / 4×6배판 변형 / 284쪽 / 15,000원

정유정의 LOVE DIET
정유정 지음 / 4×6배판 변형 / 196쪽 / 10,500원

머리에서 발끝까지 예뻐지는 부분다이어트
신상만 · 김선민 지음 / 4×6배판 변형
196쪽 / 11,000원

알기 쉬운 심장병 119
박승정 지음 / 신국판 / 248쪽 / 9,000원

알기 쉬운 고혈압 119
이정균 지음 / 신국판 / 304쪽 / 10,000원

여성을 위한 부인과질환의 예방과 치료
차선희 지음 / 신국판 / 304쪽 / 10,000원

알기 쉬운 아토피 119
이승규 · 임승엽 · 김문호 · 안유일 지음
신국판 / 232쪽 / 9,500원

120세에 도전한다
이권행 지음 / 신국판 / 308쪽 / 11,000원

건강과 아름다움을 만드는 요가
정판식 지음 / 4×6배판 변형 / 224쪽 / 14,000원

우리 아이 건강하고 아름다운 롱다리 만들기
김성훈 지음 / 대국전판 / 236쪽 / 10,500원

알기 쉬운 허리디스크 예방과 치료
이종서 지음 / 대국전판 / 328쪽 / 12,000원

소아과 전문의에게 듣는 알기 쉬운 소아과 119
신영규 · 이강우 · 최성항 지음
4×6배판 변형 / 280쪽 / 14,000원

피가 맑아야 건강하게 오래 살 수 있다
김영찬 지음 / 신국판 / 256쪽 / 10,000원

웰빙형 피부 미인을 만드는 나만의 셀프 피부건강
양해원 지음 / 대국전판 / 144쪽 / 10,000원

내 몸을 살리는 생활 속의 웰빙 항암 식품
이승남 지음 / 대국전판 / 248쪽 / 9,800원

마음한글, 느낌한글
박완식 지음 / 4×6배판 / 300쪽 / 15,000원

웰빙 동의보감식 발마사지 10분
최미희 지음 / 신재용 감수
4×6배판 변형 / 204쪽 / 13,000원

아름다운 몸, 건강한 몸을 위한 목욕 건강 30분
임하성 지음 / 대국전판 / 176쪽 / 9,500원

내가 만드는 한방생주스 60
김영섭 지음 / 국판 / 112쪽 / 7,000원

몸을 살리는 건강식품
백은희 · 조창호 · 최양진 지음
신국판 / 384쪽 / 11,000원

건강도 키우고 성적도 올리는 자녀 건강
김진돈 지음 / 신국판 / 304쪽 / 12,000원

알기 쉬운 **간질환 119**
이관식 지음 / 신국판 / 264쪽 / 11,000원

밥으로 병을 고친다
허봉수 지음 / 대국전판 / 352쪽 / 13,500원

알기 쉬운 **신장병 119**
김형규 지음 / 신국판 / 240쪽 / 10,000원

마음의 감기 치료법 **우울증 119**
이민수 지음 / 대국전판 / 232쪽 / 9,800원

관절염 119
송영욱 지음 / 대국전판 / 224쪽 / 9,800원

내 딸을 위한 **미성년 클리닉**
강병문 · 이향아 · 최정원 지음
국판 / 148쪽 / 8,000원

암을 다스리는 **기적의 치유법**
케이 세이헤이 감수
카와키 나리카즈 지음 / 민병수 옮김 /
신국판 / 256쪽 / 9,000원

스트레스 다스리기
대한불안장애학회 스트레스관리연구특별위원회 지음
신국판 / 304쪽 / 12,000원

천연 식초 건강법
건강식품연구회 엮음 / 신재용(해성한의원 원장) 감수
신국판 / 252쪽 / 9,000원

암에 대한 모든 것
서울아산병원 암센터 지음 / 신국판 / 360쪽 / 13,000원

알록달록 **컬러 다이어트**
이승남 지음 / 국판 / 248쪽 / 10,000원

당신도 부모가 될 수 있다
정병준 지음 / 신국판 / 268쪽 / 9,500원

키 10cm 더 크는 키네스 성장법
김양수 · 이종균 · 최형규 · 표재환 · 김문희 지음
대국전판 / 312쪽 / 12,000원

당뇨병 백과
이현철 · 송영득 · 안철우 지음
4×6배판 변형 / 396쪽 / 16,000원

호흡기 클리닉 119
박성학 지음 / 신국판 / 256쪽 / 10,000원

키 쑥쑥 크는 롱다리 만들기
롱다리 성장클리닉 원장단 지음
4×6배판 변형 / 256쪽 / 11,000원

내 몸을 살리는 건강식품
백은희 · 조창호 · 최양진 지음
신국판 / 368쪽 / 11,000원

내 몸에 맞는 운동과 건강
하철수 지음 / 신국판 / 264쪽 / 11,000원

알기 쉬운 **척추 질환 119**
김수연 지음 / 신국판 변형 / 240쪽 / 11,000원

베스트 닥터 박승정 교수팀의 **심장병 예방과 치료**
박승정 외 5인 지음 / 신국판 / 264쪽 / 10,500원

암 전이 재발을 막아주는 **한방 신치료 전략**
조종관 · 유화승 지음 / 신국판 / 308쪽 / 12,000원

식탁 위의 위대한 혁명 **사계절 웰빙 식품**
김진돈 지음 / 신국판 / 284쪽 / 12,000원

우리 가족 건강을 위한 **신종플루 대처법**
우준희 · 김태형 · 정진원 지음 / 신국판 변형 /
172쪽 / 8,500원

스트레스가 내 몸을 살린다
대한불안의학회 스트레스관리특별위원회 지음 / 신국판 / 296쪽 / 13,000원

교육

우리 교육의 창조적 백색혁명
원상기 지음 / 신국판 / 206쪽 / 6,000원

현대생활과 체육
조창남 외 5명 공저 / 신국판 / 340쪽 / 10,000원

퍼펙트 MBA
IAE유학네트 지음 / 신국판 / 400쪽 / 12,000원

유학길라잡이 I - 미국편
IAE유학네트 지음 / 4×6배판 / 372쪽 / 13,900원

유학길라잡이 II - 4개국편
IAE유학네트 지음 / 4×6배판 / 348쪽 / 13,900원

조기유학길라잡이.com
IAE유학네트 지음 / 4×6배판 / 428쪽 / 15,000원

현대인의 건강생활
박상호 외 5명 공저 / 4×6배판 / 268쪽 / 15,000원

천재아이로 키우는 두뇌훈련
나카마츠 요시로 지음 / 민병수 옮김
국판 / 288쪽 / 9,500원

두뇌혁명
나카마츠 요시로 지음 / 민병수 옮김
4×6판 양장본 / 288쪽 / 12,000원

테마별 고사성어로 익히는 한자
김경익 지음 / 4×6배판 변형 / 248쪽 / 9,800원

生生 공부비법
이은승 지음 / 대국전판 / 272쪽 / 9,500원

자녀를 성공시키는 **습관만들기**
배은경 지음 / 대국전판 / 232쪽 / 9,500원

한자능력검정시험 1급
한자능력검정시험연구위원회 편저
4×6배판 / 568쪽 / 21,000원

한자능력검정시험 2급
한자능력검정시험연구위원회 편저
4×6배판 / 472쪽 / 18,000원

한자능력검정시험 3급(3급II)
한자능력검정시험연구위원회 편
4×6배판 / 440쪽 / 17,000원

한자능력검정시험 4급(4급II)
한자능력검정시험연구위원회 편
4×6배판 / 352쪽 / 15,000원

한자능력검정시험 5급
한자능력검정시험연구위원회 편저
4×6배판 / 264쪽 / 11,000원

한자능력검정시험 6급
한자능력검정시험연구위원회 편저
4×6배판 / 168쪽 / 8,500원

한자능력검정시험 7급
한자능력검정시험연구위원회 편저
4×6배판 / 152쪽 / 7,000원

한자능력검정시험 8급
한자능력검정시험연구위원회 편저
4×6배판 / 112쪽 / 6,000원

볼링의 이론과 실기
이택상 지음 / 신국판 / 192쪽 / 9,000원

고사성어로 끝내는 천자문
조준상 글 · 그림 / 4×6배판 / 216쪽 / 12,000원

논술 종합 비타민
김종원 지음 / 신국판 / 200쪽 / 9,000원

내 아이 스타 만들기
김민성 지음 / 신국판 / 200쪽 / 9,000원

교육 1번지 강남 엄마들의 **수험생 자녀 관리**
황송주 지음 / 신국판 / 288쪽 / 9,500원

초등학생이 꼭 알아야 할 **위대한 역사 상식**
우진영 · 이양경 지음
4×6배판 변형 / 228쪽 / 9,500원

초등학생이 꼭 알아야 할 **행복한 경제 상식**
우진영 · 전선심 지음
4×6배판 변형 / 224쪽 / 9,500원

초등학생이 꼭 알아야 할 **재미있는 과학상식**
우진영 · 정경희 지음
4×6배판 변형 / 220쪽 / 9,500원

한자능력검정시험 3급 · 3급II
한자능력검정시험연구위원회 편저
4×6판 / 380쪽 / 7,500원

교과서 속에 꼭꼭 숨어있는 **이색박물관 체험**
이신화 지음 / 대국전판 / 248쪽 / 12,000원

초등학생 독서 논술(저학년)
책마루 독서교육연구회 지음
4×6배판 변형 / 244쪽 / 14,000원

초등학생 독서 논술(고학년)
책마루 독서교육연구회 지음
4×6배판 변형 / 236쪽 / 14,000원

놀면서 배우는 경제
김솔 지음 / 대국전판 / 196쪽 / 10,000원

건강생활과 레저스포츠 즐기기
강선희 외 11명 공저 / 4×6배판 / 324쪽 / 18,000원

아이의 미래를 바꿔주는 **좋은 습관**
배은경 지음 / 신국판 / 216쪽 / 9,500원

다중지능 아이의 미래를 바꾼다
이소영 외 6인 지음 / 신국판 / 232쪽 / 11,000원

체육학 자연과학 및 사회과학 분야의 석 · 박사 학위
논문, 학술진흥재단 등재지, 등재후보지와 관련된 학
회지 **논문 작성법**
하철수 · 김봉경 지음 / 신국판 / 336쪽 / 15,000원

공부가 제일 쉬운 **공부 달인 되기**
이은승 지음 / 신국판 / 256쪽 / 10,000원

글로벌 리더가 되려면 **영어부터 정복하라**
서재희 지음 / 신국판 / 276쪽 / 11,500원

중국현대30년사
정재일 지음 / 신국판 / 364쪽 / 20,000원

생활 호신술 및 **성폭력의 유형과 예방**
신현무 지음 / 신국판 / 228쪽 / 13,000원

글로벌 리더가 되는 **최강 속독법**
권혁천 지음 / 신국판 변형 / 336쪽 / 15,000원

취미실용

김진국과 같이 배우는 **와인의 세계**
김진국 지음
국배판 변형 양장본(올컬러) / 208쪽 / 30,000원

배스낚시 테크닉
이종건 지음 / 4×6배판 / 440쪽 / 20,000원

나도 디지털 전문가 될 수 있다!!!
이승훈 지음 / 4×6배판 / 320쪽 / 19,200원

건강하고 아름다운 **동양란 기르기**
난마을 지음 / 4×6배판 변형 / 184쪽 / 12,000원

애완견114
황양원 엮음 / 4×6배판 변형 / 228쪽 / 13,000원

법률 일반

여성을 위한 성범죄 법률상식
조명원(변호사) 지음 / 신국판 / 248쪽 / 8,000원

아파트 난방비 75% 절감방법
고영근 지음 / 신국판 / 238쪽 / 8,000원

일반인이 꼭 알아야 할 절세전략 173선
최성호(공인회계사) 지음 / 신국판 / 392쪽 / 12,000원

변호사와 함께하는 **부동산 경매**
최환주(변호사) 지음 / 신국판 / 404쪽 / 13,000원

혼자서 쉽고 빠르게 할 수 있는 **소액재판**
김재용 · 김종철 공저 / 신국판 / 312쪽 / 9,500원

"술 한 잔 사겠다"는 말에서 찾아보는 **채권 · 채무**
변환철(변호사) 지음 / 신국판 / 408쪽 / 13,000원

알기쉬운 **부동산 세무 길라잡이**
이건우(세무서 재산계장) 지음
신국판 / 400쪽 / 13,000원

알기쉬운 **어음, 수표 길라잡이**
변환철(변호사) 지음 / 신국판 / 328쪽 / 11,000원

제조물책임법
강동근(변호사) · 윤종성(검사) 공저
신국판 / 368쪽 / 13,000원

알기 쉬운 **주5일근무에 따른 임금 · 연봉제 실무**
문강분(공인노무사) 지음
4×6배판 변형 / 544쪽 / 35,000원

변호사 없이 당당히 이길 수 있는 형사소송
김대환 지음 / 신국판 / 304쪽 / 13,000원

변호사 없이 당당히 이길 수 있는 민사소송
김대환 지음 / 신국판 / 412쪽 / 14,500원

혼자서 해결할 수 있는 교통사고 Q&A
조명원(변호사) 지음 / 신국판 / 336쪽 / 12,000원

알기 쉬운 **개인회생 · 파산 신청법**
최재구(법무사) 지음 / 신국판 / 352쪽 / 13,000원

부동산 조세론
정태식 · 김예기 지음 / 4×6배판 변형 / 408쪽 / 33,000원

생활 법률

부동산 생활법률의 기본지식
대한법률연구회 지음 / 김원중(변호사) 감수
신국판 / 472쪽 / 13,000원

고소장 · 내용증명 생활법률의 기본지식
하태웅(변호사) 지음 / 신국판 / 440쪽 / 12,000원

노동 관련 생활법률의 기본지식
남동희(공인노무사) 지음 / 신국판 / 528쪽 / 14,000원

외국인 근로자 생활법률의 기본지식
남동희(공인노무사) 지음 / 신국판 / 400쪽 / 12,000원

계약작성 생활법률의 기본지식
이상도(변호사) 지음 / 신국판 / 560쪽 / 14,500원

지적재산 생활법률의 기본지식
이상도(변호사) · 조의제(변리사) 공저
신국판 / 496쪽 / 14,000원

부당노동행위와 부당해고 생활법률의 기본지식
박영수(공인노무사) 지음 / 신국판 / 432쪽 / 14,000원

주택 · 상가임대차 생활법률의 기본지식
김운용(변호사) 지음 / 신국판 / 480쪽 / 14,000원

하도급거래 생활법률의 기본지식
김진흥(변호사) 지음 / 신국판 / 440쪽 / 14,000원

이혼소송과 재산분할 생활법률의 기본지식
박동섭(변호사) 지음 / 신국판 / 460쪽 / 14,000원

부동산등기 생활법률의 기본지식
정상태(법무사) 지음 / 신국판 / 456쪽 / 14,000원

기업경영 생활법률의 기본지식
안동섭(단국대 교수) 지음 / 신국판 / 466쪽 / 14,000원

교통사고 생활법률의 기본지식
박정무(변호사) · 전병찬 공저
신국판 / 480쪽 / 14,000원

소송서식 생활법률의 기본지식
김대환 지음 / 신국판 / 480쪽 / 14,000원

호적 · 가사소송 생활법률의 기본지식
정주수(법무사) 지음 / 신국판 / 516쪽 / 14,000원

상속과 세금 생활법률의 기본지식
박동섭(변호사) 지음 / 신국판 / 480쪽 / 14,000원

담보 · 보증 생활법률의 기본지식
류창호(법학박사) 지음 / 신국판 / 436쪽 / 14,000원

소비자보호 생활법률의 기본지식
김성천(법학박사) 지음 / 신국판 / 504쪽 / 15,000원

판결 · 공정증서 생활법률의 기본지식
정상태(법무사) 지음 / 신국판 / 312쪽 / 13,000원

산업재해보상보험 생활법률의 기본지식
정유석(공인노무사) 지음 / 신국판 / 384쪽 / 14,000원

처세

성공적인 삶을 추구하는 여성들에게 **우먼파워**
조안 커너 · 모이라 레이너 공저 / 지창영 옮김
신국판 / 352쪽 / 8,800원

聽 **이익이 되는 말** 話 **손해가 되는 말**
우메시마 미요 지음 / 정성호 옮김
신국판 / 304쪽 / 9,000원

성공하는 사람들의 **화술테크닉**
민영욱 지음 / 신국판 / 320쪽 / 9,500원

부자들의 생활습관 가난한 사람들의 생활습관
다케우치 야스오 지음 / 홍영의 옮김
신국판 / 320쪽 / 9,800원

코끼리 귀를 당긴 원숭이 — 히딩크식 창의력을 배우자
강충인 지음 / 신국판 / 208쪽 / 8,500원

성공하려면 유머와 위트로 무장하라
민영욱 지음 / 신국판 / 292쪽 / 9,500원

등소평의 **오뚝이전략**
조창남 편저 / 신국판 / 304쪽 / 9,500원

노무현 화술과 화법을 통한 이미지 변화
이현정 지음 / 신국판 / 320쪽 / 10,000원

성공하는 사람들의 **토론의 법칙**
민영욱 지음 / 신국판 / 280쪽 / 9,500원

사람은 칭찬을 먹고산다
민영욱 지음 / 신국판 / 268쪽 / 9,500원

사과의 기술
김농주 지음 / 신국판 변형 양장본 / 200쪽 / 10,000원

취업 경쟁력을 높여라
김농주 지음 / 신국판 / 280쪽 / 12,000원

유비쿼터스시대의 블루오션 전략
최양진 지음 / 신국판 / 248쪽 / 10,000원

나만의 블루오션 전략 – 화술편
민영욱 지음 / 신국판 / 254쪽 / 10,000원

희망의 씨앗을 뿌리는 20대를 위하여
우광균 지음 / 신국판 / 172쪽 / 8,000원

끌리는 사람이 되기위한 이미지 컨설팅
홍순아 지음 / 대국전판 / 194쪽 / 10,000원

글로벌 리더의 소통을 위한 스피치
민영욱 지음 / 신국판 / 328쪽 / 10,000원

오바마처럼 꿈에 미쳐라
정영순 지음 / 신국판 / 208쪽 / 9,500원

여자 30대, 내 생애 최고의 인생을 만들어라
정영순 지음 / 신국판 / 256쪽 / 11,500원

인맥의 달인을 넘어 인맥의 神이 되라
서필환 · 봉은희 지음 / 신국판 / 304쪽 / 12,000원

아임 파인(I'm Fine!)
오오카와 류우호오 지음 / 4×6판 / 152쪽 / 8,000원

미셸 오바마처럼 사랑하고 성공하라
정영순 지음 / 신국판 / 224쪽 / 10,000원

용기의 법
오오카와 류우호오 지음 / 국판 / 208쪽 / 10,000원

긍정의 신
김태광 지음 / 신국판변형 / 230쪽 / 9,500원

위대한 결단
이채윤 지음 / 신국판 / 316쪽 / 15,000원

명상

명상으로 얻는 깨달음
달라이 라마 지음 / 지창영 옮김
국판 / 320쪽 / 9,000원

어 학

2진법 영어
이상도 지음 / 4×6배판 변형 / 328쪽 / 13,000원

한 방으로 끝내는 영어
고제윤 지음 / 신국판 / 316쪽 / 9,800원

한 방으로 끝내는 영단어
김승엽 지음 / 김수경 · 카렌다 감수
4×6배판 변형 / 236쪽 / 9,800원

해도해도 안 되던 영어회화 **하루에 30분씩 90일이면 끝낸다**
Carrot Korea 편집부 지음
4×6배판 변형 / 260쪽 / 11,000원

바로 활용할 수 있는 **기초생활영어**
김수경 지음 / 신국판 / 240쪽 / 10,000원

바로 활용할 수 있는 **비즈니스영어**
김수경 지음 / 신국판 / 252쪽 / 10,000원

생존영어55
홍일록 지음 / 신국판 / 224쪽 / 8,500원

필수 여행영어회화
한현숙 지음 / 4×6판 변형 / 328쪽 / 7,000원

필수 여행일어회화
윤영자 지음 / 4×6판 변형 / 264쪽 / 6,500원

필수 여행중국어회화
이은진 지음 / 4×6판 변형 / 256쪽 / 7,000원

영어로 배우는 중국어
김승엽 지음 / 신국판 / 216쪽 / 9,000원

필수 여행 스페인어회화
유연창 지음 / 4×6판 변형 / 288쪽 / 7,000원

바로 활용할 수 있는 **홈스테이 영어**
김형주 지음 / 신국판 / 184쪽 / 9,000원

필수 여행 러시아어회화
이은수 지음 / 4×6판 변형 / 248쪽 / 7,500원

여 행

우리 땅 우리 문화가 살아 숨쉬는 **옛터**
이형권 지음 / 대국전판(올컬러) / 208쪽 / 9,500원

아름다운 **산사**
이형권 지음 / 대국전판(올컬러) / 208쪽 / 9,500원

맛과 멋이 있는 낭만의 **카페**
박성찬 지음 / 대국전판(올컬러) / 168쪽 / 9,900원

한국의 숨어 있는 아름다운 **풍경**
이종원 지음 / 대국전판(올컬러) / 208쪽 / 9,900원

사람이 있고 자연이 있는 아름다운 **명산**
박기성 지음 / 대국전판(올컬러) / 176쪽 / 12,000원

마음의 고향을 찾아가는 여행 **포구**
김인자 지음 / 대국전판(올컬러) / 224쪽 / 14,000원

생명이 살아 숨쉬는 한국의 아름다운 **강**
민병준 지음 / 대국전판(올컬러) / 168쪽 / 12,000원

틈나는 대로 **세계여행**
김재관 지음
4×6배판 변형(올컬러) / 368쪽 / 20,000원

풍경 속을 걷는 즐거움 **명상 산책**
김인자 지음 / 대국전판(올컬러) / 224쪽 / 14,000원

3. 3. 7 세계여행
김완수 지음
4×6배판 변형(올컬러) / 280쪽 / 12,900원

법정스님의 발자취가 남겨진
아름다운 산사
박성찬 · 최애정 · 이성준 지음
신국판변형(올컬러) / 164쪽 / 12,000원

레포츠

수열이의 브라질 축구 탐방 삼바 축구, 그들은 강하다
이수열 지음 / 신국판 / 280쪽 / 8,500원

마라톤, 그 아름다운 도전을 향하여
빌 로저스 · 프리실라 웰치 · 조 헨더슨 공저
오인환 감수 / 지창영 옮김
4×6배판 / 320쪽 / 15,000원

인라인스케이팅 100%즐기기
임미숙 지음 / 4×6배판 변형 / 172쪽 / 11,000원

스키 100% 즐기기
김동환 지음 / 4×6배판 변형 / 184쪽 / 12,000원

태권도 총론
하웅의 지음 / 4×6배판 / 288쪽 / 15,000원

수영 100% 즐기기
김종만 지음 / 4×6배판 변형 / 248쪽 / 13,000원

건강을 위한 **웰빙 걷기**
이강옥 지음 / 대국전판 / 280쪽 / 10,000원

쉽고 즐겁게! 신나게! 배우는 **재즈댄스**
최재선 지음 / 4×6배판 변형 / 200쪽 / 12,000원

해양스포츠 카이트보딩
김남용 편저 / 신국판(올컬러) / 152쪽 / 18,000원

골 프

퍼팅 메커닉
이근택 지음 / 4×6배판 변형 / 192쪽 / 18,000원

아마골프 가이드
정영호 지음 / 4×6배판 변형 / 216쪽 / 12,000원

골프 100타 깨기
김준모 지음 / 4×6배판 변형 / 136쪽 / 10,000원

골프 90타 깨기
김광섭 지음 / 4×6배판 변형 / 148쪽 / 11,000원

KLPGA **최여진 프로의 센스 골프**
최여진 지음
4×6배판 변형(올컬러) / 188쪽 / 13,900원

KTPGA **김준모 프로의 파워 골프**
김준모 지음
4×6배판 변형(올컬러) / 192쪽 / 13,900원

골프 80타 깨기
오태훈 지음 / 4×6배판 변형 / 132쪽 / 10,000원

신나는 골프 세상
유응열 지음 / 4×6배판 변형(올컬러) / 232쪽 / 16,000원

이신 프로의 더 퍼펙트
이신 지음 / 국배판 변형 / 336쪽 / 28,000원

주니어출신 박영진 프로의 **주니어골프**
박영진 지음
4×6배판 변형(올컬러) / 164쪽 / 11,000원

골프손자병법
유응열 지음
4×6배판 변형(올컬러) / 212쪽 / 16,000원

박영진 프로의 주말 골퍼 100타 깨기
박영진 지음
4×6배판 변형(올컬러) / 160쪽 / 12,000원

10타 줄여주는 클럽 피팅
현세용 · 서주석 공저
4×6배판 변형 / 184쪽 / 15,000원

단기간에 싱글이 될 수 있는 **원포인트 레슨**
권용진 · 김준모 지음
4×6배판 변형(올컬러) / 152쪽 / 12,500원

이신 프로의 더 퍼펙트 쇼트 게임
이신 지음
국배판 변형(올컬러) / 248쪽 / 20,000원

인체에 가장 잘 맞는 스킨 **골프**
박길석 지음
국배판 변형 양장본(올컬러) / 312쪽 / 43,000원

여성실용

결혼준비, 이제 놀이가 된다
김창규 · 김수경 · 김정철 지음
4×6배판 변형(올컬러) / 230쪽 / 13,000원

아 동

꿈도둑의 비밀
이소영 지음 / 신국판 / 136쪽 / 7,500원

소상공인 마케팅
실전 노하우

2010년 7월 25일 제1판 1쇄 발행
2012년 1월 10일 제1판 2쇄 발행

지은이/(사)한국소상공인마케팅협회
감수/황문진
펴낸이/강선희
펴낸곳/가림출판사

등록/1992. 10. 6. 제4-191호
주소/서울시 광진구 중곡2동 161-27 경남빌딩 5층
대표전화/458-6451　　팩스/458-6450
홈페이지　http://www.galim.co.kr
전자우편　galim@galim.co.kr

값　22,000원

ⓒ (사)한국소상공인마케팅협회, 2010

무단 복제 · 전재를 절대 금합니다.

ISBN　978-89-7895-340-5　13320